이것이 영지주의다

기독교가 숨긴 얼굴, 영지주의의 세계와 역사

스티븐 휠러 지음 | 이재길 옮김

【산티】

Gnosticism: New Light on the Ancient Tradition of Inner Knowing
Copyright ⓒ 2002 Stephan A. Hoeller
Korean Translation Copyright ⓒ 2006 Shanti Books
This Korean edition was published by Agreement between Shanti Books,
Korea and Theosophical Publishing House, America through PubHub
Literary Agency, Seoul.
All rights reserved.

이 책의 한국어판 저작권은 PubHub 에이전시를 통한 저작권자와의 독점 계약으로 도서출판 샨티에 있습니다.

이것이 영지주의다

2006년 12월 1일 초판 1쇄 발행. 2024년 6월 10일 초판 5쇄 발행. 스티븐 횔러가 쓰고, 이재길이 옮겼습니다. 도서출판 샨티에서 이홍용과 박정은이 기획 편집하여 펴내고, 박선희가 본문 교정을, 장정희가 본문 디자인을, 김효중(디자인 구유)이 표지 디자인을 하였으며, 이강혜가 마케팅을 합니다. 제작 진행은 굿에그커뮤니케이션에서 맡아 하였습니다. 출판사 등록일 및 등록번호는 2003. 2. 11 제 2017-000092호이고, 주소는 서울시 은평구 은평로 3길 34-2, 전화는 (02) 3143-6360, 팩스는 (02) 6455-6367, 이메일은 shantibooks@naver.com입니다. 이 책의 ISBN은 89-91075-33-9 03200이고, 정가는 18,000원입니다.

책머리에

　이 책은 영지주의gnosticism 전통의 가르침과 영적인 분위기에 공감하면서 쓴 간결한 안내서다. 20세기 들어 영지주의는 그쪽 세계에 심취한 사람들만의 관심 대상에서 사회 모든 분야 사람들의 관심을 사로잡는 주제가 되었다. 오늘날에는 영지주의에 친밀감을 느끼고 영지주의자의 사고방식에 공감하는 사람들이 많다. 이는 기원후 2, 3세기경 위대한 영지주의 스승들이 자신들이 통찰한 바를 설파한 이후로는 없던 일이다.

　불과 50년 전만 해도, 최근의 영지주의 연구에서 보이는 대다수 주제들이 진지하게 다뤄지지 못했다. 영지주의 연구를 반대한 주된 이유는 이랬다. 첫째, 영지주의는 오직 역사적 연구로만 접근할 수 있는 소멸된 종교 전통이다. 둘째, 영지주의는 우주적 염세주의에 너무 깊게 빠져 있으므로 진보의 시대에 어울리지 않는다. 셋째, 영지주의는 이성이나 경험과는 무관한 사변적 공상 꾸러미에 지나지 않는다. 그러면 이 같은 반대 주장을 하나씩 간략하게 살펴보자.

어떤 의미에서 영적인 전통은 결코 소멸될 수 없다고 말할 수 있을 것이다. 인간의 영혼이라는 바다에 퍼지는 통찰은, 연못에 던져진 돌멩이가 만들어내는, 점점 커져가는 동심원과 같다. 우리가 더 이상 지각할 수 없을지라도 그것은 영원히 바깥으로 확대되어 간다. 영지주의자들의 지혜는 이런 동심원과 같아서, 그 근원으로서 인정을 받든 못 받든 간에 인류의 생각과 직관에 계속해서 영향을 미친다. 서양의 다른 영성 전통들 대부분은 어느 정도 영지주의와 관계가 있거나 영지주의에서 연유했다.(특히 요한 바오로 II세는 《희망의 문턱을 지나 *Crossing the Threshold of Hope*》라는 책에서 "이른바 뉴 에이지New Age로 가장한 고대 영지주의적 사상으로의 회귀"를 인정한다.) 이렇게 영지주의 사상이 우리 가운데 되살아나고 부활하고 있다. 강물의 비유를 영지주의 사상에도 적용해 볼 수 있을 것이다. 수원水源에 가까이 가면 갈수록 물은 더 맑아진다. 본래 모습 그대로 영지주의의 지혜를 발견하고자 한다면 우리는 그 시원始原으로 거슬러 올라가야 한다. 이것이 바로 이 책에서 시도하려는 작업이다.

이른바 염세적이라는 영지주의 세계관 때문에 지금까지 많은 학자들이 영지주의에 접근하는 데 어려움을 겪었다. 한 세기, 아니 반세기 전만 해도 서양 문화는 희망으로 가득 차 있었다. 진보를 향한 인류의 욕망에 발맞춰 비대해진 과학은 승리감에 도취해 환호작약했다. 하지만 두 차례의 세계 전쟁과 그에 따른 심리적 파탄은 우리의 생각을 다시 돌려놓았다. 최근 벌어진 사건들은 이 같은 낙관적 사고방식의 허점을 더욱 적나라하게 드러내었다. 새 천년의 문턱을 갓 넘어서면서 우리는 심각한 상황에 맞닥뜨리게 되었다. 한때 '지구촌'의 전령자로 인정받던 비행기가 느닷없이 파괴의 미사일로 돌변하고,

우편으로 배달된 편지가 죽음의 도구로 표변했다. 이블린 워Evelyn Waugh는 일기장에 "사람은 누구나 사춘기 때는 미국인이요, 죽을 때는 프랑스 인이다"—소박한 낙관주의가 경험을 통해 어떻게 우울한 사실주의로 변화되는지를 보여준다—라고 썼다. 이 정도밖에 성숙하지 못한 문화 속에 살고 있다는 사실이, 우리로 하여금 영지주의를 다시 한 번 평가해 보게끔 만드는지도 모르겠다.

영지주의를 폄하하려고 한 사람들, 그 중에서도 가장 일찍 영지주의를 비판했고 그 영향력도 가장 컸던 사람들은, 영지주의가 불필요한 철학과 지나친 상상으로 가득 차 있다고 깎아내렸다. 그러나 이런 평가는 19, 20세기의 몇몇 선도적인 사상가들에 의해 심각하게 도전받았다. 성서학계가 영지주의 문서의 가치를 깨달았는가 하면, 실존주의자와 현상학자는 영지주의와 공유할 수 있는 공동의 토대를 발견하기에 이르렀다. 여러 가지 면에서 영지주의의 복권에 가장 크게 기여한 사람은 위대한 심리학자 C.G. 융Jung(1875~1961)이었다. 융은 영지주의 경전 속에서 집단 무의식의 원형을 인식하고 영지주의 계시들의 환상적 기원과 내용이 믿을 만한 것임을 입증해 냈다. 이 점은 이 책의 관심사와 중요한 관련성을 지니므로 더 깊게 다루어질 것이다.

이 책은 나의 첫 번째 주저인 《영지주의자 융과 죽은 자를 위한 일곱 가지 설교The Gnostic Jung and the Seven Sermons to the Dead》 이후 거의 20년 만에 출판되는 책이다. 첫 번째 책에서 나는 융이 영지주의에 남다른 관심을 보인 점을 탐구하고 융의 분석심리학과 영지주의 사이의 수많은 공통점을 밝혀냈다. 그 책은 융 학파에게 대체로 호의적으로 받아들여졌을 뿐 아니라 융과 영지주의에 관한 선구적 연구로 인정을 받았다.(내가 무엇보다 중요하게 간직하고 있는 것 중 하나가 융의 아들 프란츠Franz가 보내온 1989년 1월 3일자 편지다. 편지에서 그는 영지주의와 관련된 아버지의 위상을 밝힌 나의 연구에 진심으로 고마워했다. 프란츠는 편지와 함께 내 책의 토대가 된 융의 《죽은 자를 위한 일곱 가지 설교Septem Sermones ad Mortuos》 한 권을 보냈다. 그 책은 융이 자비로 출판한 첫 저서였다.) 융과 영지주의에 관한 이러한 문제들 중 일부 주제는 해를 거듭할수록 내게 더욱 분명해졌는데, 그 결과 이 책이 나오게 되었다.

융은 영지주의자를 자신들의 통찰을 주로 신화의 형태로 표현한 환상가로 여겼다. 다른 신화들을 되살리고자 한 것과 마찬가지로 융은 영지주의 신화에도 새 생명을 불어넣기 원했다. 신화를 되살리는 작업은 대부분 칼 케레니Karl Kerényi, 하인리히 짐머Heinrich Zimmer, 조셉 캠벨Joseph Campbell 같은 융의 동료들에 의해서 전개되었다. 심리학자로서 융은 종교 신화를 형이상학적인 방법보다는 심리학적인 방법으로 해석하고자 했다. 그는 당시 일반적이던 성서의 종교적 해석을 구체주의concretism요 환원주의reductionism라며 반대했다. 이처럼 융이 신화의 의미를 캐기로 마음먹은 데에는 영지주의자들에 대한 긍정적인 관심이 크게 작용했다. 영지주의 신화는 문자 그대로 다룰 때보다는 상징으로 다룰 때 훨씬 접근하기가 쉽다.

여기에서 약간의 어려움이 발생한다. 융은 신화에 대한 자신의 상징적 해석이 곧 형이상학적 진리는 아니라고 힘주어 말했다. 오히려 영지주의는 종교와 현대 심리학의 중간쯤 되는 특별한 지점 — 혼soul과 영spirit이 만나고 꿈과 환상vision이 해방의 경험으로 변화되는 곳—에 놓여 있다. 풍부한 상징과 은유를 지닌 영지주의 신화는 언제나 심리학적 의미와 형이상학적 의미 모두에 발을 담그고 있다. 종종 신화들은 끝없이 연결된 고리와 같아서, 심리학적 의미가 형이상학적 의미로 나아가고 그 형이상학적 의미를 통해 우리는 다시 개인의 심리psyche로 되돌아오기도 한다. 우주론과 심리학, 신적 존재들과 원형들이—때론 서로를 지시하기도 하고 때론 단지 다시 분리되기 위해 서로 하나가 되기도 하면서—변형된다. 이 책을 읽는 독자들은 영지주의 신화와 그 신화의 주인공들이 심층심리학과 종교의 영역에 동시에 관계 맺고 있는 것처럼 보이는 당혹스런 상황과 몇 번이고 마주치게 될 것이다.

 융과 달리 영지주의자들은, 비록 자신들의 신화에 오늘날의 심층심리학적 해석 방법을 암시하는 것이 있다 하더라도, 자신들의 신화를 해석함에 있어서는 그 안에 형이상학적 진리가 있다고 주장할 것이다. 이 난제를 해결하는 가장 그럴듯한 방법은, 영지주의 신화가 심리 내적인 의미와 외적인 의미로 모두 해석될 수 있고, 두 해석 모두 옳을 뿐 아니라 서로 공존할 수 있음을 인정하는 것이다. 어쩌면 형이상학적 방법과 심리학적 방법 모두, 융이 분명히 인정했던 것처럼, 말할 수 없는 것을 체계화하고 구체화하며 표현하려는 시도에 지나지 않을 것이다. 따라서 이 책을 읽는 동안 이 점을 기억해 두는 것이 좋을 것이다.

 이 책은 학문적인 목적을 위해 쓴 것이 아니다. 그래서 참고 문헌과 문헌 정보를 최소화하고 그 대신 독자의 편의를 위해 간단한 설명을 붙이 추천 도서 목록을 부록으로 실었다. 이 책의 형식은 내가 쓴 다른 책들에 비해서도 또 내가 바라는 형식보다도 훨씬 단순하다. 그 이유는 영지주의를 소개하고자 하는 뜻에서 이 책을 썼기 때문이다. 영지주의는 식자識者나 신자를 위한 것만이 아니다. 영지주의도 다른 비교秘敎적 가르침들과 마찬가지로 넓은 바다에 견줄 수 있다. 이 바다에는 어린아이도 놀 수 있는 얕은 곳이 있는가 하면, 전문 잠수부가 아니면 들어갈 수 없는 심해도 있다. 그러나 '바보를 위한 영지주의'란 제목의 책을 쓸 수는 없다. 영지주의는 아무나 쉽게 다룰 수 있는 주제가 아니다. 사고의 섬세함과 직관적 인식 능력이 요구되는 주제다.

삽화에 대해 한마디 하자면, 바깥으로 드러내놓고 활동한 기간은 짧고 지하로 은둔해서 생존한 기간이 길기 때문에, 영지주의는 자신의 것이라고 할 만한 성물聖物이 거의 없다. 영지주의 성상聖像(icon)들이 있었겠지만 박해 기간에 파괴되었을 가능성이 높다. 그러나 물욕에 눈이 먼 박해자들 덕분에 영지주의에 기원을 둔 수많은 마술적 장식물들gems이 파괴되지 않고 살아남을 수 있었다. 장식물 문양에는 상징적 형상들이 담겨 있는데, 더러는 영지주의 신화에 등장하는 존재들이 묘사되기도 한다. 이런 장식물 대부분은 개인이 소장하고 있어서 복제하기가 어렵다. 다행히도 익명의 친구 한 명이 내게 자신이 소장하고 있는 장식물 중 일부의 문양을 복사해서 쓰도록 허락해 주었다. 그 중 일부가 이 책에 수록되어 있다. 몇몇 역사적 장소와 최근 영지주의 운동과 관련된 인물의 초상화를 제외하고는 진정 영지주의적인 것이라고 제시할 수 있는 것은 많지 않다.

영지주의는 진실로 하나의 전통이었다. 일시적인 기분이나 생각에 따라 해석될 수 있는 사상과 신화, 상징의 단순한 집적이 아니다. 우리가 지금 살펴보는 영지주의는 자기만의 분명한 세계관과 경전, 신비 의식儀式, 성직 제도, 영성의 계보를 가진 온전한 전통이다. 만일 영지주의가 전통에 의해 체계가 잡히지 않은, 단지 일시적 자극으로 형성된 영성의 한 형태에 불과하다면, 이와 같은 책은 필요하지 않을 것이다. 하지만 이런 가정은 사실이 아니다. 그렇기 때문에 이제 이 책이 독자 앞에 주어질 수가 있는 것이다.

감사의 글

이 책을 쓰도록 제안해 준 존 알지오John Algeo, 출판에 도움을 준 퀘스트 출판사의 샤론 도어Sharron Dorr와 안나 우로세비치Anna E. Urosevich, 자신이 소장하고 있던 영지주의 장식물의 일부를 복제하도록 허락해 준 오하이오 주의 친구 아무개, 고故 맨리 홀Manly P. Hall이 끼던 영지주의 반지의 사진을 복사하도록 허락해 준 철학연구회 회장 오바댜 해리스Obadiah Harris, 본래 《그노시스Gnosis》라는 잡지에 실었던 글을 이 책에 재수록하도록 허락해 준 제이 키니Jay Kinney, 한번 기고했던 글을 다시 이 책에 싣도록 허락해 준 《퀘스트Quest》지, 몽세귀르Montségur 성의 사진 몇 장을 선물로 준 폴 키네비치Paul Kienewicz, 프랑스의 초기 영지주의 교회의 예복 그림과 함께 카타르 파의 유물과 문양 사진을 선물해 준 고故 P.-E. 드 라 투르de La Tour, 그리고 특히 원고 및 삽화 작업에 큰 도움을 준 브라이언 캠벨Bryan Campbell에게 깊은 감사를 드린다.

차례

책머리에 5
감사의 글 12

1. 베일 너머에서 온 빛 17
   그노시스 경험 21 | 그노시스와 영지주의 26

2. 영지주의 세계관 32
   하느님과 우주 33 | 인간 37 | 개인의 구원 40

3. 창조에 대한 창조적인 관점: 〈창세기〉 다시 읽기 47
   뱀과 인간에 관하여 50 | 영지주의 신화의 시작: 노레아와 세트 52
   영지주의 해석의 특징 56

4. 소피아: 영지주의 원형인 여성의 지혜 60
   소피아: 가장 위대한 유랑자 61 | 소피아의 복귀 66
   소피아는 어디에서 왔는가 71 | 그 후의 소피아 76

5. 영지주의의 그리스도: 구원자인가 해방자인가? 81
   영지주의 교사 예수 84 | 대속인가 해방인가? 89
   부활인가 깨어남인가? 92 | 그리스도, 시간을 넘어선 해방자 96

6. 죄악의 비밀: 악에 대한 영지주의 관점 100
   악은 어디에서 왔는가? 101 | 영지주의 관점 103
   제한적인 이원론 106 | 현대적인 결론 107

7. 해방의 신비 의식: 영지주의의 입교적 성례전들 112
   부적과 성례전 113 | 성례전과 그것의 효과 117
   신방: 신비 중의 신비 119 | 성례전과 황홀경 122

8. 사마리아에서 알렉산드리아까지: 초기 영지주의 교사들 127
   시몬 마구스 128 | 영지주의 기록자, 레우시우스 차리누스 133
   메난드로스, 사투르니누스, 모노이무스 134
   논쟁을 좋아하는 카르포크라테스와 알렉산드라 137
   영지주의 정치가, 에데싸의 바르다이산 143

9. 환상가와 예언자: 그노시스의 위대한 교사들 148
   탁월한 능력의 영지주의자 발렌티누스 149
   심리적 우주 기원론과 영적인 평행 152
   영지주의 구원자: 온전하게 하는 자 155
   발렌티누스, 성례전, 그리고 예언자의 자격 156
   궁극의 신비를 아는 자, 바실리데스 160
   최초의 성서 비평가, 마르시온 164

10. 영지주의적 특징을 지닌 종교들: 만다교, 마니교, 카타르 파 170
    만다교, 위대한 낯선 빛의 종교 171 | 마니와 마니교 177
    마니교의 예수 180 | 마니의 기본 가르침 183
    마니교는 왜 미움을 받았는가 186 | 이단이 된 선한 사람들 188
    순결한 자들의 복음 190 | 절멸당한 온화한 신앙 195

11. 영지주의의 유산: 영지주의의 부흥 200
  그노시스와 종교 개혁 202 | 계몽과 혁명의 영지주의적 씨앗들 205
  계몽주의 시대의 영지주의자 209
  낭만주의에서 오컬트 그노시스로 213
  영지주의자 블라바츠키 215 | 융과 영지주의적 심리학 218

12. 동서양의 영지주의: 진정한 영지주의자가 생길 것인가 223
  부활한 영지주의 교회 224 | 영지주의와 동양 종교 226
  영지주의 정의의 어려움 229
  정치학자들의 혼란, 전통주의자의 몽상, 학문적 애매성 232
  영지주의에 대한 정의 237

13. 영지주의 문학: 신화, 진실, 설화 242
  영지주의 문서의 단편들 244
  옛 동굴에서 비친 새로운 빛, 나그함마디 경전 249

14. 영지주의와 탈현대 사상 258
  그노시스와 허무주의 262
  영지주의자는 어떤 점에서 허무주의자와 다른가 265
  정보화 시대에 대한 영지주의적 관점 269

  에필로그 273
  부록 1 영지주의 관련 참고 문헌 283
  부록 2 영지주의 용어에 대한 간략한 소개 296
  옮긴이의 말 299
  찾아보기 304

1
베일 너머에서 온 빛

옛날부터 철학적인 사고와 신비적인 통찰을 불러일으켜 온 것으로서 가장 오래되고 또 장엄한 것 가운데 하나가 바로 밤하늘이다. 천문학자들이 저 광활한 우주의 비밀, 모든 것을 삼켜버리는 기분 나쁜 블랙홀의 존재라든지 새로운 별의 눈부신 탄생 등에 대해 밝혀내기 훨씬 전부터, 사람들은 별들이 박혀 있는 어두운 밤하늘을 올려다보며 거기에서 영감을 얻곤 했다. 밤하늘을 생각할 때 떠오르는 이미지 중 하나는 칠흑 같은 어둠과 그 아래로 매달린 듯 보이는 무수한 별빛 사이의 뚜렷한 대조이다. 우리는 마치 시커먼 접시나 모자가 이 세상을 덮고 있는 것 같은, 그래서 숨 막히는 암흑 속에 갇혀 있는 것 같은 느낌을 받기도 한다. 하지만 어쩌면 검은 베일에 뚫린 구멍 사이로 빛 알갱이들이 새어나오는 것처럼 보이는 밤하늘, 그 검은 베일의 저편으로 빛 알갱이 가득한 세계가 있고, 그곳에 저 별빛들이 처음 뻗어 나온 무한한 빛의 세계가 있을지도 모른다.

레너드 코헨Leonard Cohen(1976년에 데뷔한 캐나다 가수. 내면 탐구와 현실 참여의 메시지를 노래에 담아내는 20세기의 음유 시인이다. 영화 〈슈렉〉에 삽입된 곡 〈할렐루야〉도 코헨의 작품이다―옮긴이)은 〈성가Anthem〉라는 곡에서 "모든 것엔 틈이 있으니, 그곳으로 빛이 새어 든다"고 노래했다. 코헨이 사용한 이 단순한 은유는, 나중에 영지주의자라고 알려지게 되는 비범하고 매력 넘치는 사람들에 의해 2천여 년쯤 전에 이미 사용되었던 은유이다. 영지주의자들은 이단이라고 경멸과 박해를 받아 3, 4세기 이후 거의 사라졌으나, 그들의 가르침과 의식儀式은 서양 문화사 곳곳에 면면히 흐르고 있다. 더 이상 영지주의자도 영지주의도 존재하지 않는다고 선언되기 무섭게 그들은 비록 형식은 바뀌었을망정 본질은 그대로인 채로 되살아났다. 적들은 하나같이 영지주의를, 골동품상이나 겨우 관심을 가질 역사의 끄트러기 정도로만 여겨왔다. 그러나 실제로 영지주의는 그 지지자들은 물론 볼테르, 윌리엄 블레이크, W.B. 예이츠, 헤르만 헤세, 그리고 C.G. 융과 같이 학식이 뛰어난 사람들까지 매료시켜 왔다. 철학에서도 실존주의는 영지주의에 많은 빚을 지고 있다. 오늘날에는 다양한 분야에서 많은 사람들이 영지주의자를 자처하고 있다. 기원후 세 번째 천년의 문턱을 막 넘어선 지금 영지주의자들이 되돌아오고 있으며, 이제 그들은 과거와 달리 영지주의자로서 머물 작정을 하고 있는 것처럼 보인다.

영지주의자gnostic와 영지주의gnosticism라는 말은 그리스 어 그노시스gnosis(靈知)에서 유래했으며, 보통은 (다소 오해의 소지가 있기는 하지만) '지식knowledge'으로 번역된다. 오랫동안 대다수 사람들은 궁극적 실재나 관심사에 대해 아무것도 모른다고 주장하는 반反영지주의자―즉 불가지론자agnostic―로서 지내왔다. 이에 반해 영지주의자는 지식으로써 구원을 추구하는 사람이라는 식으로 정의되곤 했다. 하지만 영지주의자가 추구하는 지식은 논리적 지식도 아니고 정보의 축적은 더욱 아니다. 그리스 어에서는 이론적인 지식과 경험을 통해 직접 얻은 지식을 구별한다. 경험을 통해 직접 얻은 지식이 그노시스요, 이 그노시스를 얻거나 열망하는 사람이 바로 영지주의자이다. 일레인 페이절스Elaine Pagels는 유명한 저서《영지주의 복음The Gnostic Gospels》(우리나라에서는《숨겨진 복음서 영지주의》라는 제목으로 출간되었다—옮긴이)에서, 영지주의자들이 사용한 '그노시스'란 단어가 자기 지식self-knowledge은 물론 궁극적·신적 실재들에 대한 지식까지도 아우르는 직관의 과정을 담고 있다는 점에서 그노시스를 '통찰insight'로 번역해야 한다고 지적한 바 있다. 영지주의 메시지에 담겨 있는 영원한 생명력과 매력은, 영지주의가 인간 마음mind의 심층과 맺고 있는 친화력에 주로 근거한다. E.R. 도즈Dodds와 힐레스 퀴스펠Gilles Quispel, 게르숌 숄렘Gershom Scholem 같은 다수의 전문학자들은 영지주의가 원형原型심리학과 종교 신비주의가 함께 어우러지는 심리의 경험에서 기인한다고 말한다. 그러니 신화의 심층심리학적 차원을 탐구한 C.G. 융, 칼 케레니, 미르치아 엘리아데Mircea Eliade, 조셉 캠벨과 같은 대학자들이 영지주의에 크게 공감하는 것도 놀라운 일이 아니다.

 영지주의의 내적 핵심을 이루는 것은 다소 특별한 경험에서 비롯한다. 따라서 그런 경험을 갖지 못한 사람이 영지주의적 통찰을 오해하는 것도 어찌 보면 당연한 일이다. 영지주의의 신화와 심상이 워낙 다양해 때론 학자들조차도 영지주의를 일관된 전통이나 '주의ism'로 간주할 수 없다는 잘못된 주장을 펴기도 한다. 이러한 오해의 역사는 오래됐다. 2세기, 영지주의를 극렬히 반대했던 리옹의 주교 이레네우스Irenaeus(115~200, 초대 정통 기독교의 신학적 기반을 확립한 신학자로,《이단 반박*Against Heresies*》을 지었다—옮긴이)는, 영지주의자들이 영적·문학적 창조력이 뛰어나 매일같이 새로운 복음서를 만들어낸다고 비난했다. 이레네우스의 비난에는, 심상과 신화, 가르침이 이처럼 다양한 곳에서는 주류mainstream(저자는 '정통'이라는 단어 대신 '주류'라는 단어를 자주 사용한다—옮긴이) 기독교의 도그마와 경전에 상당하는 어떤 일관된 교리도 있을 수 없다는 관점이 은근히 담겨 있다. 이레네우스에서 오늘날의 학자들에 이르기까지 영지주의 비판자들이 놓치고 있는 점이 있다. 바로 영지주의 가르침이 그노시스의 경험에서 직접 얻은 결과물이라는 사실이다.

한편, 그런 식의 경험이 정통 신학에서 보듯이 획일적이고 독단적인 방식으로 자신을 틀 짓는 경우는 극히 드물다. 독단적 형식이 없어서 참신함에도 불구하고, 영지주의 안에는 공통되는(혹은 중심되는) 그노시스 경험을 반영하는 공통되는(혹은 중심되는) 가르침이 있다.

최근 수십 년 사이, 더 정확히 말하면 19세기 후반 이후, 독단은 덜한 반면 영감은 훨씬 풍부한 가르침과 수행법을 찾아 동양의 종교로 발길을 돌리는 사람이 많아졌다. 그러나 그들은 자신들이 찾는 대안이 아주 가까운 곳에 있다는 것, 그리고 그것이 영지주의라 불린다는 것을 전혀 짐작도 못한 것 같다. 그뿐 아니라 실재와 영혼, 그리고 깨달음의 필요성 등에 대한 통찰에 있어서 영지주의와 동양 종교가 얼마나 유사한지도 깨닫지 못한 것처럼 보인다. 이 사람들 가운데 일부는 동양 사상을 영지주의자들의 정신에 이식하는 역할을 했다. 다른 이들은 대승 불교 같은 몇몇 동양의 사조가 영지주의 사상으로부터 영향을 받았을 가능성이 똑같이 존재한다고 말한다. 다시 확언하건대, 이 점에서 동양과 서양을 하나로 묶는 가장 중요한 공통의 분모는 분명 그노시스의 경험이다. 이런 유사성은 일찍이 225년경, 영지주의를 적으로 삼았던 정통 기독교도 히폴리투스Hippolytus가 지적한 바 있다. 이단을 반박하면서 히폴리투스는 인도의 브라만교에 관해 이렇게 적었다. "그들은 하느님God이 빛이라고, 하지만 태양 빛이나 불빛 같은 우리가 보는 빛과는 다른 빛이라고 말한다. 또 그들에게 하느님은 이야기이다. 그러나 말로 분명하게 표현될 수 있는 이야기가 아니라 현자들로 하여금 본성의 비밀스러운 신비를 깨닫도록 이끄는 지식〔그노시스〕의 이야기이다."

동양이나 서양에서의 그노시스는 지금도 여전히 그노시스이며, 그 사실은 참으로 중요하다. 일부 학자들의 견해와 달리, 영지주의라는 용어는 우리가 원하는 것을 마음대로 담을 수 있는 빈 상자가 아니다. 오히려 영지주의 전통은 그노시스 경험에 근거하며, 삶과 실재에 대한 일정한 태도와, 그노시스를 경험하여 깨달은 우주와 인간의 기원 및 본질에 관한 모종의 신화와 가르침을 특징으로 삼는다. 이런 특징들이 영지주의를 독창적이고 확고한 전통으로 다른 것들과 구별 지으며, 우리는 모든 역사와 문화를 통해 이 사실을 확인하고 추적할 수 있다.

그노시스 경험

'영지주의자' 또는 '아는 자knower'라는 뜻의 그노스티코스 gnostikos라는 단어는 1세기에는 별로 사용되지 않은 것 같다. 헤르메스주의Hermeticism(고대 이집트의 현자 헤르메스 트리스메기스투스Hermes

Trismegistus의 가르침을 따르는 신비 종교의 하나로서 스토아 학파와 플라톤 학파의 철학에 많은 영향을 받았다―옮긴이)로 알려진 비기독교 그노시스 학파가 존재하긴 했지만, 대다수 영지주의자들은 자신을 기독교인이라고 불렀다. 하지만 널리 인정되고 있는 것처럼, 이 사람들은 인간이 처한 복잡하고 힘겨운 상황과 신성Divinity에 대해 알게 하는 해방의 지식으로 자신들을 이끌어줄 경험을 열망하고 또 직접 그런 경험에 뛰어든 사람들이었다. '아는 자'들이 특별히 어떤 방법으로 이 같은 지식에 이르게 되었는지 우리는 하나하나 설명할 수 있는 처지에 있지 못하다. 융은 영지주의 경전들이 아주 인상적인 차원의 신비적·심리적 경험들을 증언하고 있다는 점, 그노시스라 불리는 것이 의심할 여지 없이 심리학적 지식(원형 심리archetypal psyche에 대한 통찰에서 얻은 바가 그 내용을 이루는)이라는 점을 거듭 강조했다. 뛰어난 유대 신비주의 학자 게르숌 숄렘은 이런 경험을 천상의 것, 신적인 것에 관한 한층 높은 수준의 깨달음에 기초한 신비적 비교秘敎라고 평가했다. 숄렘은 또 2, 3세기 영지주의자들이 별들이 떠 있는 천구天球들을 지나 지구와 우주보다 훨씬 높은 영역으로 올라가려는, 그렇게 해서 신성한 빛이 충만해 있는 참된 영적 본향本鄕으로 의식적으로 복귀하는 데―복귀는 영지주의에서 구원을 의미한다―비상한 관심을 보인 것에 깊은 인상을 받았다. 아마도 이런 '천상으로의 비상'은 영지주의자들이 열망하던 지식, 곧 인간을 해방시키고 신성하게 만드는 지식에 대한 핵심 은유일 것이다.

유대교, 기독교, 이슬람교와 같은 유일신교의 주류 분파들은 믿음faith을 크게 강조한다. 대부분의 전통 종교인들에게 "나는 믿는다"(credo)는 고백은 아주 중요한 증언이다. 이와 반대로 영지주의자들은, 믿음이 아니라, 무의식에서 자신을 해방시켜 마침내 물질 세계의 울타리 너머로 자신을 실어다줄 내면의 앎을 열망하고 끝내 성취한다. 분명히 이런 상태는 단순한 믿음이나 신앙을 뛰어넘는 어떤 강점들을 가지고 있을 것이다. 미국이 낳은 위대한 철학자이자 심리학자인 윌리엄 제임스William James는, 대부분의 사람들에게 믿음이란 '다른 사람의 믿음을 믿는 것'이라고 지적했다. 수많은 신자들에게 믿음이란 다른 신자들—그들 중 어느 누구도 자신이 믿고 있는 대상에 대해 경험해 본 적이 없어 보이는—한테서 간접으로 전해들은 신앙일 뿐이다.

믿음은 지식하고는 그 양상이 전혀 다르다. 따라서 전통 종교가 영지주의와 왜 그렇게 다른지 이해하기란 아주 쉽다. 영지주의 안에도 피스티스pistis라고 불리는, 정당한 것으로 인정받는 믿음의 형태가 있기는 하다. 하지만 그것은 자신의 경험에 대한 믿음이다. 자신을 해방으로 이끄는 내부의 지식을 스스로 경험한다고 느끼는 변치 않는 믿음인 것이다. 영지주의의 신적 존재로서 여성의 형상을 한 소피아Sophia는 피스티스Pistis(믿음)라고 불리기도 하는데, 그 이유는 모든 역경 속에서도 언제나 빛을 바라보는 신실함을 잃지 않기 때문이다.

영지주의를 칭송하는 오늘날의 저명한 학자 가운데 한 사람인 헤럴드 블룸Harold Bloom(미국의 저명한 문학 비평가—옮긴이)은 《천년의 징조Omens of Millennium》라는 책에서 현대적인 언어로 그노시스 경험을 묘사한다. 그는 그노시스란 다채로운 현상이라고 말한다. 그것은 홀로 있는 가운데서 나타나기도 하고 타인의 존재를 통해 오기도 한다. 우리는 어떤 이미지나 자연 현상을 읽거나 쓰거나 관찰할 수도 있고, 혹은 그저 마음으로만 응시할 수도 있다. 음악과 향香, 의식儀式

같은 것이 중요한 역할을 할 수도 있다. 실제로 영지주의자들이 성례전聖禮典과 예식을 행했음은 잘 알려져 있다.(이에 관해서는 7장을 보라—옮긴이) 어느 경우든 의식意識의 철저한 변화가 일어나고, 아는 자는 이를 통해 개인적인 의식의 한계 너머로, 곧 우리가 살고 있는 이 세계의 한계 너머로 옮겨간다. 블룸은 그노시스 경험을 다른 경험과 구별시키는 주된 특징으로 다음 두 가지를 든다. ① 세상에 알려지지 않고 멀리 떨어져 계시는 하느님, 즉 그릇된 창조와 무관한 하느님에 대해 알게 해준다. ② 인간의 깊은 본성이 창조(혹은 타락)의 일부가 아니라 과거나 지금이나 한결같이 충만한 존재, 곧 하느님의 일부라는 점을 깨닫게 해준다. 이 하느님은 세상이 숭배하는 그 어떤 존재보다도 인간적이며 또한 신적이다.

초대 기독교인에게 그노시스라는 용어는 직접적인 대면을 통해 얻은 지식(直接知)을 의미했다. 성 바울은 인간이 갖고 있는 하느님에 대한 지식을 언급할 때 이 용어를 즐겨 사용했다. 환상적인, 그러나 때론 눈에 보이듯 선명한 그노시스의 특성에 관해 바울이 가장 분명하게 언급한 것 중 하나는 고린도 교인들에게 보낸 두 번째 편지에서 찾아볼 수 있다. "하느님은…… 우리의 마음속을 비추셔서, 그리스도의 얼굴에 나타난 하느님의 영광을 아는 지식(그노시스)의 빛을 우리에게 주셨습니다."《고린도후서》 4: 6. 이하 정경의 성서 본문 번역은 '표준새번역 개정판'에 따랐다.—옮긴이) 영지주의적 특징을 보이는(즉 영지주의자와 가까운) 또 다른 사도 성 요한은 하느님이나 그리스도를 아는 것gignoskein에 대해 자주 언급했다. 〈요한복음〉을 읽은 사람이라면 누구든 그 글쓰기 방식이 영지주의자들의 시적이고 환상적인 글쓰기 방식과 흡사하다는 데 놀랄 것이다. 신약 성서에는 그노시스를 강조하고 있는 곳이 많은데, 이는 주류 기독교 신비가들과 영지주의자들이 그노시스라는 단어를 얼마나 중요하게 생각했는지 알 수 있는 근거가 된다.

댄 머커Dan Merkur라는 통찰력 있는 학자는 《영지주의: 신비적 환상과 합일의 비교 전통Gnosis: An Esoteric Tradition of Mystical Vision and Unions》이라는 책에서 서로 밀접하게 연결된 두 종류의 경험이 그노시스의 경험적 근원을 이룬다고 말한다. 그 중 하나는, 비록 개인의 심적 경험 속에서 벌어지고 그래서 사람마다 조금씩 다르긴 하지만, 궁극의 실재를 드러내는 독특한 형식의 환상 경험이다. 다른 하나는 신비스런 합일union의 경험이다. 영지주의자들은 이런 환상을, 19세기 오컬티스트occultist(신비스럽고 초자연적이라는 뜻의 occult에서 유래한 말로 한계가 분명한 인간의 오감으로는 알 수 없는 세계의 진리를 직관과 초감각적 인식을 이용하여 탐구하는 종교이자 학문—옮긴이)처럼 상위 '차원'에 존재하는 외부 정보data를 초감각적으로 인식한 것이라고 여기지도 않았고, 훨씬 신비적인 경향에 기울어 있던 그리스 철학자들처럼 추상 관념을 우의적으로 표현한 것이라고 생각하지도 않았다. 도리어 영지주의자들은 투시 능력에 의거하는 쪽의 준準 객관성과 철학적·우의적인 것으로 보는 쪽의 주관성 사이로 난 면도날처럼 좁고 가파른 길을 따라 걸어온 것 같다. 따라서 의미나 방향의 핵심은 다르지 않다 해도 자신들의 경험을 설명함에 있어서는 영지주의자마다 다르다.

신비 경험을 연구하는 사람들은 '환상적인visionary 신비 상태'와 '합일적인unitive 신비 상태'를 구별한다. 전자가 서술적인 것이라면, 후자는 신적인 합일을 가리킨다. 고대 영지주의자들은 두 경험 모두에 참여했던 것 같다. 영지주의적인 환상에는 흔히 천상으로의 상승이 포함되지만, 무아 상태에서의 죽음과 같은 다른 종류의 환상도 엄연히 포함된다. 창조된 세계를 버리고 영원한 세계들로 상승해 감으로써 그 영역들에 거하는 존재들과 대화를 나누게 되는 것이다. 영지주의자들은 이런 환상이 적어도 부분적으로는 마음 안에서 벌어지는 것임을 분명히 알고 있었고, 그래서 그것들에 특별한 위상을 부여했다. 그들은 이런 환상을 개인 안에 있는 '신적 불꽃pneuma'(靈)이 더 높은 세계의 실재와 하나가 되는 경험으로 묘사했다. 다른 신비주의자들과 마찬가지로, 영지주의 현자들도 합일의 경험을 신성한 존재(소피아, 그리스도)나 궁극의 하느님의 영적 본질과 연결되는 것(신비한 결합unio mystica)으로 이해했다. 이처럼 환상적인 경험과 합일적인 경험이 동시에 존재하는 것이 그노시스의 특징이라 할 수 있다.

그노시스와 영지주의

그노시스와 영지주의를 구별하고자 하는 시도들이 적잖이 있었다. 이런 시도 중 일부는—1966년 메시나Messina에서 열린 학술 회의에서 일단의 학자들이 내린 정의定義도 포함해서—해봄직한 것이긴 했지만 결국은 결함이 있는 것으로 판명되었다. 영지주의를 "이원론적으로 사고하면서 세상을 부정하는 2세기 종파들"이 지닌 믿음 전체라고 정의하는 것은 유익하지도 않고 정확하지도 않은 것으로 드러났다. "엘리트를 위해 마련된 신성한 신비 지식"이라고 그노시스를 정의하는 것도 그다지 도움이 되는 것 같지 않다. 이 분야에 식견이 깊은 학자들은 이런 식의 정의, 또 수많은 책에서 영지주의자에 대해 설명하고 있는 것들이 기독교 이단학異端學에 기초한 왜곡된 시각을 영구히 하려는 것이라고 지적한다. 이런 관점으로는, 영지주의에 대해 있는 그대로가 아니라 그저 1,800년 전 일단의 광신자들의 분노를 불러일으킨 것이라는 식으로 관심을 갖게 할 뿐이다. 영지주의자와 영지주의를 공격한 옛 이단 연구자들의 설명은 대부분이 믿을 만하기는커녕 지금에 와서 볼 때 어리석기까지 하다. 영지주의가 그 당시 현존하던 다양한 근원의 가르침들을 주워 모아놓은 것에 불과하다는 관점은 줄곧 의심받아 왔다.

오늘날 갈수록 더 많은 학자들이 융의 견해에 동의하고 있다. 융은 영지주의 경전들이 실제로 신비로운 존재와 세계에 관한 독창적인 이미지를 지닌, 저자들의 직접적인 경험에 근거한다고 생각한다. 영지주의자들이 구약 성서의 하느님을 자주 입에 올려 거침없이 비판했지만, 이는 니체라든지 '신 죽음의 신학'(1960년대에 전개된 신학 운동의 하나로, 기독교에서 말하는 전통적인 초월자와 조물주로서의 하느님은 이제 죽었다고 외치면서 예수의 윤리적 교훈에 기초한 새로운 윤리 종교로서의 기독교를 재조직해야 한다고 주장하였다—옮긴이)을 주창한 알타이저Althizer와 해밀턴Hamilton 같은 신학자의 사상을 종종 접한 현대인들에게는 그다지 신성모독적으로 여겨지지 않는다. 지금도 유용한 증거에 비추어본다면, 영지주의는 기독교를 반대할 목적으로 악마적으로 왜곡한 이단이니 온갖 정죄를 받아 마땅하다는 교부들의 주장에 동의할 사람은 거의 없을 것이다.

영지주의를 바라보는 대다수 저자와 설교가의 시각은 너무도 오랫동안 영지주의가 이단이라는 편견에 물들어 있었다. 교회의 간섭을 거부한 계몽주의 경향과 18~20세기 여러 오컬트의 부활을 통해 영지주의자들에 대한 호감이 상당히 퍼진 것은 사실이지만, 그래도 초기 기독교 쪽 비판가들에게서 기인한 오랜 편견은 여전히 남아 있었다. 영지주의 사상은 나그함마디Nag Hammadi 영지주의 문서(이에 관해서는 나중에 자세히 언급할 것이다)가 발견되고 번역된 후에야 비로소 일찍이 볼 수 없던 빠른 속도로 양지로 나오는 변화를 겪게 되었다. 21세기의 문턱을 막 넘어선 지금, 마침내 그 긴 시간 동안 우리 문화를 지배해 온 지독한 편견에 가로막히는 일 없이 영지주의를 설명할 수 있게 되었다.

그렇다면 영지주의란 무엇이며, 영지주의와 그노시스 경험은 어떤 관계가 있는가? 인간의 의식은 개념적 진공 속에서 작용하지 않는다. 마음의 환상적이고 합일적인 경험은 그 경험의 내용과 의미에 적합한 개념의 틀로 옮겨져야만 한다. 환상과 황홀경으로부터 종교 교리와 철학 체계, 그리고 신학적·신지학적인 개념이 생겨난다. 이는 원시 시대 샤먼들 이래 줄곧 그래 왔던 것으로, 초기 기독교 시대 영지주의자들의 경우도 마찬가지였다. 계시된 경험들을 최초로 성문화한 뒤로 각자의 종교 체계에 어떤 일이 벌어졌는가 하는 데서 주류적 종교 신앙(그것이 어떤 종교 신앙이건)과 영지주의가 갈린다. 전통적인 종교가 경전에 기록된, 자신들의 바탕 경험에 대한 이야기에 만족해 있는 반면, 영지주의자들은 처음 경험한 그노시스를 더욱 확장하고 확대시키려고 계속 노력한다. 영지주의자들은 기본적으로 타인이 경험한 그노시스를 믿는 자들이 아니라 자신만의 고유한 경험을 통해 창시자와 스승의 통찰을 더욱 확대해 가려는 자들이다. 결정적으로, 그 과정에서 새로운 경험들이 의미 있게 자리 매김될 수 있는 개념적 틀이 요구되었다. 그리하여 영지주의적인 경험들이 언제든 자신의 자리를 찾을 수 있는 개념적 틀 혹은 세계관이 영지주의로 알려지게 되었다.

초기 영지주의에 있어 하나의 기준이 된 다음의 진술에는 그노시스의 내용과 의미가 잘 나타나 있다.

> 우리를 자유롭게 하는 것은,
> 우리가 누구였는가,
> 우리가 무엇이 되었는가,
> 우리가 어디에 있었는가,
> 우리가 어디로 던져졌는가,
> 우리가 어디로 서둘러 가고 있는가,
> 우리가 무엇으로부터 자유로워지고 있는가,
> 진정 무엇이 태어남인가,
> 진정 무엇이 다시 태어남인가에 대한
> 그노시스다.
>
> (테오도투스Theodotus)

직관적으로 이런 물음에 정확한 해답을 얻어낸 사람이 해방의 그노시스를 얻었다. 이런 물음과 그에 대한 해답이 결합하여 영지주의 교리를 이루고 그노시스와 영지주의의 주된 핵심을 이루었다고 말할 수 있을 것이다.

오늘날 이 문제를 탐구하는 사람 중에는, 영지주의 없는 그노시스가 존재할 수 있으며, 영지주의적 세계관을 받아들이지 않고도 환상과 합일을 경험할 수 있다고 생각하는 사람이 있을지도 모르겠다. 이에 대해 고대 영지주의자들이나 현대의 지지자들은, 그런 일이 가능은 하겠지만 생산적인 결과를 낳지는 못할 것이라고 답할 것이다. 그런 비상한 경험이 이해될 만한 상황이 못 되는데 그런 경험을 한들 좋을 게 뭐가 있겠는가? 맨 처음 그런 경험들을 발판으로 삼아 발전한 영지주의 전통이 있었고, 이것이 그 후의 영지주의적 경험들을 촉진시키는 독특한 토양이 된 것이다. 분명, 그노시스와 영지주의는 서로 도움을 주고받는 밀접한 관계에 있으며, 이 둘이 분리된다면 어느 쪽이든 손상이 불가피하다.

오늘날 우리는 영지주의자들이 이해와 그 이해에서 비롯되는 통찰을 늘 중요시했다는 걸 알고 있다. 이들에게 이해는 일상적인 것도 세속적인 것도 아니었다. 그것은 신적인 동시에 인간적인 것들에 대한, 신앙이나 철학에서 보통 접할 수 있는 것보다 훨씬 더 고귀한 지식, 훨씬 더 심오한 통찰을 구체화한 것이었다. 다른 전통의 신비가들처럼, 영지주의자들도 이런 구원의 지식이 단지 성구聖句의 암송이나 경전 연구에 근거한 이성적인 사고 작용을 통해서만 생겨나는 것이 아니라고 여겼다. 그렇긴 하지만 영지주의자들 역시, 다른 신비가들과 마찬가지로, 환상을 통해 얻은 자신들의 통찰을 더욱 확장시킬 문서들을 만들고 이를 다른 이들에게 전달하려고 노력했다. 이런 문서들은 변하지도 않고 헤아릴 수도 없는 실재의 토대, 즉 구체적으로 묘사하거나 제한된 범주로 가두려는 우리의 모든 시도 너머에 있는 초월적이며 그지없이 자애로운 하느님의 존재를 선포한다. 이런 하느님의 모습이, 선악이 제멋대로 교차하는 전제적이고 폭압적인 성품의 하느님 모습과는 전혀 비교되지 않는다는 사실은 굳이 언급할 필요조차 없다.

이 궁극의 본질에서 인간 영혼의 정수精髓인 불꽃spark 혹은 영spirit이 나오고, 이것들은 다시 그 궁극의 본질로 돌아가려고 애쓴다. 각각의 영적 존재spirit entity는 신적 의식의 순수한 불꽃 혹은 원자로서 하느님과 동일한 본질로 구성되어 있다. 하지만 이런 불꽃들은 존재론적으로는 신성한 존재the Divine와 하나로 연결되어 있지만 실존론적으로는 그와 분리되어 있다. 성서가 표현하는 것처럼, 하느님 안에서 "우리의 가슴이 안식을 발견할 때까지는 결코 쉬지 못하기" 때문에, 이 분리는 분리되기 전의 상태로 되돌려져야 한다. 지상에서 몸을 입고 살아가며 경험할 수 있는 것보다 더 위대하고 의미 있고 영속적인 어떤 것을 향한, 고통스럽고 때론 불분명하기까지 한 갈망이 이 깊은 분리를 넘어 다시 하나인 상태로 되돌아가는 첫걸음이다. 결과적으로 초월 의식을 낳는 해방의 지식이 분리의 유력한 목적이다.

다시 한 번 밤하늘의 은유를 사용해 보자. 우리는 머리 위의 어두운 창공을 마치 구멍 뚫린 베일처럼, 그래서 그 작은 구멍들을 통해 궁극적 실재의 빛이 우리의 시력vision을 꿰뚫고 들어오는 것처럼 생각할 수 있다. 구멍들—우주의 틈—을 통해 초월적인 광휘가 우리 의식으로 들어오는 것이다. 이 빛이, 오랫동안 갈망해 왔으나 아직 깨닫지 못한 가능성들로 우리를 깨워 이끄는 그노시스의 빛이다. 인간이 하느님을 부르는 그 순간, 빛이 빛을 부르고 하느님이 당신의 자녀를 부르는 것이다. 이 세계에 드리워진 장막이 벗겨지고, 불꽃의 모습으로 잠시 유랑하고 있는 우리는 우리의 근원인 저 끝없는 빛의 바다를 보게 된다. 이것이 바로 지금까지도 계속되고 있는 영지주의늘의 환상이다. 이 환상의 필수 요소는 수적으로 얼마 되지 않고 본질적으로 단순하다. 하지만 함축된 의미는 훨씬 다양하고 복잡하다. 이제 그 안으로 들어가 자세히 살펴보자.

2
영지주의 세계관

영지주의의 중심에는 환상과 합일을 바탕으로 한 독특한 영적 경험이 있는데, 그것은 신학이나 철학의 언어로 자신을 표현하기보다는 신화를 통해 표현하며 그 특성도 신화와 꽤 유사하다. 여기서 신화란 진실되지 않은 이야기라는 뜻이 아니라, 신학적 도그마나 철학적 이론과는 다른 종류의 진실을 체현한 이야기라는 뜻이다. 고대 세계에서 신화는 중요하게 여겨졌다. 19세기나 20세기 초만 해도 제대로 평가받지 못하던 신화가 오늘날에 들어서 점점 그에 합당한 평가를 받기에 이르렀다. 20세기 후반, C.G. 융과 미르치아 엘리아데, 조셉 캠벨 등의 주도로 조그마한 신화 르네상스가 일어났다. 그들의 작업에 힘입어 신화에 대한 폭넓은 이해가 조성되었고, 고대나 여타 신화 속에 담긴 의미가 밝혀짐으로써 우리 문화의 개인적·집단적 심리 안에 팽배한 소외감과 불안정감이 해소될 수 있게 되었다. 현재 우리는 한 세기 전 사람들보다 영지주의자들의 신화적 메시지를 이해하는 데 훨씬 나은 위치에 있다.

이 장에서는 영지주의 신화의 주요 모티프들을 살펴볼 것이다. 하지만 여기에서의 설명은 원문처럼 시적이고 상상력이 풍부한 언어가 아니라 건조한 산문의 언어로 이루어지는 만큼, 신화의 매력과 아름다움이 어느 정도 떨어지는 것은 불가피하다.

하느님과 우주

대부분의 종교와 철학의 체계에 따르면, 어떤 형태로든 세계는 불완전한 것으로 그려진다. 이 불완전한 세계에 대해 어떤 제안을 하느냐에 따라 서로의 차이가 생겨난다. 수많은 전통들에서 인간은 악한 존재로 규정된다. 예를 들어 주류 유대 기독교 사상에서는 최초의 인간 부부가 하느님의 법을 어김으로써 인류뿐 아니라 온 피조물의 타락을 가져왔다고 주장한다. 지상의 삶에 따른 결함과 악은 이 타락의 결과이다. 일부 극단적인 환경론자들은 마치 이 타락 교리를 현대의 세속적인 방법으로 해석한 듯한 입장을 보이기도 한다. 이 입장에서 인간은 약탈자, 곧 자연의 천국을 영구히 파괴하는 원죄인인 셈이다. 이 문제에 대한 영지주의자들의 관점은 아주 놀랍고 독특하다. 그들은 이 세계가 불완전한 방법으로 창조되었기 때문에 결함을 지니는 것이라고 주장한다.

영지주의는 지상의 삶이 고통과 덧없음으로 가득하다는 사실을 인식하는 데서 시작한다. 영지주의자들은 "삶은 힘들고 그래서 너희는 죽는다"는 격언에, 이 격언의 앞부분을 수정 교체하기를 바랄지는 모르지만, 동의한다. 모든 생명체는 자신을 살리려고 다른 생명체를 먹어야 하고, 그로 인해 다른 생명체에게 고통과 공포, 죽음을 선사한다. 이런 사실은 초식 동물에게도 적용되는데, 그들도 식물의 생명을 파괴함으로써 살아가기 때문이다. 이에 더하여 이른바 자연의 재앙—지진, 홍수, 화재, 가뭄, 화산 폭발, 전염병—도 고통과 죽음의 흔적을 남긴다. 유기체의 구조가 복잡하면 복잡할수록 고통과 괴로움도 더 커진다.

이 끔찍한 사실들을 똑바로 직시하기는 쉽지 않다. 대부분의 사람은 삶을 어떤 의미에서 따듯하고 행복한 것으로 인식하고 싶어하는 강한 심리적 욕구를 갖고 있다. 세상의 어두운 측면을 기꺼이 직시하기 때문에 영지주의자(와 불교인)에게는 종종 염세주의자니 세상을 혐오하는 자니 하는 딱지가 붙곤 한다. 하지만 영지주의자나 불교인이나 모두 고통과 무지를 벗어나는 길이 있으며 그 길은 바로 의식을 근본적으로 변화시키는 데 있다고 확신한다.

자신의 의식을 물질 세계에서 더 높은 영적 실재의 차원으로 끌어올리지 않는 한, 어둠—외적 물질 세계의 어둠이든 정신 세계의 어둠이든—에 갇힌 영혼의 노예 상태는 계속된다. 마치 몸과 마음이 영혼soul(또는 영spirit)을 가두는 새장의 창살과도 같은. 갇혔던 존재가 새장을 빠져나와 하늘로 날아오를 때 비로소 궁극의 의미와 행복이 있는 영적 세계들로 올라가게 된다. 이 세계들을 통과해 계속 비상함으로써 마침내 자신의 본향, 곧 신성한 존재에게 이른다.

"영지주의자는 염세주의자다"라는 진술은 물질적인 영역, 개인의 심리적인 영역이 유일한 실재라고 주장할 때만 타당성을 지닌다. 유감스럽게도 현대 문화에서는 이런 관점이 세속적 사고의 중요한 기초가 된다. 이와 달리 영지주의자는 자기를 해방시키는 초월적 의식의 잠재력에 진정한 가치를 둔다.

독자들은 플라톤의 유명한 동굴 비유를 잘 알고 있을 것이다. 동굴에 갇혀 바깥을 볼 수 없던 죄수들은 어리석게도 동굴 벽에 비친 그림자가 실재라고 믿는다. 하지만 참된 실재는 그림자를 생기게 한 근원인 빛이다. 영지주의자들은 인간이 벽에 비친 그림자에서 영원히 돌아서서 실재와 직접 교제할 수 있는 잠재력을 지니고 있다고 주장한다. 이것은 다음과 같은 중요한 사실의 근거가 된다. 영지주의자는 인간 마음의 주요 부분을 포함해 창조된 세계를 악한 것으로 여긴다. 그 주된 이유는 창조된 세계가 우리의 의식을 신성한 존재에 관한 지식에서 딴 데로 돌려버리기 때문이다. 우리의 육체적 상태가 불가피하게 우리를 외적인 것(심리학적으로는 '외향성')으로 이끌어간다면, 사람들 마음의 소란스러움은 그 소란스러움 자체에만 주의를 기울인다. 이런 이중의 방해로 인해 내적 자기inner self는 잊혀지고 만다. 그러나 내적 자기('영spirit', 그리스 어로 프뉴마pneuma)만이 궁극의 신성과 직접 연결되어 있기 때문에, 인간 경험의 장場에서 초월이 이루어지는 지점은 바로 이 내적 자기이다. 초월의 경험을 통해서, 영지주의자가 진정한 '원죄'라고 여기는, 곧 신성한 존재로부터의 인간의 소외와 분리가 원래대로 회복될 수 있다.

"영지주의는 우주의 질서를 부정한다", "영지주의자는 세상을 혐오하는 자다"라는 진술은 지나치게 단순화된 말이다. 영지주의자는 우주가 아니라, 유일신론자들의 언어로 이른바 '하느님', 곧 우주의 바탕이 되는 궁극적 실재로부터 의식이 소외되는 것에 맞서 투쟁한다. 그노시스 없는 영혼에게 우주는 유일한 실재처럼 보인다. 따라서 우주는 물질과 정신 너머에 있는, 다시 말해 모든 물질적이고 정신적인 대용의 실재들 위에 있는 참 실재를 향한 의식의 상승이라는 영지주의자의 참된 목적을 가로막는 방해물이 된다.

고대 영지주의자들은 유일신론이 널리 퍼져 있는 환경 속에서 살았다. 유대인과 기독교인, 심지어 이교도인 헤르메스주의자까지 유일신 하느님을 믿었다. 유일신론자들은 하느님을 조물주로, 더 나아가 우주의 관리자요 입법자, 법의 집행자로까지 그린다. 영지주의자는 인류의 조상인 타락한 부부가 온갖 악과 고통을 세상에 들여왔다는 주장을 믿을 수 없었기 때문에—이런 태도가 더욱 타당해 보인다—유일한 범죄자, 곧 조물주 하느님에게 그 책임을 떠넘겼다. 세계는 타락한 것이 아니라 시작부터 불완전했다고 영지주의자는 말한다.

세계가 불완전한 신에 의해 그의 결함 있는 형상대로 창조되었다는 주장은, 영지주의에서 가장 파악하기 힘든 하느님 개념을 이해할 때 훨씬 납득하기가 쉽다. 영지주의자들의 하느님은 창조된 세계 너머에 있는, 어떤 점에서는 창조된 세계와 완전히 동떨어져 있는 궁극의 실재이다. 카발리스트Kabbalist(유대 신비주의자)들과 전 세계 대부분의 비교 신봉자들처럼, 영지주의자들도 창조라는 관념 대신 신성한 존재로부터의 방출emanation이라는 개념을 사용했다. 초월적 하느님은 창조에 참여하지 않는다. 신적 본질이 방출되어 나아감에 따라 드러나지 않던 것이 드러나고, 그 과정이 더 진행되면서 훨씬 더 구체적인 창조가 이루어진다. 근본 하느님은 시종 제일원인으로 남아 있으며, 그 대신 다른 존재들이 창조의 부차적인 혹은 이차적인 원인이 된다.

가까운 비유를 하나 들어보자. 넓은 땅을 개발하려고 마음을 먹은 투자가나 땅주인이 있다. 하지만 땅주인이나 투자가가 직접 그 땅을 치우거나 정리하는 일, 건물을 설계하거나 짓는 일에 관여하는 경우는 거의 없다. 건축가와 기술자, 설계가 등이 그 일을 대신할 것이다. 이와 같은 방식으로 세계가 창조되었으리라고 생각한다면 불합리할까? 영지주의자들은 늘 그런 식으로 생각했다. 비유를 더 확장시켜 보자. 만일 땅주인은 갈수록 개발에 덜 관여하고, 총책임을 맡은 건축가는 무능하고, 일꾼들은 게을렀다면, 땅주인이 아무리 좋은 의도를 갖고 개발을 마음먹었더라도 최종 결과는 결코 온전하지 못할 것이다.

고대 영지주의자들에게 건축가에 해당하는 존재가 그리스 어로 '반쪽짜리 제작자'를 뜻하는 데미우르고스Demiurgos인데, 그것은 그가 세계의 틀만 만들었을 뿐 내면의 생명은 만들지 않았기 때문이다. 일꾼과 장래의 경영자에 해당하는 존재들은 그리스 어로 '통치자'라는 뜻을 가진 아르콘archon들이다. 구약 성서에 등장하는 하느님의 행동과 말이 대부분 데미우르고스의 기질과 일치한다는 점은 굳이 언급할 필요가 없겠다. 야훼(구약 성서 하느님의 이름—옮긴이)에 대한 영지주의자들의 경멸감은 정확하게 이런 배경의 결과임에 틀림없다.

인간

영지주의는 인간이 본질적으로 물질 세계의 결과물이 아니라고 여긴다. 앞 문장에서 중요한 단어는 '본질적으로'라는 말인데, 이는 영지주의가 관심을 집중하는 것이 본질이지 이 본질을 둘러싸고 있는 육체적·정신적 용기容器가 아니기 때문이다. 생물학적 진화론이 고대 영지주의 시대에는 없었지만, 우리는 주류 기독교인들과 달리 영지주의자들은 진화론에 반대하지 않았을 것이라고 추측할 수 있다.

그들은 인간의 몸이 지상에서 생겨나고 인간의 영은 아득히 먼 곳, 진정한 근본 하느님Godhead이 머물고 있는 충만Fullness의 세계에서 온다고 믿었기 때문이다. 인간은 썩어 없어지고 말 육체적·심리적 요소들과 함께 신적 본질의 파편인 영적 요소—때로 신의 불꽃이라 불리는—로 이루어져 있다. 이런 이원론적 본성—인간뿐만 아니라 세계의—을 인정하기 때문에 영지주의는 이원론적이라는 평가를 받아왔다.

사람들은 대부분 자신들 안에 깃들어 있는 신의 불꽃을 알아차리지 못한 채로 살아간다. 이런 무지로 인해 사람들은 빛의 불꽃을 노예 상태로 가두어두는데, 그렇게 함으로써 우주의 노예주 노릇을 하는 아르콘들의 이익에 봉사하게 된다. 우리가 붙들고 있는 정신적 개념들을 포함해 지상적인 것들에 집착해 있도록 우리를 부추기는 것은 그것이 무엇이든지 이 열등한 우주 통치자들에게 우리를 계속해서 예속시키는 역할을 한다. 대다수 인간은 낙원에서 잠자던 아담과 같다. 현대 비교 전통의 스승들, 특히 게오르기 구르지예프Georgei Gurdjieff(20세기의 대표적인 영적 지도자로서 에니어그램을 현대에 전함—옮긴이) 같은 이는 이런 영지주의의 개념을 받아들여 인간을 몽유병자 무리라고 표현하기도 한다. 이 잠에서 깨어나는 것은 해방을 향한 인간의 열망과 인간에게 베풀어지는 천상의 도움이 하나로 결합된 결과이다.

영지주의는 아주 분명하고 정교한 구원론—곧 구원과 구원자에 관한 가르침—을 전한다. 잠자는 인간의 영은 신의 사람들 혹은 빛의 사자使者들을 통해 전해진 저 궁극의 신성한 존재의 부름에 의해 깨어나기 시작한다. 그런 존재들은 전 역사를 통해 참 하느님으로부터 온다. 그들은 영혼들을 다시 불러들이기 위해 최고의 영적 세계에서 내려온다. 인간의 영을 본래의 의식 상태로 회복시켜 신성한 존재에게로 다시 이끌기 위해서. 이처럼 구원으로 이끄는 존재들 중 영지주의 경전에 언급되는 존재는 극히 일부이다. 꽤 중요하게 여겨지는 존재들로 세트Seth(아담의 셋째아들), 예수, 그리고 예언자 마니Mani가 있다. 때로는 구약 성서의 일부 예언자들이 구원으로 이끄는 역할을 맡기도 하며, 후기의 (마니교적) 영지주의 전통에서는 붓다와 조로아스터Zoroaster 같은 다른 위대한 종교의 창시자가 빛의 참 사자로 인식되기도 한다. 대부분의 영지주의자들은 예수를 으뜸가는 구원자로 여겼다. 이란과 아시아에서 활동한 마니조차도 자신을 예수 그리스도의 예언자로 여기고 예수를 구원자로 경외했다.

영지주의자들에게 구원이란 무엇인가? 여러 가지 점에서 영지주의의 구원 개념은 힌두교와 불교 전통에서 볼 수 있는 해탈(해방)의 개념과 가깝다. 영지주의자는 죄(원죄나 그 밖의 죄)로부터의 구원이 아닌, 죄의 원인이 되는 무지로부터의 구원을 바란다. 그노시스를 통해 신성한 존재를 알게 된 자는 모든 죄를 벗어버리지만, 그노시스가 없는 자는 죄 안에 머물 수밖에 없다. 무지―곧 영적 실재들에 대한 무지―는 그노시스에 의해 일소되고 만다. 그노시스의 결정적인 계시는 빛의 사자들, 특히 이 시대의 사자로 인정받는 예수에 의해 전해졌다.

영지주의의 구원 개념은 이해하기가 쉽지 않다. 영지주의 사상을 피상적으로 이해한 영성 연구가들은 그노시스에 의한 구원을 중재자를 전혀 필요로 하지 않는 순전히 개인적인 경험으로, 곧 자기 혼자서 하는 영적 기획쯤으로 오해하는 경우가 잦다. 영지주의 전통을 이같은 방식으로 바라보는 태도는 대개 종교와는 거리가 먼, 우리의 세속적인 시대와 사회가 낳은 산물이다. 구원이 외부의 어떤 도움 없이도 가능한 것이었더라면 거의 대다수 인간은 진작 해방되었을 것이다. 하지만 구원의 그노시스는 단순한 독서와 지적 사색, 담화의 결과물이 아니다. 영적 무지라는 곤경에서 해방되려면, 자신의 노력과 더불어 외부의 도움이 필요하다.

개인의 구원

영지주의는 그노시스와 구원의 잠재력이 누구에게나 깃들어 있으며, 구원이 대속적·집단적인 것이 아니라 개인적인 것임을 인정해 왔다. 따라서 주류 기독교가 주장하는 대속 신학(예수가 인류의 죄를 대신해 죽었다는 교리—옮긴이)의 메시지는 영지주의자에게 아무 의미도 갖지 못한다. 세계는 완전하게 창조되지 않았고, 현재 상태는 타락의 결과가 아니며, 인류는 누구에게나 전해진다고 하는 원죄의 영향 아래 있지도 않다. 따라서 분노한 아버지를 진정시키고 인류를 구원하기 위해 희생당해야 할 하느님의 아들도 필요 없다. 죄에 해당하는 그리스 어 하마르티아hamartia가 본래 '과녁을 벗어나다'라는 뜻을 지니고 있다는 점은 생각해 볼 만하다. 이런 뜻으로 사용될 때, 대부분의 인간은 죄인이다. 우리 모두는 과녁을 벗어나 있다. 참되고 신성한 것들에 무지하다는 점에서 그렇다. 위대한 빛의 사자들은 이 무지를 떨칠 수 있는 우리의 능력을 자극하기 위해서 온다. 우리는, 우리 안에 깃들어 있는 해방의 잠재력을 펼치도록 돕고자 빛의 사자들이 가져다주는 깨달음의 가르침과 해방의 신비 의식(성례전)이 필요하다.

빛의 사자들에 의해 영적인 잠에서 깨어난 사람—그래서 필요한 만큼의 영적 노력과 성실성을 갖춘 사람—은 참된 영지주의자(아는 자, 곧 영의 사람pneumatic, 진실로 영적인 사람)가 되고, 그렇지 않은 사람은 여전히 깨닫지 못하고 세속에 얽매인 상태에 남는다. 오늘날 평등주의 사고방식을 가지고 있는 사람들은 영지주의의 이런 관점을 엘리트주의적이라며 거부하기도 한다. 하지만 타인과 구별하여 자신과 자신이 속한 집단을 선택된 무리라고 여기는 독선적이고 이기적인 엘리트주의와, 엘리트적인 사람들의 어쩔 수 없는 존재 사이에는 차이가 있다. 영적 스승인 J. 크리슈나무르티Krishnamurti는 《선생의 발 아래서At the Feet of the Master》라는 이미 고전이 된 조그만 책에 "세상에는 오직 두 종류의 사람, 곧 아는 자와 알지 못하는 자가 있을 뿐이다"라고 적었다. 옛날이든 지금이든 어떤 영지주의자도 이보다 더 훌륭하게 표현한 적이 없다.

영지주의자의 적들(이단 연구가들로 활동한 교부들부터)은 영지주의자가 나머지 인간을 경멸하는 거만한 엘리트주의자라는 비난을 한 번도 멈춘 적이 없다. 하지만 영지주의자들이 저지른 범죄 행위, 곧 동일한 영적 신념을 지니지 않거나 자신들에게 동의하지 않는 자를 학대하거나 박해한 영지주의 신자들에 대한 기록은 없다. 종교 재판과 십자군, 지하드는 영지주의자들이 발명해 낸 게 아니다. 그와는 반대로 영지주의자를 박해하기 위해 발명된 것들이다.

영지주의가 세상을 부정하는 태도를 지녔다는 잘못된 억측에서 영지주의가 자살이라든지 여하한 살생을 부추긴다는 오해가 빚어진 경우가 많았다. 20세기 말에 벌어진 종교 집단의 자살 사건들, 예컨대 존스타운Jonestown 사건(1978년에 메시아를 자처하는 존스 목사와 그의 추종자 912명이 가이아나의 정글에 위치한 자신들의 거주지 존스타운에서 대량 학살 및 자살을 저지른 사건—옮긴이), 태양신전단Order of the Solar Temple 사건(유럽의 한 비교 종파인 태양신전단이 1994년, 1995년, 1997년 세 차례에 걸쳐 대량 자살과 학살을 자행함으로써 유럽을 충격에 빠뜨린 사건—옮긴이), 천국의 문Heaven's Gate 사건(1997년 미국 샌디에이고에서 외계인 우주선의 존재를 믿고 승선하기 위해 39명이 집단 자살한 사건—옮긴이) 중 일부가 영지주의 교리와 의식儀式의 결과라고 대중과 매스컴에 알려졌었다. 진실에서 이보다 더 심하게 왜곡될 수 있는 것도 없을 것이다. 사실 영지주의자들이 여러 가지 점에서 지상의 삶을 어둠의 세력들에 예속된 상태로 여기긴 하지만, 그렇다고 죽음이 이 고된 상태를 저절로 벗어나도록 해준다고 믿은 영지주의자는 아직 없다. 해방의 지식은 몸을 입고 있는 상태에서 얻어져야 하며, 그런 영적 해방에 이른 사람은 몸을 입고 있든 벗고 있든 상관없이 자유를 누린다. 그에 반해 의식의 해방에 이르지 못한 사람은 몸을 입고 있든 벗고 있든 늘 눈에 보이는 이 세상의 족쇄 속에 갇혀 있다. 몇몇 영지주의 문서들에서는, 인간은 변화된 의식이 더 이상 환생還生을 필요로 하지 않을 때까지 반복해서 지상의 세계로 되돌아온다(곧 재생한다)고 말한다.

죽음에 관해 질문을 받았을 때 공자孔子는 이렇게 대답했다. "왜 죽음에 대해 묻느냐? 어떻게 살아야 하는지도 모르면서." 영지주의 복음서 〈도마복음Gospel of Thomas〉에 보면 이와 유사한 물음에 예수가 아래와 같이 답한다.

> 태초를 알고 있어서 종말에 관해 묻느냐? 태초가 있는 곳에 종말도 있다. 태초에 서 있는 자는 복이 있나니 그는 끝도 알게 될 것이며 죽음을

맛보지 않을 것이다.(말씀 18)

　이 말씀이 분명히 의미하는 바는, 영혼이 기원한 영원한 세계를 영지주의자가 알아야 한다는 것이다. 이 앎이 삶과 죽음의 모든 문제를 자명하게 만들고 세상이 죽음이라 부르는 것으로부터 오는 온갖 두려움을 몰아낸다. 우리의 근원이 되는, 이루 말할 수 없는 신성한 실재와 연결될 때 우리는 또한 어떤 상태로 돌아가야 할지를 알게 된다. 이 앎이 없다면 몸은 살아있는 것처럼 보일지라도 실은 죽은 것이다. 이런 견지에서 볼 때 자살—종교에 의한 것이든 그 밖의 동기에 의한 것이든—은 대단히 비생산적인 행동임이 드러난다.
　영적 엘리트주의라는 비난에 더해, 영지주의자들은 전문 용어로 '도덕률 폐기론'이라고 하는 도덕 허무주의 또는 법에 반대하는 입장에 있는 자들이라는 혐의를 받아왔다. 여기서도 영지주의적 관점의 미묘함이 쉽게 오도되는 것을 볼 수 있다. 대부분의 종교가 인간은 신이나 신에 준하는 존재에 의해 계시된 법(예컨대, 마누나 함무라비, 또는 모세의 법)에 복종함으로써 구원을 얻는다고 가르친다. 이런 견해에는 분명 심리학적 정밀함이 결여되어 있다. 인간은 진공 속에서 행동하지 않는다. 인간의 행동은 의식 상태에서 나온다. 살인은 마음이 잔학한 상태의 결과요, 거짓말은 마음과 영혼 속에 온전함과 진실함이 결핍되어 있음의 표현이다. 위대한 영지주의자인 붓다는 바른 생각은 반드시 바른 행동을 낳는다고 말했다. 영지주의는 내면의 심령적psychospiritual 경험에 근거한 사고 체계이다. 이런 까닭에 영지주의가 그 본질과 중요성에 있어 행동보다도 마음의 상태를 더 우위에 두는 것은 놀라운 일이 아니다. 영지주의자들은 늘 외적 행동이 아닌 의식이 도덕 가치의 참된 지표라고 주장했다.

윤리와 도덕이 규율들의 체계를 가리키기 위해 사용되는 한, 영지주의자들은 그것들을 그다지 높이 평가하지 않을 것이다. 그 이면의 근거를 밝혀주는 의식이 결여되어 있다면 그런 규율은 무익하다. 그러기에 수많은 영지주의자들이 구원은 오직 그노시스를 통해 오며 법과 규율 그 자체는 구원을 주지 못한다고 말한다. 반면, 도덕이 우리 속 천상의 불꽃에 그 뿌리를 둔 광명에서 생겨나는 내면의 온전함이라고 정의된다면, 그런 도덕은 영지주의 전통을 따르는 사람들에게 열광적으로 받아들여질 것이다.

영지주의의 중심 사상에 대한 이런 개론적인 설명에는 해석 및 적용과 관련해 몇 가지 질문이 제기될 수 있다. 앞에서 보았듯이, 그노시스의 경험은 필연적으로 그 통찰에 어울리는 세계관을 필요로 하기 때문에 어떤 의미에서 영지주의 없는 그노시스는 존재할 수 없다. 영지주의 세계관은 경험적인 성격을 띤다. 그것은 특별한 종류의 경험에 근거하고 있기 때문이다. 그런 까닭에 영지주의 세계관의 일부분을 제거하거나 희석시켜서는 안 된다. 그렇게 수정된 세계관은 더 이상 영지주의의 경험에 부합하지 않을 것이기 때문이다.

영지주의는 독특하고 특수한 종류의 경험에서 기인하며, 따라서 하나의 세계관으로서도 다른 형식의 신비주의와 구별된다. 십자가의 성 요한St. John of the Cross(1542~1591, 에스파냐의 신비가, 교회학자, 시인—옮긴이)이나 아빌라의 성 테레사St. Theresa of Avila(1515~1582, 에스파냐의 신비가, 여성 최초의 교회학자—옮긴이)가 인식한 것과, 발렌티누스 Valentinus(2세기경 이집트 출신의 대표적인 영지주의 철학자—옮긴이) 같은 영지주의 현자의 신비주의 사이에는 분명 유사점이 있다. 하지만 성 요한과 성 테레사가 로마 가톨릭의 세계관을 공유하고(비록 교회의 관료주의자들이 그들의 세계관을 불편해하는 때가 종종 있기는 하지만) 있는 데 반해 발렌티누스는 뚜렷하게 영지주의 관점을 가지고 있다. 다양한 전통들을 하나로 묶어내는 공통점이 있다 하더라도, 그 전통들을 구별 짓는 분명한, 사실 때론 독특해 보이기까지 하는 특징들은 나름의 의미와 가치를 지니는 것들이다.

우리는 절충의 시대에 살고 있다. 종종 뭘 선택해야 할지 모를 정도로 물건이 많은 슈퍼마켓에서 자기한테 필요한 먹을거리를 찾아 구입하듯, 우리는 선택의 폭이 아주 넓은 일종의 시장 같은 곳에서 영적 양식을 고를 수 있다. 심령의 슈퍼마켓에서 영지주의와 마주칠 때 우리는 영지주의 세계관의 일부는 받아들이지만 나머지는 버리고 싶은 마음이 들지도 모른다. 우리의 참 자아를 초월적 충만함으로부터 생겨나온 신적 불꽃으로 보는 데는 기꺼워하면서도, 데미우르고스라든지 그의 사악한 아르콘들, 근본적인 결함을 지닌 우주의 본성, 그 속에 존재하는 악과 같은 아주 어둡고 곤혹스런 영지주의 통찰은 유보하고 싶어한다. 그러나 영지주의 세계관은 내적 일관성을 갖춘 하나의 완전체이다. 그러므로 우리가 일부를 제거해 버린다면 그 완전성은 파괴되고 만다.

또 하나 중요한 질문은 영지주의 세계관을 이루는 요소들을 문자적으로 이해해야 하는가 아니면 상징적으로 이해해야 하는가이다. 영지주의를 이단으로 정죄하는 주류 기독교에서 아주 빈번히 볼 수 있는 문자주의와 교조주의dogmatism는 분명 영지주의에 반反하는 관점이다. 영지주의는 세계관은 가지고 있지만 믿어야 할 교리와 신학은 가지고 있지 않다. 영지주의 경전은 내용면에서 근본적으로 신화적이며, 모든 신화는 다양한 방법으로 해석될 수 있다. 융이 크게 힘을 쏟은 현대 심층심리학은 원형archetype, 개성화individuation, 그림자shadow 및 유사 개념들과 영지주의 신화가 관련이 있다고 보고 영지주의 신화를 탐구했다. 다른 신화와 마찬가지로 영지주의 신화도 서로 에끼는 일 없이 얼마든지 공존이 가능한 다양한 의미들을 지닐 수 있다. 다른 분야의 진리와 더불어 심리학적 진리도 영지주의 신화에서 발견될 수 있으며, 이러한 진리 가운데 어떤 것도 거부될 필요가 없다.

그노시스라고 하는 '가슴의 지식knowledge of the heart'과 늘 조화를 이룬다는 점에서 영지주의 세계관은 영원한 매력을 자아낸다. 영지주의가 세 번째 천년이 시작되는 지금 이 시기와 특별히 잘 맞는다고 느끼는 이들이 있다. 지난 천년은 시대의 질문을 감당해 내지 못한 수많은 이데올로기들이 철저히 붕괴되는 것으로 끝을 맺었다. 하지만 영지주의 현자들은 인간이 처한 곤경과 관련한 질문에 명석하고 솔직하고 믿음성이 있으며 오늘날에도 여전히 타당한 답변을 주고 있다. 우리는 그 점에 깊은 감명을 받고 이내 확신을 갖게 될 것이다.

3
창조에 대한 창조적인 관점:
〈창세기〉 다시 읽기

　몇 해 전, 영지주의에 대한 대중적 관심을 누구보다도 크게 불러일으켰던 일레인 페이절스라는 학자가 수단의 수도에서 그 나라 외무부 장관과 대화를 가졌다. 딩카Dinka 족 출신으로 명망 있는 이 장관은 페이절스에게 자기 부족의 창조 신화가 사회적·문화적 측면에서 어떻게 그렇게 오랜 시간 동안 영향을 미쳐왔는지 들려주었다. 얼마 지나지 않아 페이절스는 미국의 사회적 관습들이 변화하고 있다는 지난 호 기사에 대한 독자의 편지 몇 통이 실려 있는 《타임》지를 읽게 되었다. 놀랍게도 그 편지들은 대부분 바람직한 행동 기준의 논거로서 아담과 이브 이야기를 언급하고 있었다. 편지들은 한결같이 〈창세기〉에 기록된 창조 이야기를 가지고 오늘날의 도덕과 윤리를 정당화했다. 딩카 족만이 아니라 미국인도 여전히 자신들의 창조 신화에서 영향을 받고 있었던 것이다. 페이절스는 미국인과 딩카 족이 그다지 다르지 않으며 양측의 신화가 오늘날에도 그들에게 의미와 생명력을 지니고 있다는 사실을 깨달았다.

대부분의 서양인은 자신들의 문화에 딱 하나의 창조 신화가 있다고 믿는다. 〈창세기〉 1~3장에 나오는 창조 신화가 그것이다. 그것과는 다른 영지주의자들의 창조 신화가 있다는 사실을 아는 사람은 거의 없다. 색다르고 그래서 놀랍기는 하겠지만, 영지주의자들의 창조 신화는 충분히 고려해 볼 만한 가치가 있는 창조와 삶의 관점을 제공한다.

19세기 초의 영지주의 시인 윌리엄 블레이크는 이렇게 적었다. "우리 둘이서 밤낮 성서를 읽어도 내가 하얀색을 읽은 곳에서 당신은 까만색을 본다." 어쩌면 초기 영지주의자들도 유대교와 기독교의 반대자들을 이와 비슷하게 언급했을 것이다. 초기 기독교 세계의 반영지주의적 입장 혹은 정통 기독교의 입장에서는 대부분의 성서가 교훈의 역사로 여겨졌다. 그 중에서도 〈창세기〉는 특히 더 그랬다. 아담과 이브는, 그들의 비극적인 불순종이 타락의 원인이 되고 후대의 인류가 그들의 타락에서 엄숙한 도덕적 교훈을 배우게끔 되어 있는 역사적인 인물이었다. 〈창세기〉를 이런 식으로 읽게 되면 이르게 되는 한 가지 결론은 여성의 지위가 모호하게, 아니 저급하게 된다는 것이다. 곧 여성은 낙원에서 불순종한 이브의 공모자로 간주되는 것이다. 영지주의자를 혐오했던 교부 테르툴리아누스Tertullianus는 한 기독교 모임의 여성들에게 이렇게 편지를 써 보냈다.

> 그대들은 사탄의 통로다.…… 그대들은 사탄이 감히 공격하지 못한 남자를 꾀었던 여자다.…… 그대들 각자가 이브라는 사실을 아는가? 그대들의 성性 위에 내린 하느님의 선고는 지금도 유효하다. 필연적으로 죄 또한 유효하다.(《여자의 옷차림에 대하여》 1.12)

보석 같은 나그함마디 문서를 통해 확인되는 바 거룩한 문학의 유산을 남긴 영지주의 기독교인들은, 〈창세기〉를 교훈을 지닌 역사로 읽지 않고 의미를 지닌 신화로 읽었다. 그들은 아담과 이브를 역사적 인물이 아니라 모든 인간 안에 내재한 두 가지 심리 내적 원리의 전형으로 보았다. 아담은 프시케psyche, 곧 '혼soul'(생각과 느낌feeling이 생겨나는 마음-감정의 복합체mind-emotion complex)의 극적인 표현이다. 이브는 그보다 상위의 초월적 의식을 상징하는 프뉴마, 곧 '영spirit'을 나타낸다.

첫 번째 여성의 창조와 관련된 성서 기사는 두 가지다. 하나는 이브가 아담의 갈비뼈로 만들어졌다(〈창세기〉 2: 21)고 말하는 것이고, 다른 하나는 하느님이 자신의 형상을 따라 첫 인간 한 쌍, 곧 남자와 여자를 창조했다(〈창세기〉 1: 26~27)고 말하는 것이다. 두 번째 기사는 조물주 하느님이 남녀의 성품을 모두 갖춘 양성兩性적 본질을 가지고 있음을 시사한다. 영지주의자들은 일반적으로 이 두 번째 기사를 받아들여 거기에 다양한 해석을 덧붙여왔다. 이 기사가 여성과 남성의 평등함을 이야기한다면, 여성이 아담의 갈비뼈로 만들어졌다는 기사는 여성을 남성에게 종속시킨다.

고대 영지주의자들에게 전통적인 이브 상像은 믿을 만한 것이 못 되었다. 전통적인 이브 상에 따르면 이브는 사악한 뱀에게 속아 넘어간 자요 여성적인 매력을 이용해 아담을 꾀어 하느님께 불복종하도록 만든 자이다. 하지만 영지주의자들의 관점에서 이브는 구변 좋은 요부로 타락한 귀 얇은 바보가 아니다. 오히려 이브는 지혜로운 여성, 곧 천상의 지혜인 소피아Sophia의 참된 딸이다. 이런 입장에서는 이브야말로 잠자는 아담을 깨운 존재가 된다. 〈요한외경Apocryphon of

John〉(《요한의 비밀서》라고도 번역됨─옮긴이)에서 이브는 이렇게 말한다.

> 나는 육체의 옥사인 지하 감옥 한가운데로 들어갔다. 그리고 말했다. "듣고 있는 자, 그를 깊은 잠에서 깨워라." 그러자 그[아담]가 한탄하며 눈물을 흘렸다.…… 그가 입을 열어 물었다. "이 감옥의 쇠사슬에 묶여 있을 때, 나의 이름을 부른 이가 누구이며, 이 희망은 어디로부터 나에게로 왔는가?" 나는 대답했다. "나는 참 빛의 예지foreknowledge요, 나는 순결한 영의 숙고thought이다.…… 일어나 기억하라.…… 그리고 너의 근원인 나를 따르라.…… 깊은 잠을 경계하여라."

또 다른 경전 〈세상의 기원에 관하여On the Origin of the World〉에서 이브는 신성한 소피아의 딸로, 특히 소피아의 사자使者로 묘사된다. 사자의 자격을 지닌 이브는 아담의 교사로 와서 그를 무의식의 잠에서 깨운다. 대부분의 영지주의 경전에서 이브는 아담보다 우월한 존재로 나타난다. 이런 경전들에서 얻을 수 있는 결론은 테르툴리아누스와 같은 교부들의 결론과 분명히 다르다. 영지주의 경전들에 따르면 남자가 생명과 의식을 얻게 된 것은 여자 덕택이다. 만일 이브에 대한 영지주의적 관점이 널리 받아들여졌더라면 여성에 대한 서구의 사고방식이 어떻게 발전했을지 궁금하지 않을 수 없다.

뱀과 인간에 관하여

정통적인 관점에서 이브의 실수는, 그 (선악을 알게 하는─옮긴이) 나무의 과실이 자신과 아담을 지혜롭게 하고 영생하게 만들 것이라고 꾄 사악한 뱀의 말을 들은 것이다. 영지주의의 나그함마디 문서에 속한 경전 〈진리의 증언Testimony of Truth〉은 이 해석을 뒤집는다. 악의 화신과는 거리가 멀게 뱀은 낙원에서 가장 지혜로운 창조물로 여겨진다. 〈진리의 증언〉은 뱀의 지혜를 극찬하고 조물주에게 심한 비난을 퍼부으며 이렇게 묻는다. "이 하느님, 그는 어떤 종류의 신인가?" 이에 대해 과실을 먹지 못하도록 금지한 까닭은 인간이 더 높은 지식으로 깨어나는 것을 바라지 않은 하느님의 질투심에서 비롯되었다고 대답한다.

구약 성서에 나오는 조물주 하느님의 위협과 분노 역시 이들의 비난을 받는다. 〈진리의 증언〉에서 조물주 하느님은 '질투하는 비방자', 곧 자신을 불쾌하게 하는 자에게 잔인하고 부당한 처벌을 가하는 질투의 하느님으로 자신을 드러낸다. 경전은 이렇게 덧붙인다. "그러나 이것들은 그가 자신을 믿고 자신을 섬기는 자들에게 말한(그리고 행한) 것들이다." 이것이 분명히 암시하는 바, 이런 하느님과 함께라면 우리에게는 적도, 어쩌면 악마도 필요가 없다.(왜냐하면 하느님이 적과 악마보다 더 사악하기 때문에.—옮긴이)

나그함마디 문서에 있는 다른 경전 〈아르콘들의 본질Hypostasis of the Archons〉은 이브뿐 아니라 뱀도 신성한 소피아에 의해 영감을 받고 인도되었다고 이야기한다. 소피아는 뱀에게 자신의 지혜가 들어가도록 허락하고, 그래서 뱀은 교사가 되어 아담과 이브에게 그들의 참된 근원에 대해 가르쳐준다. 그들은 자신들이 데미우르고스(이 경우는 〈창세기〉 이야기에 나오는 조물주)에 의해 창조된 열등한 존재가 아니라는 것, 오히려 자신들의 영적 자아가 이 세상 너머, 궁극의 근본 하느님의 충만함에서 비롯했다는 사실을 깨닫게 된다.

주류 기독교에서 정본으로 삼는 〈창세기〉에서는 금지된 과실을 먹은 후 아담과 이브가 낙원의 은총을 상실했다고 말하지만, 영지주의 쪽 〈창세기〉에서는 "그들의 눈이 열렸다"—곧 그노시스를 가리키는 은유—고 말한다. 그 결과 첫 인간들은 자신들을 창조한 신들이 짐승 얼굴에 흉물스런 외모를 지니고 있다는 사실을 처음으로 알게 되고 공포에 젖어 그들이 보이지 않는 곳으로 도망을 치게 된다. 비록 데미우르고스와 아르콘들에게 저주를 받기는 했지만, 이들 첫 인간 한 쌍은 이미 그노시스의 능력을 얻은 터였다. 그들은 자기 후손 중 원하는 이들에게 그 능력을 넘겨줄 수 있었다. 그래서 이브는 자신의 딸 노레아Norea에게, 아담은 자신의 셋째아들 세트에게 그노시스를 선물했다.

영지주의 신화의 시작: 노레아와 세트

이브의 딸 노레아는 지혜로운 여성이었다. 노레아는 착하지만 통찰력이 떨어지는 남자 노아Noah와 결혼했다. 그 당시 인간의 수는 급증하고 있었고, 아담과 이브에 의해 자극받아 인간은 지상의 주인인 아르콘들을 불신하고 불복종하기 시작했다. 인간이 사악해져 하느님으로 하여금 자신의 창조를 후회하게 만들었다는 '공식적인' 〈창세기〉의 언급과 달리 인간은 지혜롭게 되었고, 그래서 아르콘들로부터 자유를 갈망하게 되었던 것이다. 노아는 방주를 만들어 세일 산—세일Seir이라는 지명은, 〈시편〉에 홍수를 언급하는 대목에서 한 번 나오긴 하지만 〈창세기〉에서는 발견되지 않는다—꼭대기에 두라는 조물주의 명령을 받는다.

노레아는 단순한 남편이 아르콘들에게 협력하지 못하게 하려고 애를 쓰며 설득했다. 심지어는 노아가 나무로 만든 배를 불태우기까지 했다. 그러자 조물주와 그의 어둠의 무리들이 노레아를 에워싸고 벌로 그녀를 강간하려고 했다. 노레아는 그들과 언쟁을 벌이면서 자신을 강력히 방어하다가 마침내 참 하느님True God께 도와달라고 소리를 쳤다. 이에 참 하느님은 황금 천사 엘렐레트Eleleth(총명)를 보냈다. 천사는 노레아를 구해주는 데서 그치지 않고, 한편으로 그노시스의 지혜를 가르쳐주고 또 한편으로 그녀의 후손들이 진정으로 진리를 아는 자들이 될 것이라는 확신을 심어주었다.

나그함마디 문서의 몇몇 주요 경전—〈아르콘들의 본질〉, 〈요한외경〉, 〈노레아의 숙고Thought of Norea〉—에 노레아와 방주 이야기가 나온다. 이 경전들에 따르면 노아의 후손은 '공식적인' 〈창세기〉에 언급된 것처럼 방주에 숨어 있었던 것이 아니라 빛나는 구름 속에 숨어 있었으며, 그곳에서 참 하느님의 천사들로부터 보호를 받았다.

아담의 셋째아들(가인과 아벨 다음에 태어난) 세트는 오랫동안 신비스러운 인물로 여겨졌다. 고대 역사가 요세푸스Josephus(37~100년경, 유대인으로서 유대 전쟁에 참여했다가 포로로 잡힌 후 로마 군에 협력했으며, 《유대 고대사》와 《유대 전쟁사》를 썼다—옮긴이)는 세트가 매우 위대한 사람이며 세트와 그의 가족은 점성학을 비롯한 수많은 비술秘術의 후견인이었다고 기록하고 있다. 요세푸스에 따르면 세트의 자손은 후세에 물려줄 목적으로 자신들의 오컬트 지식을 두 개의 기둥에 새겨 기록으로 남겨놓았다고 한다. 〈아담의 계시Apocalypse of Adam〉라는 경전에서 영지주의 저자는 세트(와 그의 아버지 아담)에 관해서뿐만 아니라 다가올 영지주의 전통의 미래에 관해서도 기록하고 있다. 〈아담의 계시〉에

아브락사스Abraxas를 묘사한 3세기경의 영지주의 장식물. 아브락사스는 공격과 방어를 상징하는 전통적인 채찍과 방패를 들고 있는 모습을 하고 있다. 둘레에는 광선의 개수가 다른 별들이 있으며, 그 중에는 일곱 행성(불완전함을 의미―옮긴이)을 초월해 있음을 상징하는 것으로, 여덟 광선이 한 벌을 이루는 옥도아드ogdoad 별도 있다.

서 아담은 자신에게 "영원한 하느님의 그노시스의 말씀"을 가르쳐준 사람이 바로 이브였다고 세트에게 말한다. 나아가 조물주가 어떻게 아담과 이브에게서 등을 돌리게 되었는지, 인간이 "두려움과 노예 상태에서" 자신을 섬기게 만들기 위해 조물주가 얼마나 노력했는지도 일러준다. 그러고 나서 아담은 "세트와 그의 후손들"이 계속해서 그노시스를 경험할 것이라고, 하지만 그들 또한 조물주로부터 더욱 심한 박해를 받게 될 것이라고 예언한다.

아담의 예언에 따르면 두 가지 큰 재앙이 이어질 텐데, 그것은 홍수, 그리고 소돔과 고모라가 불에 타 파괴되는 것이다. 이 두 가지 재앙은 인간의 죄 때문이 아니라 그노시스의 지혜를 얻은 인간을 용인할 수 없는 조물주 데미우르고스의 질투와 분노 때문에 발생한다. 홍수 때처럼 고모라의 재앙 때에도 참 하느님은 수많은 에온aeon(영원한 영역. 모든 존재가 방출되어 나오는 충만한 공간인 플레로마의 권능자들을 뜻하기도 함―옮긴이)의 존재들을 보내 아르콘들의 세계 위로 영지주의자들을 데려가 그들을 화염 속에서 구해낸다. 영지주의 전통의 아버지로 인정받는 세트는 〈세트의 세 비석Three Steles of Seth〉과 〈이집트인 복음Gospel of Egyptians〉을 포함한 몇몇 경전에서 중요하게 언급된다.

현존하는 영지주의 경전들은 영지주의자들이 이 세상에 늘 존재해 왔다고 분명히 지적한다. 비록 어둠의 세력들에 의해 처음부터 계속 학대받고 그래서 때론 완전히 소멸될 위험에 처하기도 했지만 말이다. '세트의 위대한 자손'이라고 불리는 영지주의자들은 때로 예수와 동일시되기도 하는 '빛의 사람Illuminator'(Phoster)이 지식과 해방의 시대를 열어줄 미래의 시간까지 견디어낸다. 세트의 영적 자손들이 계속 벌이게 될 투쟁은 오늘날의 교회나 과거의 종교 재판소와의 싸움이 아니라, 다음과 같이 〈아르콘들의 본질〉이 들려주는 초자연적인 적들과의 싸움이다.

> 위대한 사도가 어둠의 세력들에 대해 우리에게 말해 주었다. "우리의 싸움은 살과 피를 지닌 인간을 상대로 한 것이 아니라, 세상과 그리고 사악한 영에 붙어 다니는 세계의 세력들을 상대로 하는 것이다."

'위대한 사도'는 물론 성 바울이며, 실제보다 짧게 인용된 글은 에베소 교회에 보낸 편지의 일부다.(《에베소서》 6: 12)

영지주의 해석의 특징

영지주의자들이 〈창세기〉를 해석하면서 창조 이야기를 이렇게 이례적인 모습으로 변형시킨 동기는 무엇이었을까? 교부들이 주장한 것처럼 그들은 이스라엘의 하느님을 혹독하게 비방하고 싶었던 것일까? 몇 가지 가능한 이유들을 들 수 있는데, 이것들은 서로 배타적이지도 않거니와 때론 상호 보완적이기도 하다.

첫째, 일부 초대 기독교인들과 마찬가지로 영지주의자들도 구약 성서의 하느님을 당혹스럽게 여겼다. 초대 기독교 세계에서 교육을 많이 받은 축에 속한 이들은 어느 정도 영적 안목을 갖춘 사람들이었다. 플라톤과 필로Philo, 플로티누스Plotinus 등의 가르침에 정통한 이들로서 하느님이 복수심과 분노, 질투, 타민족에 대한 혐오, 독재자의 허세 등을 노골적으로 표현하는 데 적응하기 힘들었을 것이다. 예수의 자상하고 숭고한 성품과 그의 가르침에는 품위 있는 영지주의 철학이 얼마나 잘 조화를 이루었는가! 영지주의자들은 이런 분열로부터 구약 성서의 하느님이 우주의 열등한 존재, 곧 데미우르고스라는 논리적 결론에 이르렀을 것이다.

둘째, 앞서 지적했듯이 영지주의자들은 구약 성서를 상징적으로 해석하려는 경향이 있었다. 영지주의자들에 가깝게 〈창세기〉를 해석할 때가 종종 있는 폴 틸리히Paul Tillich 같은 현대 신학자들은 영지주의자들에게 꽤 친근감을 느꼈을 법하다. 틸리히는 타락 이야기가 역사적 사건에 대한 서술이 아니라 인간의 실존 상태에 대한 상징이라고 말한다. 타락은 "꿈속의 천진무구한 상태로부터의 떨어짐fall", 곧 잠재의 영역으로부터 현실의 영역으로의 깨어남을 나타낸다―이 장의 앞부분에서 살펴본 바 영지주의적인 해석과 다르지 않은 해석—고 틸리히는 적고 있다. 틸리히는 또 자신의 '하느님 너머의 하느님 the God above God' 이라는 개념이 영지주의에서 말하는 '두 하느님 two Gods' 개념과 상당히 가깝다고 시인한다.

셋째, 영지주의자들의 〈창세기〉 해석은 영지주의적 환상 경험과 연관되어 있었을 것이다. 신성한 신비를 탐험하고 경험해 봄으로써 영지주의자들은, 성서에서 주장하는 것과 다르게, 〈창세기〉에 언급되는 신은 유일한 참 하느님이 아니며 그보다 상위의 하느님이 틀림없이 존재한다고 생각하게 되었을 것이다.

기원후 몇 세기 되지 않은 그리스·이집트·로마라는 시대 환경 아래 살던 사람들 눈에는 이 세계의 창조와 관리에 거의 관여하지 않는 초월적인 하느님이란 존재가 충분히 있음직해 보였을 것이다. 지극히 인간적인데다 심각한 결함을 지닌 구약 성서의 하느님은, 알렉산드리아의 철학자 필로와 같은 이가 증명하듯이, 많은 유대인들한테도 이미 신뢰를 잃고 있었다. 독실한 유대인이지만 박식한 학자였던 필로는 이스라엘의 하느님 개념을 플라톤 사상으로 버무려내는 데 자신의 재능을 쏟은 사람이었다. 로고스와 소피아와 같은 신적 위격位格(신의 방출된 모습)들도 그 중 일부인데, 이 둘 모두 영지주의자들의 큰 관심 대상이었다. 나그함마디 경전에 기록을 남긴 훨씬 더 급진적이고 미래적인 입장을 취한 해석가들은 〈창세기〉나 여타 구약 성서에 묘사된 하느님은 순종이나 경배를 받을 자격이 없는 위선자요 강탈자임에 틀림없다고 판단했다.

영지주의자들은 〈창세기〉의 창조 이야기를 신화적인 것으로, 곧 별도의 해석이 필요한 신화로 이해했다. 그리스 철학자들은 신화를 비유allegory로 이해한 반면, 일반 대중은 신화를 준準역사적인 것으로 여겼고, 엘레우시스Eleusis(아테네 북서쪽의 도시로, 그곳에서는 기원전 1500년경부터 신비 의식이 비밀리에 행해졌다고 한다—옮긴이) 신비 의식 등의 입교자들mystae은 환상 경험을 통하여 신화들에 생명을 불어넣기도 했다. 영지주의자들이 실제로 이들과 다른 방식으로 신화에 접근했다고 믿을 이유는 없다.

오늘날 자유주의적 입장의 성서학자들은 성서의 설화들을 사람들이 자기를 둘러싼 혹은 자기 위에 있는 세계를 설명하기 위해 만든 신화라고 보는 경향이 있다. 만일 이 관점이 맞다면 〈창세기〉 창조 신화의 모순은 단지 삶에 일반적으로 내재해 있는 모순의 반영에 불과하다. 고대 세계의 수많은 신비 철학자들과 마찬가지로 영지주의자들도 신화의 진실을 다르게 바라본다. 그들은 자신들을 둘러싼 세계를 설명하기보다는 내면의 세계를 이해하고 깨닫는 데 더 큰 관심을 두었다. 내면의 세계는 저 너머의 세계, 곧 초월을 가리켰고, 그것이 그들에게는 무엇보다도 중요했다. 영지주의자들에게 신화는 개별 영혼을 자극해 세상의 한계를 초월하는 경험을 가져보도록 하기 위해 마련된 것이다. 영지주의자들의 관점에서 볼 때 초월이란 물질과 마음의 한계를 넘어서는 것이다.

영지주의자들이 아르콘, 데미우르고스라고 부른 것과 유사한 것을 현대의 심리학자들은 다름 아닌 심리psyche의 영역에서 찾아냈다. C.G. 융이 자기Self와 에고ego—심리 안의 두 '신'—를 구별한 것과 마찬가지로, 영지주의자들도 초월적인 신과 별 볼일 없고 부차적인 신을 구분해서 말했다. 심층심리학은 자유주의적인 성서 신학 쪽보다는 유대-기독교의 창조 신화에 대한 영지주의적 이해 쪽에 더 기울어 있는 것처럼 보인다. 그렇다고 해도 신화소神話素(신화를 이루고 있는 최소 단위―옮긴이)들, 즉 신화의 주제들에는 심리학자도 성서학자도 헤아리지 못한 의미들이 남아 있을 것이다.

〈창세기〉와 같은 경전들의 성격과 의미를 깊이 또 논리적으로 고려하지 않는 한, 영지주의자를 종교적으로 불경스러운 이단아라고 여기기가 쉽다. 또 그런 경전들에 묘사되어 있는 조물주의 비난받을 만한 성품과 예수의 아버지의 성품이 결코 양립할 수 없다는 것도 깨닫기가 그리 어렵지 않다. 영지주의의 '두 신two Gods' 교리는, 주류 유대-기독교의 유일신론자들이 지금까지 언급된 아주 분명한 모순들을 감추고자 필사의 노력을 기울인 것보다도 훨씬 더 인간 정신의 윤리적·논리적인 상식에 부합하는 것 같다.

어린아이가 어른의 아버지이듯이 다양한 문화의 창조 신화는 그 민족과 국가의 역사 위에 깊은 각인을 남긴다. 영지주의자들은 아직 젊은 당대의 서구 문화를 유대-기독교 창조 신화의 그림자에서 자유롭게 하려는 용감한 시도를 했음이 분명하다. 그들이 대안으로서 제시하는 창조 신화가 급진적으로 보인다면, 그것은 단지 우리가 너무 오랜 시간 동안 기존의 〈창세기〉에 익숙해져 있었기 때문이다. 영지주의 창조 신화가 함축하고 있는 수많은 의미들은 21세기 문화에 실로 유익할 수 있다. 어쩌면 우리는 서구의 창조 신화를 다른 가치 기준으로 재평가할 시간에 다다라 있는지도 모른다. 만일 그렇다면, 영지주의야말로 우리의 도우미이자 친구가 되어줄 것이다.

4
소피아: 영지주의 원형인 여성의 지혜

유랑exile은 우리 시대 역사에서 익숙한 비극이 되었다. 20세기 후반에는 수백만 명이 조상 대대로 살아오던 땅에서 무리지어 떠나거나 강제로 쫓겨나 인종과 전통, 혼이 전혀 다른 사람들 사이를 이리저리 떠돌아야 했다. 국외 추방, 인종 청소, 난민 캠프, 그리고 옛 문화의 자취를 보존하려고 필사적으로 노력하는 고립된 망명촌 등은 21세기의 문턱에서도 여전히 되풀이되고 있는 익숙한 현실이다. 유랑의 유산과 공포는 늘 우리 곁에 있다.

영지주의자들은 유랑이라는 현실을 역사적 사건 이상의 것으로 바라보았다. 그들은 유랑이 심오한 우주적 차원, 나아가서는 초우주적 차원을 갖는다고 이해했다. 그들은 인간의 영이 문자 그대로 낯선 땅의 이방인이라고 믿었다. "가끔 나는 어미 없는 자식처럼 느껴진다"고 한 미국의 한 영성가의 한탄에 영지주의자들은 동의할 것이다.—하지만 이때 '가끔'을 '언제나'로 대체하고 싶어할 것이다.

영지주의자의 관점에서 볼 때 이 세상에서 우리가 받는 외따롭다는 느낌alienness은, 오늘날 세속 사회를 살아가며 겪는 슬픔이나 심리적 혼돈과는 다르다. 버림받은 느낌forlornness은 적이 아니라고 영지주의자들은 말한다. 우리가 깨어나야 할 필연적인 진리를 환기시켜 준다는 점에서 외따로운 느낌, 버림받은 느낌은 우리의 친구이다. 키르케고르Kierkegaard가 말한 것처럼, 대부분의 사람들은 "사소한 것으로 마음의 평화를 찾는 속물"과 같다. 하지만 영지주의자는 그렇게 할 수가 없다. 실제로 유랑자는 어둠의 땅을 헤매고 있겠지만, 바로 그 어둠에 대한 자각이 자유로 나아가는 길에 빛을 비춰줄 것이다. 우리가 외따로운 존재라는 자각과 우리가 유랑자의 신분이라는 인식이야말로 왔던 곳으로 되돌아가는 위대한 첫걸음이다. 우리가 타락(추락)했다는 사실을 깨닫는 순간 우리는 상승하기 시작한다.

소피아: 가장 위대한 유랑자

인간만이 유랑을 겪고 소외감을 느끼는 것은 아니다. 또 그런 곤경이 인간 차원에서 기인하는 것도 아니다. 남자와 여자가 있기 한참 전, 우리가 아는 우주가 존재하기 한참 전, 유랑과 복귀의 위대한 드라마는 소피아라는 여성성을 지닌 신적 존재의 이야기에서 완전하게 펼쳐졌다. 천상의 배우자의 품속, 영원한 충만eternal Fullness(플레로마 Pleroma)이라는 지고한 자리에 머물고 있던 소피아는 자신의 본래 자리를 떠나 혼돈과 절망적인 소외의 세계로 내려온다. 영지주의 경전을 보면 소피아는 충만 속에 거하는 위대한 존재들 중 가장 젊다. 그런 소피아가 만물의 중심이요 본질적 근원인 아버지의 빛을 멀리 떠나온다. 소피아는 멀리 있는 한 줄기 빛을 보고서 그 빛이 아버지일

거룩한 소피아, 곧 하느님의 지혜를 나타내는 성화聖畵. 붉은색 예복을 입고 붉은색 머리를 한 소피아는 왕관을 쓴 날개 달린 여성의 모습을 하고 있다. 소피아는 자신보다 낮은 단위에 서 있는 동정녀 마리아와 세례자 성 요한에 의해 보위받고 있다. 그녀가 앉은 성좌에서는 일곱 줄기의 권능이 나오고, 그녀 위로는 그리스도와 여섯 천사가 있다.(러시아, 19세기. 필자 소장)

거라고 생각한다. 그러나 그것은 단지 저 깊은 심연 속에 반사된 빛일 뿐이었다. 그 빛을 좇아 소피아는 현혹적인 심연 속으로 멀리 멀리 내려간다. 마침내 경계the Limit(호로스Horos)라고 알려진 권능자에 의해 저지당할 때까지.

이때 소피아의 본성에서 기묘한 분리가 일어난다. 소피아의 높은 자기, 곧 본질적 핵은 깨어나 충만에게로 다시 신비롭게 상승하고 낮은 자기는 소외 속에 그대로 남는다. 사실, 모든 영지주의 신화 속에서 인간의 혼이나 영과 초우주적 원형 사이에는 그 본질과 상태에 깊은 유사성이 있다. 이로써 우리는 자신의 의식이 최초의 온전함wholeness에서 나와 소외와 혼돈으로 나아간다는 것을 이해하게 된다. 혼란스러운 상황 속에 살고 있는 우리조차도 높고 초월적인 자기와의 연결을 아무리 미약하나마 감지할 수 있다. 따라서 소피아처럼 우리도 둘로 분리되어 있다. 다시 말해 우리의 인간적인 측면은 혼란과 소외 속에 머물고 있는 반면 우리의 영원한 자기는 온전함과 지혜에 속해 있는 것이다.

낮은 소피아, 즉 아카모트Achamoth(히브리 어로 지혜를 뜻하는 호크마Chokmah의 철자를 바꾼 것)는 소외된 자신의 상황 속에서 몸부림친다. 그녀는 몹시 슬퍼하고 서러워하고 분노하며 본래의 지위를 간절히 갈망한다. 고통 속에서 소피아는 나중에 응축하여 물질 우주의 재료―고대인들이 흙, 물, 불, 공기라고 생각했던―가 될 힘들powers을 밖으로 방출해 낸다. 그녀는 또 의식의 잡종, 곧 사자 머리를 한 괴물을 낳는데, 그것이 창조된 세계의 '조물주'인 데미우르고스(얄다바오트Ialdabaoth, 사클라스Saclas, 사마엘Samael이라고도 알려진)가 된다. 소피아의 부정한 자식은 자신만의 왕국을 계획하는데, 그곳은 운명의 통치자요 영의 교도관인 시간의 일곱 통치자가 관장하는 일곱 하늘(행성)로 이루어진다. 낮은 자기 상태의 소피아는 일곱 하늘 위에 있는 여덟 번째 하늘에 숨는다.

이런 신화소들의 내적인 또는 존재론적 측면은 영지주의 사상에서는 항상 발견된다. 교부 히폴리투스는 이 신화에 대해 논하면서, 영지

소피아를 그린 현대 영지주의 성화. 왕관을 쓰고 날개가 달린 소피아 앞에는 사과를 문 지혜의 뱀이 똬리를 틀듯 감싼 세계수 world tree가 있다.(John F. Goelz가 그린 유화. 화가 소장)

주의 체계에서 "소피아는 '프뉴마'(영), 곧 데미우르고스의 '영혼'이라 불린다"고 진술한다. 이런 유의 진술이 암시하는 바는 이 신화가 인간의 심리에도 적용될 수 있다는 것이다. 자아 의식ego-consciousness을 가진 저급의 심리적 본성은 확실히 아주 탁월한 지적 제작자로서 자신의 질서를 삶과 현실에 강요한다. 우리는 우리 자신의 우주를 조직하고(또는 우리 자신의 현실을 창조하고) 그와 동시에 우리 자신의 결점을 그 위에 덧입힌다. 낮은 자기와 높은 자기로의 소피아의 분리가 여기에서 그대로 드러난다. 즉 인간의 낮은 자기(심리학적 자아)는 데미우르고스로, 높은 자기 또는 영적인 영혼은 소피아로 나타나는 것이다.

영지주의 비판가들은 흔히 소피아의 자식인 데미우르고스가 악하다고 단정짓는다. 하지만 영지주의 경전을 잘 읽어보면 데미우르고스에게서 보이는 주된 특성이 악함이 아니라 무지함이라는 사실을 알게 된다. 경전들은 거듭해서 그가 자신 위에 있는 존재들에 대해 전혀 알지 못한다고 말한다. 심지어 그는 자신의 어머니에 대해서도 무지하다. 하지만 데미우르고스의 이런 무지는 오히려 유익하게 작용한다. 그의 무지 덕분에 소피아가 창조 세계 안에 자신의 계획을 끼워 넣을 수 있기 때문이다. 데미우르고스는 그 계획을 자신이 한 것이라고 믿는다. 그 결과 창조된 세계는 데미우르고스의 결함 있는 작업과 소피아한테서 온 천상의 지혜와 아름다움이 혼합된 것이 된다. 이단 연구가인 교부 이레네우스는, 조물주는 (소피아) 아카모트가 자신을 통해 일한 것도 모른 채 자기 혼자서 이 세상을 만들었다고 믿는다는 영지주의의 관점을 기록하고 있다.

조물주는 무지하기만 한 것이 아니다. 조물주는 또 자만심과 무례함으로 가득 차 있다. 그는 자신이 혼자라고, 그의 표현대로라면 "그(나)는 유일한 하느님이요 그(내) 위에 다른 하느님은 없다"고 믿는다. 화가 난 소피아는 데미우르고스의 말을 부정하면서, 그보다 위대한 다른 권능자들이 있으며 그는 단지 더 큰 계획 속에 들어 있는 작은 존재에 지나지 않는다고 말한다. 하지만 데미우르고스는 이 사실을 비밀로 하고서 자신의 지배 아래 있는 피조물들에게 자신만이 유일하고 참된 하느님이라고 계속 믿게 만든다. 여기서도 존재론적 또는 심리 내적 유비가 적용된다. 즉 자아(에고) 곧 낮은 자기는 (융의 모델을 사용하면) 대개 집단 무의식 속에 있는 깊은 힘들에 대해 무지하고, 그래서 자신의 근원이 되는 원형의 모체에서 멀어지면 멀어질수록 자아는 자기 존재에 대해 결정을 내리는 자가 자신뿐이라고 점점 더 믿게 된다. 따라서 자아의 자기 중심주의egotism는 조물주의 거만에서 비롯하는 당연한 결과이다.

소피아의 복귀

　소피아의 타락과 유랑은 그대로 방치되지 않는다. 충만 자체도 그렇지만 충만 속의 신적 존재들도 소피아의 유랑으로 괴로워한다. 그들은 모두 근본 하느님께 호소를 하고, 근본 하느님은 그들에게 소피아를 구원할 권능을 준다. 성령과 그리스도, 그리고 예수(그리스도의 외적 발현이 되도록 운명지어진)를 포함해 충만 속에 거주하는 수많은 상위 에온들이 구원의 임무에 가담한다. 충만 속의 권능자들은 구조자들에게 자신들의 힘을 실어주고 무적의 빛과 총명을 채워준다.

　그리스도는, 초우주적 타우tau('타우'란 그리스 어 알파벳 열아홉 번째 글자로 영어의 T에 해당—옮긴이) 십자가 위에서 확장된 모습으로 소피아에게 나타난다. 에온의 세계를 꿰뚫고 불과 빛을 뿜어내는 타우 십자가의 형상이 소피아에게 생기를 불어넣어 주고 천상의 본향과 신성한 신랑을 향한 거대한 열망을 심어준다. 형이상학적·심리 내적인 요소들이 소피아 신화의 이 부분에 강하게 결합된다. 소피아가 곤경에 빠짐으로 인해 충만이 평화를 잃고 신적 존재들이 불행해한다는 데서 우리는 영지주의적 신비관—유랑하는 영혼만 충만을 열망하는 것이 아니라 신적인 존재들 또한 유랑하는 영혼의 복귀를 열망한다는—과 만나게 된다. 유랑하는 자가 먼 나라에서 돌아올 때까지 하늘은 완전하지 못하다. 그때까지 충만은 진정한 충만이 아니며, 온전함 또한 진정한 온전함이 아니다.

　십자가라는 원형적 상징을 통해 소피아가 무의식으로부터 최초로 깨어난다고 하는 사실은 심리학적으로 중요한 의미를 지닌다. 개성화individuation(융의 심층심리학에서 중요한 개념 중 하나로 '자기 실현'이라는 말로 번역할 수 있다. 의식적 측면과 무의식적 측면의 통합, 곧 자아ego 중심의 심리가 더 큰 자기Self로 나아가는 것을 개성화라고 한다—옮긴이)의 과정에서 심리는 다양한 상징과 만다라 등의 경험을 통해 곧 닥칠 내적 해방을 준비하게 되는바, 십자가의 가로대와 세로대의 결합은 심리/소피아에게 반대쪽에 있는 짝과의 결합이 필요함을 상기시키는 것이다.

소피아는 자신이 혼돈 속으로 내려오면서 벗어났던—말 그대로 '빠져나왔던'—열두 세계를 가로질러 충만의 빛을 향해 천천히 그리고 힘들게 상승한다. 이 벗어남을 원상태로 되돌리기 위해 소피아는 열두 번의 '참회' 혹은 시적으로 표현된 진술을 하는데 그렇게 해야 열두 개의 문이라 불리는 곳을 통과해 상승할 수가 있다. 소피아는 (여기서는 늘 '빛'이라고 불리는) 궁극의 신성에게 고백하는 정성스런 탄원 속에서 열두 권능자를 향해 울며 소리친다. 이 탄원서가 얼마나 시적이고 신비스럽고 마술적인지는 다음과 같이 짧은 인용에서도 분명히 드러난다.

> 오 빛이시여, 사자 얼굴을 한 권능자와 신적 거만에서 방출한 존재들에게서 나를 구원하소서. 오 빛이시여, 내가 믿는 빛은 당신이요 처음부터 나는 당신의 빛을 신뢰해 왔습니다.…… 나를 구원하실 분은 당신이시니…… 오 빛이시여, 더 이상 혼돈 속에 나를 버려두지 마십시오.…… 오 빛이시여, 나를 버리지 마소서.…… 저들 모두가 한꺼번에 "빛이 이 여자를 버렸으니 그를 붙잡아 그 속에 있는 모든 빛을 우리가 취하자"고 서로에게 말하며 나의 힘을 욕망하기 때문입니다.

나의 힘을 취하려고 했던 자들이 혼돈으로 돌아가 창피를 당하며, 속히 어둠으로 돌아가게 하소서.…… 빛을 찾았던 모든 이들이 기뻐하고 즐거워하게 하소서!…… 당신이시여, 오 빛이신 당신은 나의 구원자이십니다.…… 서둘러 이 혼돈에서 나를 건져주소서.(《피스티스 소피아*Pistis Sophia*》, 32장)

소피아는 천사와 대천사 들의 안내와 도움을 받아, 그리고 하늘의 신랑 예수가 불어넣어 준 힘에서 활력을 얻어 한 단계 한 단계 상승하며 빛의 세계로 점점 더 다가간다. 이제 이전에 참회할 때 느꼈던 깊은 고통과 실의는 기쁨으로 변하고 소피아는 빛에게 이렇게 고백한다.

나는 혼돈에서 건져내어지고 어둠의 결박에서 풀려났습니다. 오 빛이시여, 당신은 사방에서 나를 비추시는 빛이시며…… 당신은 당신의 빛으로, 나를 훼방하던 거만한 자에게서 방출된 존재들을 막아주셨기에 나는 당신께 갑니다.…… 이제 당신은 강물 같은 빛으로 나를 덮고 내 속에 있는 모든 악한 것들을 깨끗하게 하십니다.…… 언제나 나를 구원해 주시는 이는 당신이시니 나는 당신의 빛으로 용기를 얻고 당신의 위대한 권능 속에서 빛납니다!

빛은 나의 구원자가 되시고 나의 어둠을 빛으로 바꾸셨습니다. 그분은 나를 둘러싼 혼돈을 찢으시고 빛으로 나를 둘렀습니다!…… 내 속에 있는 모든 힘들powers이…… 순결한 빛으로 자신을 채우고 계신 분의 거룩한 신비의 이름을 찬양합니다.(《피스티스 소피아》, 32장)

이 순간에조차 적들은 소피아를 추격하는 일을 포기하지 않는다. 빛의 가장 높은 에온의 본향 문턱에 이르기까지 계속해서 소피아를 공격하고 괴롭힌다. 그때 갑자기 어둠의 권능자들이 떨어져나가고 소피아는 끝없는 빛의 왕국으로 들어간다. 자신을 해방시킨 빛의 영광을 찬양하며 소피아는 다시 한 번 찬가를 부른다.

> 오 빛이시여, 어떻게 당신이 나를 구원하셨는지, 어떻게 당신의 기적이 인류 안에서 일어났는지 나는 알리렵니다!…… 당신은 혼돈의 강한 빗장과 어둠의 높은 문들을 부수셨고…… 나는 혼돈의 문들을 통과해 올라왔습니다!(《피스티스 소피아》, 33장)

그렇게 소피아의 이야기는 끝난다. 소피아는 영광스러운 충만을 떠나 소외와 혼돈으로 내려갔다가 자만과 무지가 안기는 공포에 시달림을 당했다. 힘 있고 마술적인 목소리로 빛에게 반복해 간구함으로써 그녀는 신랑 예수에게서 힘과 신성화神聖化를 선물로 받고 그의 거룩한 손에 인도되어 위대한 에온들의 왕국에서 자신의 지혜의 자리를 되찾는다.

모든 원형적 신화들은 언제 어디서나 적용될 수 있다는 초시간적인 특성을 보인다. 특별히 소피아 이야기는 심리적인 경험과 초월적인 경험을 결합시킨 보편적인 요소들을 알기 쉬운 형식으로 다룬다. 개인 심리의 발달(개성화)과 사회학적인 문제들(사회적으로 여성의 해방과 지위 향상을 포함한), 그리고 신학적이며 형이상학적 관념들에 대한 통찰이 소피아 신화에서 얻어질 수 있다.

약간 다르긴 하지만, 소피아 이야기는 고대 그리스 희곡의 전형적인 네 단계, 즉 대결agone 혹은 '투쟁', 고통pathos 혹은 '패배', 애통 threnos 혹은 '비탄', 그리고 신의 현현theophania 혹은 '신의 해결'이나 '구원'의 순서를 따른다. 의식은 늘 무의식과 에온적인 대결을 하고 무의식의 힘에게 패하여 자주 고통을 당한다. 이런 패배를 자각하는 것이 중요하다. 그래야 앞서 소피아의 수많은 참회에 의해 예증되었던 비탄의 중요성이 드러난다. 구원의 황홀한 신비는 마지막에 일어나며, 그때 신성한 구원자가 실존의 영역 밖에서 찾아온다. 그리스 연극에서는 이것을 데우스 엑스 마키나deus ex machina(기계 장비를 타고 내려오는 신)—신의 역할을 맡은 연기자가 위쪽에서 무대로 내려오는 것—라고 한다.

 소피아가 충만에서 떠나는 것으로 상징되는, 온전함의 손실이라는 곤경은 모든 존재에게, 특히나 인간에게는 늘 있는 곤경이다. 우리는 모두 깊은 곳에 있는 자기, 곧 우리 속에 숨어 사는 영광스러운 자와의 합일을 통해 우리의 온전함을 회복해야 한다는 절박한 필요성 안에 있다. '언제나 오시는 분ever-coming One', 우리의 신성한 신랑, 가장 높으신 하느님의 로고스가 우리를 만나기 위해 천상의 영역을 뚫고 내려오는 동안, 소피아처럼 우리도 자신의 명예를 떨어뜨리면서 지상을 떠돌아다닌다. 그러므로 신의 현현, 곧 위대한 드라마의 신적인 해결은 항상 이곳에 있다.

 영지주의자들은, 현대의 많은 심층심리학자들과는 달리, 자신들의 환상을 심리 내적 원리들에 대한 이미지로 제한하지 않았다. 영지주의자들에게 내면의 드라마는 언제나 우주적, 아니 초우주적 드라마의 반영이었다. 그 이야기는 하늘에서 펼쳐진 그대로 인간의 영혼 속에서 재현된다. 영지주의자들은 우리 안에 있는 그리스도와 우리 안에 있는 소피아를, 거룩한 열망과 신성한 욕망 속에 서로를 찾아 헤매는 한 쌍의 영광스런 희망으로 이해했다. 동일한 이름을 가진 천상의 한 쌍이, 숭고한 원형으로서 인간의 혼과 영 속에서 계속 활동하고 있는 것이다.

소피아는 어디에서 왔는가

소피아라는 존재 그리고 그녀의 타락과 구원의 신화가 영지주의자들에 의해 널리 알려지고 또 시적으로도 펼쳐졌다는 것은 의심의 여지가 없지만, 그렇다고는 해도 그것들이 2~3세기 사상의 결과물은 아니다. 구약 성서에는 하느님의 지혜를, 세계 창조 이전부터 존재하고 예언자, 현자 들의 환상적이며 직관적인 경험 속에 신비롭게 현존하는 하느님의 여성적 위격(방출물)으로서 언급한 곳이 아주 많다. '지혜wisdom'에 해당하는 히브리 단어는 '호크마chokmah'인데, 헬레니즘 시기 이 단어는 소피아sophia라는 그리스 어로 번역되었다. 성서의 〈잠언〉, 〈전도서〉, 〈집회서Ecclesiasticus〉, 〈지혜서Book of the Wisdom〉('솔로몬의 지혜서'라고 부르기도 한다—옮긴이), 〈아가서〉 등 이른바 '지혜 문학' 장르 가운데 일부(곧 〈집회서〉와 〈지혜서〉—옮긴이)를 개신교의 종교 개혁가들이 외경으로 선언하기는 했지만, 이 지혜 문학은 가톨릭과 개신교 할 것 없이 수많은 이들에게 높은 평가를 받았다. 구약 성서의 지혜서들에서 호크마—소피아는 계시적인 이야기들에서처럼 일인칭으로 독자에게 말하는 경우가 많다. 호크마—소피아는 항상 여성으로 등장하며, 자신이 일찍이 하느님과 함께 창조의 우주적 행위에 참여했음을 빼놓지 않고 밝힌다. 〈잠언〉(8: 22~24, 27)에서 그 예를 보자.

> 주님께서 일을 시작하시던 그 태초에, 모든 것을 지으시기 전에 이미 주님께서는 나를 데리고 계셨다. 영원 전, 아득한 그 옛날, 땅도 생기기 전, 나는 이미 모습을 갖추었다. 깊은 바다가 생기기도 전에 나는 이미 태어났다.…… 주님께서 하늘을 제자리에 두시며 깊은 바다 둘레에 경계선을 그으실 때에도, 내가 거기 있었다.

호크마-소피아는 〈집회서〉(24: 3~6, 9)에서도 자신을 의기양양하게 소개한다.

> 나는 지극히 높으신 분의 입으로부터 나왔으며 구름과 같이 온 땅을 뒤덮었다. 나는 높은 하늘에서 살았고 내가 앉는 자리는 구름 기둥이다. 나 홀로 높은 하늘을 두루 다녔고 심연의 밑바닥을 거닐었다. 바다의 파도와 온 땅과 모든 민족과 나라를 나는 지배하였다.…… 그분은 시간이 있기 전에 나를 만드셨다. 그런즉 나는 영원히 살 것이다.

소피아에 관한 성서적 가르침을 발전시킨 가장 뛰어난 유대 신학자이자 철학자는, 때론 유대인 필로라고 알려진, 알렉산드리아의 필로Philo of Alexandria이다. 초대 기독교 시대에 살았던 이 탁월한 종교 사상가(A.D. 50년경 사망)는 영지주의와 비슷한 가르침을 많이 폈다. 필로는 인간 안에 신성한 지식이 잠재되어 있음을 깨달았을 뿐더러, 이 지식을 각성시키기 위해 하느님으로부터 모종의 존재들이 방출되어 나와 필히 인간과 접촉한다고 설명하기도 했다. 그런 존재 중 하나가

로고스, 곧 하느님의 첫 번째 유출물인 '아들'이고, 그 다음이 하느님의 지혜인 소피아이다. 필로는 소피아를 만물의 어머니라고 불렀다. 이런 소피아의 속성을 필로는 앞에서 인용한 〈전도서〉의 말씀에서 끌어왔다. 유대교 안에서 필로의 정통성은 한 번도 도전받은 적이 없다. 그러니만큼 필로의 가르침, 특히 소피아와 관련된 가르침은 그 당시 유대교 내에서 일반적인 것이었으며 이교적인 것이라고는 생각되지 않았다.

소피아 신화에 대해 영지주의 특유의 해석을 붙인 최초의 사람은 신비에 싸인 논쟁적 인물 시몬 마구스Simon Magus(마구스가 마법사라는 뜻이므로 마법사 시몬이라고 불리기도 한다—옮긴이)인 것 같다. 그는 사도 시대에 살았지만 그의 가르침은 후대의 정교해진 소피아 신화와 아주 많이 닮아 있다. 소피아라는 이름을 직접 사용한 것으로는 보이지 않지만, 그는 물질 세계에 내려와 그곳에 붙잡히고 마는 신성한 여성적 방출물에 관해 가르치고 있다.(시몬이 전한 최초의 소피아 신화에 관해서는 8장을 보라.) 오늘날 학계에서는 소피아가 유대교에서 기원한 것으로 보는 경향이 있다. 주류 유대교가 가부장적 유일신론을 표방하기는 해도 유대교 역사에서 여신의 모습은 자주 나타난다.(라파엘 파타이 Raphael Patai가 자신의 선구적인 저서 《히브리 여신The Hebrew Goddess》에서 보여주듯이.) 이와 같은 여성성을 지닌 신 가운데 일부는 소피아하고는 거의 관련이 없는, 다산을 상징하는 바빌로니아의 여신들이나 거기에서 파생된 여신들이라는 데 의문의 여지가 없다. 그러나 이와 달리 훨씬 더 영적인 존재로서, 하느님의 딸 혹은 배우자로 그려지는 '하느님의 지혜'와 관련된 전통이 있었을 것이다. 또 헬레니즘 시대 유대인의 종교적 분위기도 신을 이런 존재로 표현한 문학—필로의 글에서처럼 여성성을 지닌 신에 관한 철학적 진술—이 공개적으로 등장할 정도로 유연해졌을 것이다. 그러기에 영지주의 교사들은 '여신 지혜Our Lady Wisdom'의 이야기를 충분히 발전시킬 수가 있었다.

거의 모든 영지주의 문서에 소피아가 등장한다고 해도 과장이 아니다. 대다수의 나그함마디 경전은 분명하게 또는 암시적으로 소피아 신화를 언급한다. 나그함마디 문서가 발견되기 전 볼 수 있던 경전 중에서 최고의 경전은 《피스티스 소피아》였으며, 앞에서 이야기한 소피아의 타락과 구원에 관한 설명은 이 경전에 근거한다. 이 경전의 주요 부분은 위대한 영지주의 교사 발렌티누스가 쓰고 그의 제자들이 그것을 더 보완했을 가능성이 크다. 이 경전은 같은 주제를 다룬 다른 어떤 작품보다도 세부적인 묘사와 시적인 아름다움이 뛰어나고 소피아 이야기에 대한 설명도 가장 완벽하다.

《피스티스 소피아》는 부활한 예수가 승천하기 전 올리브 산(성서의 감람산—옮긴이)에서 제자들과 나눈 이야기를 담은 것으로, 모두 세 권의 책으로 이루어져 있다. 처음 두 권은 소피아 이야기를 다룬다. 제1권은 찬란한 빛 속에서 에온의 세계로 승천하는 예수의 경이로운 변화 체험을 묘사하는 것으로 시작한다. 돌아온 예수는 소피아가 타락한 상태에 있는 것을 발견한 이야기, 그리고 소피아를 돕기 위해 자신이 어떤 준비를 했는가 하는 이야기를 들려준다. 제2권에서 예수는 소피아가 빛을 향해 올라오면서 맛보는 실패와 곤경, 그리고 13번째 에온의 자리로 복귀하는 것에 대해 이야기한다. 예수는 격식을 갖춘 극적인 분위기의 올리브 산 위에서 이야기를 해나간다. 소피아의 참회에 이어 또 다른 영지주의 경전 〈솔로몬 찬가Odes of Solomon〉에서 가져온 성시와 본문이 낭송된다. 이야기에는 제자들의 질문과 대

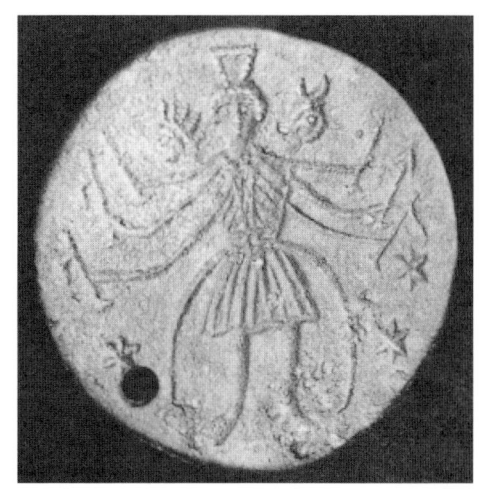

3세기경의 영지주의 장식물로서 여러 개의 팔을 가진 여신의 모습을 보여준다. 사방으로 별들에 둘러싸인 여신은 손마다 다양한 권능의 도구를 들고 있다. 정상보다 많은 두 개의 머리는 점성술적 의미를 지니고 있는 듯하다. 이 형상은 영지주의의 소피아를 표현한 것일 수 있다.

화도 포함되는데 제자들 중에서 막달라 마리아가 중요한 위치를 차지한다.

  소피아를 언급한 수많은 영지주의 기록들은 주요 모티브에서는 모두 동일하지만 세부적인 사항에서는 일치하지 않는다. 소피아가 타락한 원인이 때론 그녀의 무례함 때문이라고, 때론 아버지를 향한 사랑의 욕망 때문이라고, 그리고 또 다른 경전에서는 배우자 없이 혼자서 임신하고 싶은 욕구 때문이라고 이야기된다. 비슷하게, 소피아와 데미우르고스의 관계에 대한 해서에도 약간의 차이가 있다. 어떤 문서에 따르면 소피아는 불완전한 창조 세계의 재료가 될 물질적 요소들을 맨 처음 만들고, 다음으로 이 불완전한 우주의 통치자로 데미우르고스를 낳는다. 그런가 하면 모든 불완전한 창조 세계는 데미우르고스의 작품이라고 주장하는 문서도 있다. 하지만 이 모든 문서에서 소피아라는 존재는 우주와 인간의 운명에 결정적인 역할을 한다.

그 후의 소피아

소피아 전통은 영지주의자들, 특히 발렌티누스 학파에 이르러 최고의 번성을 구가했다. 3, 4세기 영지주의에 대한 탄압 이후 서방 교회는 소피아의 존재를 의도적으로 경시했다. 구약 성서의 지혜 문학은 궁극의 하느님의 한 위격, 곧 인격적인 신의 존재를 가리키는 것이 아니라 지혜라 불리는 추상적이고 이지적인 자질을 언급하는 것으로 치부되었다. 지혜 문학뿐 아니라 신구약 성서의 여러 편이 소피아와 관련된 내용을 담고 있다는 사실 또한 쉽게 무시되었다.(〈창세기〉, 〈출애굽기〉, 〈욥기〉, 〈마가복음〉, 〈요한복음〉, 바울 서신 다수, 특히 〈고린도전서〉와 〈데살로니가전서〉, 그리고 〈요한계시록〉이 여기에 포함된다.) 유대교 신비주의인 카발라에서도 소피아와 유사한 존재를 만나게 되는데, 세피라 말쿠트Sephira Malkuth(카발라에서 세피라는 신에게서 유출된 경로를 뜻하는데, 이는 모두 10단계로 이루어져 있다. 말쿠트는 마지막 10단계로 물질 왕국에 속한다—옮긴이)에 머물고 있는 여성성을 지닌 영적인 존재, 즉 큰 존경을 받는 세키나Shekinah가 바로 그이다. 게르솜 숄렘과 같은 오늘날의 학자들은 카발라주의자를 유대교의 영지주의자라고 하는데, 그들이 영지주의의 소피아를 친밀하게 여기는 것도 놀라운 일은 아니다.

로마 가톨릭의 역사에서는 딱 한 번 소피아에 대한 예찬이 부활된 적이 있다. 12세기의 시토 수도원장이자 신비가인 클레르보의 성 베르나르St. Bernard가 그 장본인으로, 그는 〈아가서〉에 바탕한 긴 논문을 신비로운 운문 형식으로 써낸 사람이었다. 로마 가톨릭 교회가 소피아한테서 유래한 특징을 성모 마리아의 것으로 포함시켰기 때문에, 베르나르는 신비한 술람미의 여인(구약 성서 〈아가서〉에 나오는 여인—옮긴이)과 성모를 구별하는 데 어려움을 겪었다. 그럼에도 불구하고 그는 헌신적으로 소피아를 마음에 그렸고, 사람들은 그의 진실한 태도에서 감화를 받았다.

연금술에서도 소피아는 모습을 드러낸다. 연금술적인 소피아와 관련된 뛰어난 문서 중 하나는 〈떠오르는 새벽빛Aurora Consurgens〉이라는 유명한 논문이다. 많은 학자들은 이 글을 중세 교회의 저명한 교사요 서방 신학의 아버지인 성 토마스 아퀴나스St. Thomas Aquinas(1225~1274)의 것으로 믿는다. 이 탁월한 작품은 연금술적 변형 과정을, 무질서하고 제한된 물질 세계에 갇힌 소피아가 점진적으로 해방되는 과정으로 그리고 있다. 그 후로 소피아는 영적이요 지적인 르네상스의 미풍이 유럽을 휩쓸기 시작해 마침내 프로테스탄트 종교 개혁의 혁명적 열정이 고조된 뒤에 다시 한 번 서구인들에게 모습을 드러낸다. 독일의 신비주의자로 유럽 종교 사상에서 아주 중요한 위치를 차지하는 후기 종교 개혁가 야콥 뵈메Jacob Boehme는 소피아에 관해 통찰력 있는 글을 남겼다.(11장 참조)

야콥 뵈메 및 그의 저서를 해석한 사람들에게 영감을 받아 형성된, 신비주의적·오컬트적인 서구 문화의 또 다른 전통은 수세기 동안 소피아(종종 사피엔티아Sapientia라는 라틴 어 이름으로) 숭배 사상을 보존해 다음 세대들에게 전해주었다. (유대교와 기독교의) 카발라주의자, 고급 마술high magic의 실행자, 그리고 장미십자단원Rosicrucians(로젠크로이츠Rosenkreuz가 독일에서 창설했다고 전해지는 연금 마법의 기술을 부리는 비밀 결사―옮긴이)과 비교적인 프리메이슨Freemason(1717년 런던에서 창설된 조직으로 세계 최대의 박애주의 비밀 결사―옮긴이) 등의 비밀 형제단은 대개 소피아에게 매력을 느꼈다.

초대 기독교 이후 오늘에 이르기까지 소피아와 늘 함께 해온 곳이 바로 동방 정교회라는 사실은 의외로 잘 알려져 있지 않다. 정교회 신학자들은 하느님의 여성적 형상이 천상에 존재하며 신실한 자에게 지혜를 불어넣어 준다는 가르침을 한 번도 폐기한 적이 없다. 한때 기독교에서 가장 큰 교회였던 이스탄불의 성 소피아Hagia Sophia 성당은 소피아에게 경의를 표해 붙여진 이름이며, 수많은 그리스 정교회와 여타 정교회들도 오늘날까지 소피아를 받들고 있다. 소피아학(소피아에 관한 신학)은 19세기 후기와 20세기 초 고대 영지주의 사상에 깊이 감화를 받은 러시아의 철학자이자 시인 블라디미르 솔로비예프 Vladimir S. Soloviev의 저서를 통해 전례 없는 관심을 끌었다. 1853년에 태어나 제1차 세계대전과 볼셰비키 혁명 직전에 사망한 솔로비예프는 러시아 인의 영성에 사라지지 않을 흔적을 남겼다. 그는 영지주의에 관한 시와 논문을 쓰는 등 자신이 영지주의자들의 가르침에 심취했음을 숨기지 않았다. 진정한 영지주의자들이 그랬던 것처럼 그 또한 단순한 이론가가 아니라 환상가요 예언자였으며, 그에게 있어 그노시스의 주요 대상은 다름 아닌 소피아였다. 그는 세 차례―1862년과 1875년, 죽은 해인 1900년―에 걸쳐 소피아를 만나는 체험을 했다. 그는 러시아 정교회의 소피아학을 부활시킨 위대한 인물이며, 그가 죽은 뒤에도 그의 작업은 다른 철학자와 신학자들에 의해 계속 전개되었다.

20세기 후반 페미니즘 의식이 확대되어 가면서 소피아를 포함한 여성성을 지닌 신들이 관심의 대상이 된 것은 결코 놀라운 일이 아니다. 소피아는 페미니스트 또는 페미니즘에 공감하는 사람들이 자신들의 여신 신전에 모시고 싶은 이름 중 하나가 되었다. 하지만 유감스럽게도 이러한 노력 대부분은 영지주의 경전을 깊이 살피고 있지 않다. 그래서 그들은 소피아가 이방 종교의 달의 여신이나 땅의 여신과는 하등의 관계가 없는 온전히 영적인 존재라는 사실을 간과했다. 지금껏 드러난 소피아의 여러 가지 모습(고대 영지주의자에게 나타난 모습, 술람미의 여인의 모습, 세키나의 모습, 연금술에 나타난 모습, 야콥 뵈메의 학파에게 나타난 모습, 그리고 동방 정교회에 나타난 모습 등)을 살펴볼 때, 소피아는 페미니즘과 뉴에이지에 등장하는 성적·정치적으로 채색된 '여신' 이미지와는 공통점이 거의 없다는 점을 밝히는 것이 옳겠다.

종종 고대의 원시적인 이미지와 전설을 포함하는 신화학과 민속학, 성상학聖像學에 대한 오늘날의 새로운 관심은 소피아를 끌어안는 데까지 확장될지 모른다. 단지 여성적인 모습을 하고 있다는 이유만으로 전혀 다른 이미지들을 하나로 종합하려 한다면 그런 저술가는 신화에서 다양한 모습으로 등장하는 소피아를 잘못 이해하는 우를 범할 것이다. 그러나 일반적으로 성gender은 신화적 존재들, 특히나 영지주의적인 존재들에 있어서는 결코 중요하거나 심오한 특징이 아니다. 영지주의 신화에 등장하는 존재들의 변화무상한 세계에서는 남녀 양성적이거나 중성적인, 그런가 하면 성이 바뀌기도 하는 모습이 자주 나타난다. 반짝이는 것이라고 해서 모두 금이 아니듯이, 여성성을 지닌 신화적 존재라 하여 모두 소피아는 아니다!

옛날처럼 오늘날에도 소피아는 유랑하고 소외된 인간의 상태를 보여주는 탁월한 원형의 모습 그대로 남아 있다. 현대 문화에서 '에일

리언alien'(소외자)이라는 말에는 새로운 색깔이 덧입혀졌다. 공상 과학 소설을 바탕으로 텔레비전 스크린 위에서 실연되는 의사擬似 신화는 통상 에일리언을 다른 태양계에서 온 위협적인 방문자로 정의한다. 그럴 때조차도 유랑하는 존재, 또는 소외된 존재라는 이미지는 많은 사람에게 공감을 불러일으킨다. 유랑은 우리 시대의 두드러진 현상이며, 심지어는 지리적으로 결코 모국을 떠나본 적이 없는 많은 사람들까지도 자기 자신을 낯선 땅, 낯선 세계에 살고 있는 이방인으로 느낄 정도이다.

반反영지주의자에게 소외감은 병적 일탈로 여겨지겠지만, 영지주의자에게 소외 의식은 값진 재산이다. 소피아가 어두운 혼돈 속으로 떨어졌듯이 우리의 의식도 불명료함과 의지가지없는 상태로 떨어졌다. 그리고 소피아가 머지않아 최고의 사자에 의해 구원받듯이 우리 또한 때가 되면 구원을 받고 진리와 사랑의 에온들 속에 자리 잡고 있는 우리의 보금자리로 돌아갈 것이다.

5
영지주의의 그리스도:
구원자인가 해방자인가?

21세기의 문턱을 갓 넘어선 지금 우리는 놀라울 정도로 많은 예수의 모습과 마주친다. 대중 연예계의 유산 가운데 1960년대에 공연된 〈지저스 크라이스트 슈퍼스타Jesus Christ Superstar〉(예수의 마지막 7일을 록 뮤지컬로 만든 작품—옮긴이)가 있는데, 이 작품에서 예수는 보통과는 좀 다른 사회 비판가로 그려진다. 정치학이라는 위험스런 영역에서는 예수를 최초의 마르크스주의 혁명가, 곧 1세기의 체 게바라 같은 인물로 묘사하고자 최선을 다하는 해방 신학자들을 만나게 된다. 그보다는 차분한 학문의 장에서는 예수 세미나(1985년에 로버트 펑크가 중심이 되어 신약학자 200여 명이 조직한 공동 연구 모임—옮긴이)와 'Q 문서'(마태와 누가가 자신들의 복음서를 기록하기 위해 〈마가복음〉 이외에 사용했을 것으로 추정하는 문서. 독일어로 자료라는 뜻의 'Quelle'에서 온 말—옮긴이)를 통해 얻은 더욱 흐릿한 예수의 모습이 제시된다. 여기에 사해 문서(1947년에서 수년간에 걸쳐 사해死海의 서북 연안과 서안에 펼쳐져 있는 '유다의 황야'의 동굴이나 폐허에서 발견된 성서의 고사본들—옮긴이) 연구가로 좀 유별난 학자인 존 알레그로John Allegro가 제시한 남근 숭배적인 특징을 연상시키는 예수 모습과, 알레그로의 동료 휴 숀필드Hugh Schonfield가 주장한 교활한 예수 모습(예수가 치밀하고 의도적으로 자신을 메시아로 세울 계획을 했다는 이론―옮긴이)도 덧붙일 수 있을 것이다. 혁명가 예수, 감각적인 예수―수많은 예수들, 그러나 빈약한 확실성! 20세기 마지막 25년 사이 이 모든 예수 모습이 쏟아져 나왔다. 이것들은 신약 성서에 기초하고 있다. 신약 성서에 근거해 누구든 이 기독교의 핵심 인물을 자신이 원하는 모습으로 만들 수 있다는 사실이 지적된 것은 한두 번이 아니다. 고등 성서 비평(성서를 역사·사회·문화·정치·경제적인 배경 속에서 연구하는 방법론으로, 본문 비평이라고 불리는 저등 비평과 대조를 이룬다―옮긴이)과 이와 유사한 접근법을 통한 합리적인 성서 해석 방법론이 소개된 이래 '역사적 예수'에 대한 연구가 계속되고는 있지만, 여러 가지 면에서 이 연구는 실패한 것처럼 보인다.

그러나 초기 기독교 세계에서 가장 영향력 있는 예수, 곧 영지주의 예수는 무시되었다. 초기 기독교인들에게 예수는 역사적인 인물이라기보다는 신령한 존재였다. 예를 들어 증언자 바울 사도는 예수를 "모든 정권과 권세와 능력과 주권 위에, 그리고 이 세상[에온]뿐만 아니라 오는 세상에서 불릴 모든 이름 위에 뛰어난"(〈에베소서〉 1: 21) 존재라고 묘사한다. 이런 진술은 바울과 그의 동료들이 영지주의 관점으로 예수를―이 열등한 세계의 권능자들과 그들의 동족(데미우르고스와 아르콘)을 능가하는 존재라고― 보았다고 결론을 내릴 수도 있을 만큼 그 어조가 매우 영지주의적이다.

오랫동안 4복음서만이 예수가 전한 가르침의 유일한 근원이었다. 전 역사를 통해 〈요한복음〉은 늘 영지주의자와 영지주의적인 성격을

카타르 파(영지주의와 비슷한 교리를 가진 기독교의 한 분파로, 12~13세기에 서유럽에서 번창했으나 주류 기독교의 박해로 사라졌다. 10장을 보라—옮긴이) 교인들이 의인화시킨 십자가. 인간 모습을 한 십자가와 동그라미가 얹어진 타우형 십자가는 천상의 인간 또는 그리스도를 상징한다.

지닌 비교주의자들의 사랑을 받은 복음서였다. 기적 설화와 수난, 죽음, 부활 기사와 더불어 〈요한복음〉에는 예수가 한 말로 여겨지는, 영지주의 문헌의 가르침과 일치하는 상당량의 대화가 포함되어 있다.

〈요한복음〉이 예수의 가르침의 영지주의적 특징을 보여주는 유일한 정경正經은 아니다. 예수의 말씀 상당 부분 중 적어도 일부가 〈마태복음〉과 〈누가복음〉에, 심지어는 〈마가복음〉에도 약간이나마 포함되어 있다. 그 중에는 영지주의의 관점에서 해석될 때 탁월한 의미를 드러내는 가르침이 많다. 〈마태복음〉의 밀과 가라지 비유(13: 24~30)가 좋은 예이다. 한 사람이 밭에다가 좋은 밀을 뿌렸다. 그런데 원수가 밀 가운데다 가라지를 뿌리고 갔음을 나중에 알게 된다. 일꾼들이 가라지를 뽑아버릴까요, 하고 묻자 농부는 밀과 가라지가 쉽게 구별되는 추수 때까지 둘 다 함께 자라도록 내버려두라고 말한다. 영지주의 가르침에 따르면, 세상에는 빛과 어둠의 씨가 섞여 있다. 비록 지금은 이 둘을 구별하기가 쉽지 않지만 때가 되면 마치 정해진 운명처럼 이 둘이 자연스럽게 갈라진다.

영지주의 교사 예수

정경으로 인정된 복음서에서는 발견되지 않으나 영지주의 경전에는 들어 있는, 예수의 말씀으로 여겨지는 것들이 많이 있다. 이런 말씀을 가장 풍부하게 간직하고 있는 것은 나그함마디 문서 중 하나인 〈도마복음〉이다. 영지주의 저자들은 비밀스런 예수의 가르침—즉 부활한 후 선별된 제자들에게 전한 영지주의적 특징이 또렷한 가르침—을 기록하는 데 주된 관심을 가졌던 것 같다.

영지주의자들은 예수를 어떻게 보았을까? 그들이 예수를 지극히 경외했고, 예수 안에서 지극히 높은 근본 하느님의 현현을 보았으며, 인간이 갇혀 있는 물질적·정신적 무의식의 감옥을 활짝 열어젖힌 해방자요 계몽자로 예수를 바라보았다는 데에는 의심의 여지가 없다. 영지주의 전통에 따르면 예수는 주로 두 가지 방식으로 자신의 사역을 실천했다. 첫 번째는 가르침의 사역이라 불릴 수 있는 것이고, 두 번째는 입교적인 성격을 띤 해방의 신비 제의 같은 성례전 사역이다.(7장 참조) 예수가 세습 사제 계급에 속하지 않았기 때문에 보통의 팔레스타인 사람들은 대개 그를 랍비나 비성직자 출신의 종교 교사쯤으로 여겼을 가능성이 아주 크다. 따라서 어떤 의미에서 그는 잘 드러나지 않는 차원에서는 영적 사제로서 역할을 하면서도 겉으로 드러난 모습은 교사로서의 역할이었다.

〈도마복음〉에 실린 예수의 말씀 대부분은 네 가지 주제, 곧 ① 인간의 조건에 관한 것 ② 인간의 행위에 관한 것 ③ 구원자나 해방자

사람의 머리와 몸통과 비슷한 모양을 한 카타르 파 묘비. 원형 속에 있는 가로대와 세로대의 길이가 동일한 십자가를 상징하는 이 묘비는 조화를 암시한다.

로서 자신의 역할을 암시하는 것 ④ 신성한 존재를 알기 위한 전제 조건으로서 '자기 앎'의 중요성을 강조하는 것으로 나눌 수 있다. 이 말씀을 읽는 사람은 예수가 분명하게 보여주는 아주 실용적이면서 실존적인 태도에 놀라게 된다. 예수는 영과 육의 관계라든지 지상 재림의 정확한 시간, 모세가 제정한 십계명에 순종할 필요성, 심지어는 자신의 메시아로서의 역할이 정확히 어떤 성격인지에 관한 이론적 논란에 말려들기를 거듭해서 거절한다. 그 대신 그는 듣는 이들에게 그들이 안고 있는 근심거리, 교리에 대한 지나친 집착, 또 심리적인 취향이나 세상적인 것에 대한 애착 따위에서 비롯하는 해악들을 부지런히 일깨워준다. 많은 예를 보지 않아도 예수가 이렇게 말하는 것을 알 수 있다. "물질적인 안녕 혹은 심지어 도덕적 성품에 대해서도 강박적으로 집착함으로써 스스로를 힘들게 하지 말라. 한계와 집착으로부터 벗어나 그대를 기다리는 더욱 위대한 생명을 향한 여행에 나서라. 그대가 할례를 받았는지 아닌지, 음식에 대한 규정을 지키는지 아닌지는 중요하지 않다. 그대가 나를 돌아온 엘리아로 생각하든 철학자로 여기든 아니면 한갓 목수의 아들로 보든 그런 것은 별로 중요하지 않다. 중요한 것은 그대가 자신을 알기 위해 참으로 노력하는지, 그리하여 해방의 그노시스를 준비하는지 하는 것이다." 예수의 메시지는 〈도마복음〉의 "나그네가 되어라"(말씀 42)라는 아주 짧은 구절에 특징적으로 표현되어 있다.

예수의 남다른 가르침 방법을 해명해 주는 것도 그의 영지주의 말씀이다. 다른 교사들과 달리 예수의 가르침은 관념에 머무르지 않고, 그의 행함은 틀에 박힌 도덕적·종교적 체계를 따르라고 권고하는 데 그치지 않았다. 그는 사람들의 감정이나 마음의 생각보다는 그들의 깨어나기 시작하는 직관적 그노시스를 향해 가르침을 펼쳤다. 잠재되어 있는 창조성과 상상력을 채워주는 것이 아니라 자극하는 것이 예수의 말씀에 담긴 의도였다. 이런 말씀을 통해 드러나는 예수는 연약하게 고난당하는 전통적인 예수와는 전혀 다르다. 이 예수는 제자들 안에 있는 비범한 의식 상태를 자극하기 위해 은유와 신화, 비밀스럽고 신비스런 금언과 분명한 영지주의적 비유를 사용한다.

〈도마복음〉에는 제자들 속의 그노시스를 자극하는 데 열중하는 교사 예수의 모습이 자주 보인다. 예수는 자신의 역할과 정체성을 과거의 예언 속에서 찾으려 애쓰는 제자들을 꾸짖는다.

> 그의 제자들이 예수께 말하였다. "이스라엘에서 스물네 명의 예언자가 말씀하였고 그들은 모두 당신에 대하여 말하였습니다." 예수가 그들에

게 대답하셨다. "너희는 너희 앞에 살아있는 자는 내버리고 죽은 자에 대해서 말하고 있구나."(말씀 52)

예수는 이렇게 말하는 듯하다. "과거의 기준으로 나를 평가하지 말아라. 나를 예언과 성서, 그리고 기대하는 바와 관련시키지 말아라. 너희의 그노시스로 나를 보아라. 그러면 이해하게 되리라."〈도마복음〉에는 다음과 같은 말씀도 있다.

너희가 살아있는 동안 살아있는 분을 보도록 하라. 너희가 죽어서 살아있는 분을 보려고 해도 보지 못하는 일이 없도록.(말씀 59)

그들이 그분께 말하였다. "저희가 당신을 믿을 수 있도록 당신이 누구신지 말씀해 주십시오." 그분께서 말씀하셨다. "너희는 하늘과 땅의 징표는 이해하면서 너희 앞에 있는 자는 알지 못하니, 너희는 이 순간을 이해하는 법을 모르는구나."(말씀 91)

이 모든 언급들은 실존적 본성을 즉각적·직관적으로 인식하라고 호소하며 개념적이고 지적인 설명은 버린다.

영지주의 경전들은 적어도 몇 가지 사건을 통해 예수가 제자들로 하여금 그노시스를 경험하도록 실제로 자극한 사실을 보여준다. 〈도마복음〉 말씀 13에서 예수는 제자들에게 자신이 누구와 비슷한지 묻는다. 베드로는 선생을 의로운 천사에, 마태는 지혜로운 철학자에 비교한다. 오직 도마만이 비교하기를 거절하고 선생이 누구와 같은지 자신의 입으로는 어떤 식으로도 표현할 수 없다고 대답한다. 그러자 예수가 도마에게 말한다.

> 나는 [더 이상] 너의 스승이 아니다. 너는 취했고, 내가 준 솟아나는 샘물에 도취하였기 때문이다.

그리고 나서 예수는 도마를 따로 불러 귓속말로 세 가지 말씀을 속삭인다. 곧바로 다른 제자들이 그 세 가지 말씀이 무엇인지 캐묻지만 도마는 대답을 거절하며 이렇게 말한다.

> 그분께서 내게 말씀하신 것 중 하나라도 내가 그대들에게 말한다면, 그대들이 돌을 들어 나에게 던질 것이요, 그러면 그 돌들에서 불이 나와 그대들을 불살라버릴 것이오.

위 사건에서 도마의 역할을 뺀, 세상에 통상적으로 알려진 기사가 〈마태복음〉(16: 13)에 있다.

도마는 '취하게' 되었다. 다시 말해 보통과는 다른 의식 상태를 경험하게 되었다. 그리고 이 상태에서 그노시스를 통해 예수를 알게 되었다. 이런 그노시스의 깊이를 경험하지 못한 자에게 자신의 그노시스를 드러낸다면 치명적인 과오가 될 것이다. 역사를 통해 수많은 영지주의자들이 가슴 아픈 운명을 맞이한 것은 알지 못하는 자 nonknower 가 아는 자 knower에게 터뜨린 눈먼 분노 때문이었다.

대속인가 해방인가?

현대 기독교인의 지배적인 믿음에 따르면, 예수는 인류의 죄를 대속하기 위해 왔고, 그리하여 인류는 구원을 받을 수 있게 되었다. 이런 믿음을 정당화하는 근거는 대략 이렇다. 즉 하느님이 선한 세계를 창조했으나 첫 번째 인간들(아담과 이브)이 하느님께 불복종함으로써 하느님이 진노하여 세상이 타락한 곳이 되었다. 그때까지 천국과 같던 창조 세계에 죽음과 고통이 생겨났다. 머지않아 진노가 누그러들자 하느님은 인간과 화해를 원했다. 이 화해의 대리자가 하느님의 외아들 예수 그리스도였다. 아버지는 인류의 조상들이 저지른 원죄를 포함한 모든 죄를 위해 아들을 세상에 보내 십자가 위에서 고통받고 죽게 했다.

이런 '대속 신학' 이론은 지난 2세기 동안의 과학적인 발견의 결과 수많은 질문 공세를 받게 되었다. 만일 죽음이 인간의 죄로 말미암아 세상에 들어왔다면 인간이 지구 위에 출현하기 한참 전에 사라진 수많은 생명들은 어떻게 되는가? 인간이 싸움에 끼어들기 오래 전부터 생명은 생명을 잡아먹고 있었다. 최초의 창조 세계는 우리가 생각하는 만큼 아름다운 곳도 천국 같은 곳도 아니었다. 세상은 늘 서로 먹고 먹히는 거대한 식당과도 같은 곳이었으며, 인간은 비교적 늦게 그 먹이사슬의 일부가 되었을 뿐이다.

그리스도의 영지주의 제자들은 기독교 역사의 아주 초기부터 대속 신학을 받아들이기를 거부했다. 생물학이나 고생물학의 증거 따윈 없었으나, 선한 세상이 악한 인간에 의해 타락되었고, 그래서 진노한 하느님과의 화해를 위해 예수의 고난과 죽음이 요구되었다는 개념을 받아들이지 않은 것이다. 이는 영지주의자들이 예수를 자신들의 구원자로 여기지 않았다는 것을 의미하는가? 그렇지 않다. 앞서 보았듯이 영지주의자들은 스스로를 이 지구 위의, 정확히는 이 우주 속의 이방인이라고 느꼈다. 영지주의 교사 중 한 사람인 마르시온Marcion(9장 참조—옮긴이)은 이 세상을 핵 셀룰라 크레아토리스haec cellula creatoris라 불렀는데, 이는 "조물주에 의해 만들어진 이 감옥"이란 뜻이다. 만다교Mandaism(세례 요한을 진정한 메시아로 믿는 종교. 10장 참조—옮긴이) 영지주의 경전인 《긴자Ginza》는 인간에게 이렇게 권고한다. "그대는 이곳에서 나오지 않았으며, 그대의 뿌리는 이 세상에 있지 않다." 구원자는 불명예스럽게 죽어 진노한 아버지를 진정시키려고 온 것이 아니라, (영지주의 성구에 표현된 대로) "갇힌 자들을 사로잡아" 감옥에서 이들 버림받은 이방인들을 해방시키려고 왔다.

영지주의를 표면적으로만 알고 있는 사람들은 영지주의에 있어 구원이나 해방이 구원자를 필요로 하지 않는 비중재적인 경험이라고 결론짓는 경우가 왕왕 있다. 이는 사실과 전혀 다르다. 인간의 영은 바깥 세계에서 이 세상으로 왔으므로 해방을 위한 자극도 마땅히 바깥 세계에서 와야 한다고 영지주의자들은 말한다. 해방의 영적 잠재력이 인간 영혼의 깊은 곳(혹은 높은 곳이라는 표현이 더 나을지도 모르겠다)에 깃들어 있음은 사실이지만, 이 잠재력이 실현되려면 강력한 간섭이 필요하다. 이런 도움의 손길은 일부 영지주의 학파가 빛의 사자—지극히 높은 근본 하느님이 보낸 사자로서, 구원을 베푸는 메시아적 인물—라고 부르는 존재로부터 나온다. 위대한 영지주의 예언자인 페르시아의 마니는 이 사실을 다음과 같이 분명하게 증언한다. 알 비루니Al Biruni(중세 아랍의 위대한 과학자요 역사가이며 수학자—옮긴이)가 《고

대 국가들의 역사》에서 인용한 바에 따르면,

> 지혜와 선행은 언제나 하느님의 사자에 의해 그때그때 인간에게 전해졌다. 한번은 붓다라 불리는 사자에 의해 인도에, 한번은 조로아스터라 불리는 사자에 의해 이란에, 한번은 예수라 불리는 사자에 의해 서방에 전해졌다. 그 후 이 계시와 예언은 바빌로니아에 있는 참 하느님의 사도인 마니, 곧 나를 통해 이 세대에게 전해졌다.

《긴자》는 사자의 이름을 밝히지 않고 그것을 다음과 같이 잘 표현하고 있다.

> 왔던 자의 이름으로, 오는 자의 이름으로, 올 자의 이름으로. 와서 하늘을 가르고 자신을 드러낸 뒤, 싸움으로 세상들을 헤치며 자신의 길을 개척한 위대한 이방인의 이름으로.(35장)

기독교 영지주의에서 이 위대한 이방인은 예수다. 영지주의 전통에 속하는 많은 경전에서 예수는 로고스Logos로, 크리스토스Christos(기름부음 받은 자, 그리스도)로, 그리고 소테르Soter(치료자, 구원자)로 불린다. 이 이름들 사이의 정확한 관계가 늘 분명하게 드러나는 것은 아니다. 영지주의자들이, 인간 예수가 요단 강에서 요한에게 세례를 받을 때 영적 그리스도가 그의 인격 속으로 임재했다고 믿었음을 보여주는 증거들이 있다. 물론 예수는 태어날 때부터 거룩하고 숭고한 존재로 여겨졌다.

요약하면, 영지주의자에게 구원은 아들의 죽음을 통한 진노한 아버지와의 화해가 아니라, 지상의 삶으로 인해 야기된 무감각으로부터의 해방이요 그노시스를 통한 깨어남이다. 영지주의자들은 아담과 이브의 죄를 포함한 어떤 죄도 전체 현실 세계의 타락을 야기할 만큼 강력하다고 믿지 않는다. 세상이 결함을 지니게 된 것은 세상의 본성 때문이요, 인간은 결함을 지닌 세상의 속박으로부터, 그리고 이 속박을 불러오는 무의식으로부터 자유로워질 수 있다. 예수는 사자使者와 해방자로 왔다. 따라서 그의 메시지를 가슴으로 받아들이고 그의 신비 제의에 참여하는 자는 제자 도마처럼 그노시스에 의해 구원받는다.

부활인가 깨어남인가?

정통 기독교가 영지주의자를 향해 던지는 가장 큰 비난 중 하나는 영지주의자들이 예수의 부활을 부인한다는 것이다. 사실, 영지주의자들이 부활을 부인했다는 증거는 어디에도 없다. 그러나 그들은 신약 성서에 기록된 대부분의 사건과 마찬가지로 부활도 문자 그대로 받아들일 수 없다고 말했다. 부활의 날 아침 예수의 몸은 어떤 식으로든 되살아났을 것이다. 사실, 대부분의 영지주의 경전은 부활 이후의 예수를 '살아있는 자living one'라고 부르는데, 이는 곧 '생명이 돌아온 자'라는 뜻을 지닌 라틴 어 레디비부스redivivus에 상응한다. 하지만 이는 예수가 우리와 같은 물질적인 몸을 입고 되살아났다는 뜻은 아니다. 실제로 그가 우리와 같은 물질적인 몸을 가졌는지에 대해 의심하는 사람들이 있었다. 물질적인 몸은 물 위를 걷거나 벽을 통과하거나 태양처럼 빛나지 못한다. 영지주의자들은 예수의 몸의 정확한 본질은 신비라고 말했고, 이 신비는 부활하기 전의 몸과 부활한 후의 몸 둘 다에 적용된다고 믿었다.

정경의 복음서들은 예수가 입고 있던 '부활한 몸'의 정확한 본성에 대해 분명히 말하지 않는다. 일부 복음서의 본문들에는 부활한 예수의 몸이 분명한 형체를 가진 육체로 이루어졌다고 확실하게 언급되지만, 다른 본문들은 의심의 여지를 남긴다. 〈누가복음〉과 〈마가복음〉에 기록된, 엠마오로 가는 제자에 관한 기사는 예수가 "다른 모습으로"(〈마가복음〉 16: 12, 〈누가복음〉 24: 13~32) 나타났으며, 식탁에서 빵을 들어 축복한 뒤 한순간에 자취를 감추었다고 이야기한다. 〈요한복음〉(20: 11~17)에서는 스승의 모습을 아주 잘 알고 있던 막달라 마리아가 무덤 옆에서 부활한 예수를 보고서 그가 동산지기인 줄로 착각한다. 마리아가 알아보자, 예수는 자신에게 손을 대지 말라고 한다. 수많은 종교적 예술 작품의 근원이 된 놀리 메 탄게레noli me tangere(내게 손을 대지 말라)라는 유명한 명령은, 예수의 몸이 실체가 없다는 것을 암시하는 것으로 분명히 해석될 수 있다. 일레인 페이절스는 《영지주의 복음》(6쪽)에서 "신약 성서의 일부 기사는 문자 그대로의 부활을 주장하지만, 다른 기사들은 다른 해석의 여지를 남겨둔다"고 적고 있다.

예수에 관해 더 중요한 것이 무엇인가? 그의 육체적인 몸인가, 아니면 영인가? 아무리 심한 정통주의 기독교인이라 해도 예수의 영이라고 답할 것이다. 그러므로 영지주의자들이 예수와 부활의 영적인 성격을 강조한 것은 충분히 납득할 만한 일이다. 부활하기 전이나 후에나 예수가 육체의 몸을 입고 나타났다는 데에는 정통 기독교와 영지주의 모두 동의한다. 많은 영지주의자들은 이 몸은 단지 겉모습doketos일 뿐이라고 믿었으며, 그 때문에 가현론자docetist(예수의 성육

신을 부정했다는 이유로 주류 기독교가 붙인 이름—옮긴이), 곧 예수의 몸이 단지 환영이라고 믿는 자들이라는 비난을 받았다.(하지만 '외형의 몸'이라는 개념은 널리 알려져 있는 개념으로, 인도의 전통에서도 발견된다.)

영지주의자들에게 예수의 몸의 본질보다 더 중요한 것은, 그노시스를 열망하는 모든 이에게 부활이 깊은 개인적·영적 의미를 지닌다는 영지주의적인 가르침이다. 어떤 의미에서 우리 모두는 죽어 물질의 어둠이라는 무덤에 묻힌 채 무의식의 두루마리로 둘러싸여 있는 것은 아닌가? 우리의 시력은 어둠과 어리석음의 돌로 막혀 있는 것은 아닌가? 우리의 간절한 소망과 영광스런 운명은 이 돌이 제거되고 에온의 혼수 상태로부터 영적 본성이 깨어나는 것을 보는 것이 아닌가? 만일 그렇다면 우리는 왜 그리스도가 했던 것처럼 행하여 영의 새 생명으로 부활하지 않는가? 정통주의자들은 "당연히 그렇다"고 대답하면서도, 그런 일은 우리가 죽은 후, 오래 전에 썩어 사라져버린 육체가 다시 일어날 심판의 날에 벌어질 것이라고 말한다. 여기서 영지주의자는 정통주의자와 확실하게 갈라선다. 영지주의자는 〈빌립복음Gospel of Philip〉의 "그리스도는 먼저 부활하고 그 다음에 죽었다"는 구절을 인용하면서, 만일 우리가 그리스도를 본받고자 한다면 이것이 바로 우리가 해야 할 바라고 덧붙일 것이다. 같은 복음서의 다른 곳에서는 이렇게 증언한다.

> 사람이 살아있는 동안에 먼저 부활을 경험하지 않으면 그들은 죽어서 어떤 것도 받지 못할 것이다.(말씀 79)

영지주의자들은 부활이라는 용어를 그노시스, 곧 참된 영적 깨달음을 상징하는 말로 간주한다. 우리가 누구이며, 어디에서 와서 어디로 가고 있는지를 아는 의식 상태로 깨어날 때 우리는 참으로 존재하는 것들이 무엇인지 알게 된다. 영지주의 전통에서 그리스도의 부활은 우리의 부활과 깨달음을 촉진시키는 신비로운 자극이다. 이런 깨달음이 일어나지 않는다면 그리스도의 삶과 죽음, 부활과 승천은 허사가 된다. 17세기 기독교 신비가로 영지주의적 특징을 적잖게 보여준 안젤루스 실레시우스Angelus Silesius는 이렇게 적었다.

> 그리스도께서 천 번 베들레헴에 태어나셔도
> 당신 안에서 살아계시지 않으면, 당신 영혼은 온통 절망입니다.
> 골고다의 십자가는 헛된 것이 됩니다,
> 그것이 당신 안에 다시 곧게 세워지지 않으면.
> (《천사 같은 방랑자The Cherubic Wanderer》)

이미타티오 크리스티imitatio Christi(그리스도를 본받음)라는 말은 종종 우리가 겪는 불행과 고통을 십자가 수난의 그것과 동일시하는 말로 이해되곤 한다. 하지만 이 본받음은 반드시 부활을 포함해야 한다. 영지주의의 입장은 훨씬 분명하다. 그노시스가 충만해지는 순간 우리 안에 깃들어 있던 신적 불꽃이 완전히 풀려나고 우리는 몸과 마음으로 이뤄진 이중의 무덤에서 일어나 영원한 영과 하나가 된다. 망각은 사라지고, 영의 진정한 모습들에 대한 기억이 되살아난다.

그리스도, 시간을 넘어선 해방자

　이슬람교인들이 예수에 대한 기독교적 관점에 반대하는 주된 이유 중 하나는 기독교인들이 예수를 하느님의 아들이라고 부르는 것이다. 이슬람교인들이 볼 때 하느님이 아들을 가졌다는 말은 가당치가 않다. 출산은 육체의 기능이요, 따라서 높으신 신에게는 갖다 붙일 수 없는 저급한 일이다. 영지주의 경전은 아버지, 아들, 성령에 대해 자유롭게 표현하지만, 예수를 눈에 보이는 몸을 입고 나타난 삼위의 두 번째 위격과 동일시하지는 않는다. 영지주의자들에게 아들됨이라는 문제는 중요하지 않았다. 그들도, 이슬람교인들과 마찬가지로, 이 문제에서 뒷걸음질 쳤을지 모른다. 영지주의자들에게 기름부음 받은 자 예수는 신비로운 에온의 존재요, 사자의 모습으로 인류에게 내려온 위대한 영적 권능자였다. 만다교의 《긴자》에는, 이름을 밝히지 않은 그와 같은 권능자의 자기 고백이 이렇게 기록되어 있다.

　　빛의 세계를 떠나,
　　빛나는 보금자리인 당신을 떠나, 나는 왔습니다.
　　나는 와서 가슴들을 느껴보고
　　모든 마음들을 재어보고 시험합니다.
　　어느 가슴에 내가 머물고 있는지,
　　어느 마음에 내가 쉬고 있는지 알기 위해.
　　나를 생각하는 자를 나는 생각하고
　　나의 이름을 부르는 자의 이름을 나는 부릅니다.
　　아래로부터 나의 기도를 드리는 자의 기도를

나는 빛의 세계로부터 드립니다.
나는 와서 진실하고 신실한 가슴들을 찾았습니다.
내가 그들 가운데 머물지 않았을 때도,
나의 이름은 이미 그들의 입술 위에 있었습니다.
나는 그들을 이끌어 빛의 나라로 인도하였습니다.

교부 히폴리투스는 페라태Peratae라는 영지주의 학파(예수가 우주의 뱀의 아들이라고 가르치며 그 뱀이 이브를 물질의 권세에서 해방시켜 주었다고 가르치는 학파—옮긴이)에서 전하는, "나는 영원한 밤의 에온 속에 있는 깨달음의 소리다"라는 영지주의 구원자의 말을 들려준다. 나아세네Naasene 학파(여신을 숭배했으며 뱀과 그노시스를 깊게 관련시킨 사상을 발전시킨 학파—옮긴이)의 〈영혼의 찬미〉에서는, 구원의 사명을 이루기 위해 자신을 보내달라고 아버지께 간절히 애원하는 천상의 영적 그리스도를 보게 된다.

인류를 위해 나를 보내소서, 아버지! 봉인封印을 손에 쥐고 모든 에온을 뚫고 내려간 후, 모든 신비를 열어젖히고 신적 존재들의 모습으로 드러내며 그노시스라고 알려진 거룩한 길의 비밀들을 알리렵니다.

예수는 〈도마복음〉에서 자신의 고귀하고 비밀스런 지위를 수차례 증언한다. 몇 가지만 보자.

나는 세상에 불을 던졌다. 보라, 그것이 타오를 때까지 나는 지키고 있다.(말씀 10)

나는, 눈이 보지 못했고, 귀가 듣지 못했고, 손이 만지지 못했으며, 사람의 마음에 나타난 일이 없는 것을 너희에게 줄 것이다.(말씀 17)

내 입에서 나오는 것을 마시는 자는 나와 같아질 것이다. 나는 그가 될 것이고, 그러면 숨겨진 것들이 그에게 드러날 것이다.(말씀 108)

내게 가까이 있는 자는 불에 가까이 있는 것이요, 내게서 멀리 있는 자는 그 왕국에서 멀리 있는 자다.(말씀 82)

나는 그 모든 것들 위의 빛이요, 나는 만물이니, 만물이 나에게서 나와서 나에게 이르렀다. 저 나무를 쪼개보아라. 나는 저기에 있다. 저 돌을 들어보아라. 거기서 나를 볼 것이다.(말씀 77)

진실로 영지주의의 예수 그리스도는 나사렛의 목수 아들 이상이다. 또 신학자들이 세세하게 정의하고 묘사한 하느님의 아들 이상이기도 하다. 만일 영지주의의 예수가 무언가에 대한 역설처럼, 수수께끼처럼 보인다면, 그것은 영지주의의 예수 개념이 그노시스의 경험에서 나온 것이기 때문이다. 영지주의자들은 환상을 통해 예수를 보았다. 그들에게 예수는 초월적 존재, 곧 지상에 잠시 자신을 드러낸 다른 세계, 다른 차원의 거주자였다. 예수를 알려면 그노시스를 받아야 했다. 그때에 그의 말씀, 행위, 존재 자체가 온전히 드러나고 이해될 수 있다. 기독교의 역사가 2천 년을 넘어선 오늘날까지도 위대하고 불가해한 메시아적 존재는 우리를 부르고 있으며, 그노시스의 마음과 지각을 가지고 자신을 이해하라고 요청한다. 진부한 눈으로 자기를 바라보는 자들에게 그는 여전히 이렇게 말한다.

> 나는 그들에게 이방인처럼 보이리니 나는 다른 혈통에서 오기 때문이다.(《솔로몬 찬가》 41)

하지만 영지주의자에게 그는 영원히, 우리 또한 다른 세계에서 왔음을 상기시키며 우리가 그 세계로 되돌아가도록 돕는, 빛나는 이방인이다.

6

죄악의 비밀: 악에 대한 영지주의 관점

    1991년 6월 10일자 《타임》지에 악을 주제로 한 표지 특집 기사가 실렸다. 글쓴이는 랜스 마로우Lance Morrow라는 사람이었는데, 그는 특정한 견해를 지지하지도, 어떤 결론에 이르지도 않았다. 하지만 어떤 의미에서 그는 훨씬 더 중요한 일을 했다. 그는 세 가지 명제를 제시하며 글을 시작했다.

- 하느님은 전능하다.
- 하느님은 선하다.
- 끔찍한 사건들이 벌어진다.

    여러 자료를 인용하며 마로우는 우리가 이 세 명제 중 두 가지에는 동의할 수 있어도 세 가지 모두에는 동의할 수 없다고 말했다. 당신은 끔찍한 사건들이 벌어지도록 허락하는 전능한 하느님이 있다고 말할 수는 있어도 그 하느님이 선하다고는 말할 수 없다. 반면 끔찍한 사건들을 멈추게 할 능력이 없어 어쩔 수 없이 내버려두는 선한 하느님이 있다면 그 하느님은 전능하지가 않다.

　이런 분석은 3세기나 4세기 이전의 영지주의자라면, 또는 이 글쓴이처럼 우리 시대에 활동하는 영지주의자라면 어렵지 않게 할 수 있는 분석이다. 유일신론이 안고 있는 이 특유의 곤경을 인식한 사람은 비단 영지주의자만이 아니다. 중세의 탁월한 가톨릭 신학자 성 토마스 아퀴나스는 《신학대전Summa Theologica》에서 악의 존재가 하느님의 존재에 대한 가장 큰 반론임을 인정했다. 유일신론의 하느님 개념이 받아들여진다면 악에 대한 실질적인 해명은 불가능하다. 반대로 악이 존재한다면 서구의 주류 종교 전통에서 이야기하는 유일신으로서의 하느님은 존재할 수 없다.

악은 어디에서 왔는가?

　역사 속에서 여러 종교 전통은 다양한 방법으로 악의 존재를 설명해 왔다. 첫째는 일원론으로, 둘째는 철저한 이원론으로, 셋째는 악을 무지와 관련시키는 것으로, 넷째는 악을 원죄 탓으로 돌리는 것으로 악의 존재를 설명했다. 의식이 아직 분화되지 않았던 원시 시대 사람들은 선과 악이 모두 신성한 존재에게서 온다고 여겼다. 고대의 샤먼은 주신主神이 인간에게 선과 악을 가져다준다고 말하는 데 아무 어려움도 느끼지 않았다. 그보다 복잡해진 수메르-바빌로니아 전통에서는 신들이 끔찍한 것들(기괴한 존재, 악마, 그리고 잔혹한 인간 삶의 조건들)을 만들어내길 즐긴다고 믿었다.

　역사심리학 이론에 따르면, 분화된 의식(또는 의식하는 에고)이 발달하기 전 인간은 당연히 자신들과 같은 모습의 하느님 혹은 신들을 상상했고, 따라서 선과 악이 함께 있는 것이 자신들의 본성일 뿐 아니라 신들의 본성이기도 하다고 믿었다. 좀더 진보한 종교 전통들에서도 이러한 일원론적 태도를 부분적으로 이어받았는데, 유대 신비 신학에서는 하느님이 선과 악의 성향을 모두 지니고 있다고 말한다.

의식이 발달하면서 사람들은 존재의 선한 면과 악한 면을 구별하기 시작했다. 선과 악을 한꺼번에 지니고 있는 하느님의 개념을 유지하는 데 따른 긴장이 극에 달하면서 급기야 사람들은 이 둘을 분리시키게 된다. 그래서 등장한 것이 철저한 이원론의 개념인데, 그 가장 대표적인 예가 조로아스터교다. 참되고 선한 하느님인 아후라 마즈다Ahura Mazda(오르마즈드Ormazd라고도 불린다)에게는 앙그라 마이뉴Angra Mainyu(아리만Ahriman이라고도 불린다)라고 알려진 신적 적수가 있다. 두 존재는 우주의 패권을 놓고 영원한 우주적 투쟁을 벌인다. 아후라 마즈다가 최고의 신이요 그가 궁극적으로 승리하는 것이 확실하기는 하지만, 창조물이 인내하는 한 앙그라 마이뉴는 쉬지 않고 그와 싸우며 세상에 고통을 안겨준다.

악과 악의 기원에 관한 정교하되 비인격적인 관점은 인도에서 유래한 위대한 종교들에서 발견된다. 이 전통들에 따르면 악은 깨닫지 못한 존재 상태요, 무지avidya(無明)가 바로 악의 근원이다. 깨달은 의식 상태에 도달해 모든 분별(이원론)을 넘어섬으로써 비로소 인간은 카르마로부터 또 악이 작용하는 모든 조건으로부터 해방된다. 해방(해탈)이 필연적으로 윤회를 그치게 하는지는 분명치 않으나 우리가 알고 있는 것과 같은 삶은 확실히 그치고 그와 함께 악도 그친다.

네 번째 범주에는 주류 유대교와 기독교에서 발견되는 고전적인 유일신론이 포함된다. 앞 세 범주의 전통들이 악의 존재를 하느님이나 하느님의 사악한 적수, 또는 인간의 무지 탓으로 돌리는 반면, 유대-기독교 사상은 악의 기원을 인간의 죄로 돌린다. 앞서 3장에서 보았듯이, 에덴 동산과 그곳에서 벌어졌다고 전해지는 기이한 사건들을 포함한 주류 유대-기독교의 창조 신화가 이런 관점의 기초가 된다. 즉 처음 한 쌍의 인간이 저지른 범죄가 오늘까지도 이어지는 창조 세계의 '타락'을 불러왔다는 것이다.

우리가 살고 있는 세속화된 시대에서조차 이런 신념의 짙은 그림자는 여전히 우리의 마음에 장막을 드리우고 있다. 만일 유대-기독교 문화에 사는 사람들의 영혼을 억누르고 있는 이 타락의 죄책이 없었더라면, 역사는 얼마나 다르게 전개되었을까!

영지주의 관점

고대와 현대의 영지주의자들은 고통이 세상에 있는 악의 실존적인 드러남이라고 보는 불교의 관점에 동의한다. 비록 인간의 고통이 생리학적·심리학적으로도 복잡한 특성을 보이는데다 다른 창조물에서 볼 수 없는 섬세한 면모를 지니고는 있지만, 다른 창조물들도 공포와 아픔, 불행을 경험하기는 마찬가지다. 성 바울이 지적했듯이 모든 창조물은 신음하며 해산의 고통을 겪고 있다.(《로마서》 8: 22) 2장에서 지적했듯이, 영지주의자들은 세상이 불완전한 상태를 원죄의 결과가 아니라 본래적인 결함 때문인 것으로 여긴다. 좀 추상적으로 말하자면, 악은 우리가 살고 있는 세계라는 구조물의 일부다. 이 같은 현실 세계를 만든 조물주가 있다면, 이 세계에 존재하는 악은 분명 그의 책임이다. 이러한 영지주의의 입장은 유일신을 믿는 사람들에게는 신성모독적인 것이다. 스스로 신자라고 여기지 않는 사람들도 당혹해하는 경우들이 많다.

영지주의의 입장은 그 역사적인 뿌리를 들여다볼 때 가장 잘 이해할 수 있다. 앞에서도 살펴보았고 오늘날의 대부분 학자들도 인정하듯이, 영지주의는 유대교적 환경에서(아마도 유대교의 비정통적인 분파들에서) 기원하였으며, 그런 뒤 유대교의 이교 곧 기독교와 결합하였다. 2장에서 이야기했듯이, 영지주의자들은 구약 성서에 나오는 변덕 부리고 분노하고 복수심에 불타며 정의롭지 못한 유일신적인 하느님의 상―그리고 신약 성서에 달라진 모습으로 나오는 하느님의 상―때문에 어려움에 직면했다. 이렇게 분명한 결함을 지닌 하느님이 결함을 지닌 자신의 모습대로 세상을 창조했다는 결론에 도달하는 것은 어렵지 않았다. 여기에서 영지주의자들은 중대한 질문을 던진다. "진실로 이 결함을 지닌 조물주가 선하고 참된 궁극의 하느님인가, 아니면 자기보다 위에 있는 권능자를 알지 못하거나 자신보다 우월한 신적 권능자를 알기는 하지만 그 지고한 하느님의 자리를 빼앗으려고 결심한 열등한 신인가?" 이에 대해 영지주의자들은 이 조물주는 확실히 참된 궁극의 하느님이 아니라 열등한 신, 데미우르고스라고 대답하게 된다. 데미우르고스가 세상에 악과 불완전함을 가져온 장본인인 것이다.

세상의 악을 조물주의 탓으로 돌리는 이 명백한 신성모독은 이처럼 유일신론적인 하느님으로 인한 어려움에 직면하면서 생겨난 것으로 보인다. 영지주의와 유사한 운동이었던 헤르메스주의는 이교에 뿌리를 두고 있다. 이런 이유 때문에 헤르메스주의자들은 구약 성서 하느님의 모순적인 모습을 물려받지도 않았고 그것에 반응할 필요도 없었다. 그래서 그들은 영지주의자들보다는 좀 편하게 자신들의 입장을 취할 수 있었다. 그들은 악을 특별히 데미우르고스에 연계시키지 않았다. 오늘날 많은 사람들이 영지주의보다 헤르메스주의에 더 기우는 경향을 보이는 것은 바로 이 때문이다.

창조 세계 안에 결함이 있고, 따라서 창조 세계를 만든 조물주에게도 결함이 있다는 사실을 부정하고자 많은 사람이 시도했으나 영지주의자를 설득시킬 만한 논리는 나오지 않았다. 우주의 조화에 관심이 컸던 고대 그리스인들, 특히 신플라톤주의자들은 우주의 웅장함에 대한 경외심 속에서 일상의 어려움이나 슬픔, 고통까지도 잊을 수 있었다. 그들은 이렇게 말한다. "이 아름다운 세계를 보라. 우주가 스스로 운행하고 영속하는 이 놀라운 질서를 보라. 어찌 이토록 아름답고 조화로운 것을 악한 것이라 부를 수 있겠는가?" 하지만 영지주의자들은 한결같이 결함과 버림받음, 그리고 존재의 소외는 부정할 수 없는 것이며, 따라서 우주는 오직 부분적으로만 조화롭고 질서 잡혀 있는 것이라고 대답한다.

동양의 종교에 영향을 받아 카르마業의 법칙—이 법칙에 의해 그릇된 행실이 나중에, 혹은 다음 생에서까지도 불행을 야기한다—이 현실 세계의 불완전함을 해명해 준다고 주장하는 이들에 대해서는, 영지주의자들은 카르마란 기껏해야 고통과 불완전함의 사슬이 어떻게 작동하는지 설명해 줄 따름이라고 반론할 것이다. 왜 이렇게 고통스러운 질서가 애당초에 존재해야 하는지 카르마의 법칙은 말해주지 않는다.

제한적인 이원론

　앞서 언급했듯이 악의 존재를 해명하는 또 하나의 방법으로서 조로아스터교 같은 철저한 이원론이 있었다. 이에 반해 영지주의의 입장은 제한적인 이원론이라 부를 수 있다. 제한적인 이원론에는 철저한 이원론이 가정하는 선한 신과 악한 신 사이의 투쟁이 없다. 간단히 말해, 현실 세계에는 선과 악이 공존하며, 이 세계는 완전히 악하지도 완전히 선하지도 않다는 것이다. 이 세계의 악이 선이 존재하는 것을 보지 못하도록 가리지도 않거니와 선 또한 악이 현존하는 것을 보지 못하도록 가리지 않는다.

　영지주의자들은 심오한 통찰을 표현하는 수단으로서 신화를 선호했다. 창조 세계 안에 선과 악이 혼재되어 있다고 말하는 신화들은 영지주의 이전에도 있었다. 그 중 하나가 그리스의 디오니소스 신화다. 타이탄들이 디오니소스를 잡아 찢을 때 제우스가 도움의 손길을 펼쳐 천둥번개로 타이탄들을 내리쳤다. 그러자 타이탄들과 디오니소스의 몸이 재로 변해 섞여버렸다. 인간을 포함한 모든 종류의 피조물이 이 재로부터 생겨났으므로, 모든 피조물 속에서 디오니소스의 신적인 본성과 타이탄의 악한 본성이 혼합되었다. 그리하여 인간의 본성 안에서도 자연계 안에서도 빛과 어둠이 서로 싸우게 된 것이다.

　영지주의자들에게는 선과 악의 근원에 관한 자신들만의 신화가 있다. 그것은 모든 현실적인 존재 너머에 있는, 지복이 흘러넘치는 끝없는 충만—플레로마—에서 시작된다. 플레로마는 궁극적인 참 하느님(알레테스 테오스alethes theos)의 본성이자 거주지이다. 시간과 기억 이전, 이 형용할 수 없는 충만은 존재의 낮은 영역으로 자신을 확장시켰다. 이 방출 과정에서 충만은, 위대한 천사와 비슷하면서 창조와 조직에 엄청난 재능을 지닌 수많은 중간 신들, 곧 데미우르고스들로 자신을 드러냈다. 하지만 이런 존재들 중 일부는 자신들의 고귀한 근원에서 멀어지면서 악한 성향을 취하게 되었다. 그들은 인간을 만들기 훨씬 전 자신들의 불완전한 본성을 따라 물질 세계를 창조했다.

이 세계를 창조하려는 의지는 억지와 오만, 그리고 권력의 갈망으로 얼룩져 있었다. 이렇게 근원에서 멀어진 존재들이 수행한 작업을 통해 악이 창조물 속에 스며들게 되었다. 영지주의 교사 바실리데스Basilides가 여러 차례 말했던 것처럼, 그 이후로 "악은 녹이 쇠에 달라붙듯 창조된 존재들에 달라붙는다." 창조물의 일부인 인간 또한 조물주들이 지닌 결함을 본성으로 지닌다. 인간의 몸은 질병, 죽음 등과 같은 악들에 의해 지배를 받으며, 혼psyche 또한 불완전에서 자유롭지 못하다. 오직 인간의 본질 안에 깊이 숨겨진 영pneuma만이 악에서 자유로운 상태로 참 하느님을 향하고 있다.

현대적인 결론

《타임》지 기사가 말했듯이, 그리고 지난 20세기 및 21세기 초의 역사가 보여주듯이 끔찍한 일들은 여전히 벌어지고 있다. 세계에는 악과 공포가 있으며, 고통은 보편적인 것이다. 권좌에 있는 일부 사람들은 매일처럼 누군가를 고문하고 죽인다. 유대-기독교의 유일신을 믿는 자들과 카르마의 법을 따르는 자들은 "종국에는 악조차도 선으로 인도되기 때문에 이는 그다지 대수로운 일이 아니다"라고 말할지도 모른다. 그들은 악은 결코 진짜 악이 아니라 불유쾌한 모습으로 가장된 선이라고 말하는 것 같다. 눈앞에서 악을 목격했던 자들—유대인 학살이나 옛 소련의 굴락Gulag(강제 노동 수용소—옮긴이)이나 캄보디아의 킬링 필드에서 살아남은 자들—에게 이런 식의 애매한 주장은 모욕적일 것이다. 그들에게 악은 악이며, 그 밖의 설명은 모두 한갓 핑계일 뿐이다.

더구나 지진이나 화재, 홍수, 전염병과 같은 끔찍한 사건들은 인간이 일으킨 것도 아니다. 이 세상에 인간의 사악함 때문에 생겨나는 고통도 있지만, 인간의 잘못과 상관없이 생기는 고통도 많다. 그런 경우에도 흔히 우리는 그 고통이 인간 때문이라고 여기고는 한다. 그러나 아담과 이브의 신화에 따른 것이든, 인간을 유일한 환경 파괴자로 몰아붙이는 선전에 따른 것이든, 죄책감을 키우는 방식으로는 악의 문제를 해결할 수 없다. 오히려 죄책감은 결과적으로 더 많은 불행을 낳는다. 자신에 대한 채찍질을 멈추자. 그리고 불행을 완전히 제거하는 것은 우리의 능력 너머에 있다는 것을 기억하면서, 우리가 통제할 수 있는 악이라도 줄이도록 하자.

인간은 창조물과 동일한 재료로 만들어졌기 때문에 우리 안에서 악을 완전히 몰아내는 일은 우리를 둘러싼 세계에서 악을 제거하는 일과 마찬가지로 불가능하다. 인간의 계획과 기술로 우리 본성에서 악을 제거할 수 있었다면 오래 전에 그렇게 했을 것이다.

영지주의자들이 제시하는 악의 신화, 곧 죄의 신비는 한편으로는 문제를 야기하기도 하지만 다른 한편으로는 해답을 주기도 한다. 현대 사회는 18세기 계몽주의 철학에 뿌리를 둔 세속적인 관점에 점점 더 지배를 받고 있다. 이 관점의 근간은 마르크스주의에서 나왔으나, 그 가지들은 대부분 소비주의와 쾌락주의—돈과 건강, 젊음을 숭배하는—로 이루어져 있다. 이 세속적인 관점은 오직 손으로 만질 수 있는 물질 세계만 존재하고 초자연적인 것은 물질적인 것을 둘러싼 한갓 상징에 불과하다는 가정—때론 암묵적이고 때론 공공연한—위에 서 있다. 이런 환경에서 영지주의에 강력히 반발하는 사람들이 존재한다는 것은 결코 놀라운 일이 아니다.

영지주의는 세속적인 구원을 얻으려는 우리 시대의 노력을 인정하지 않는다. 그 대신 사회적 역학에 기초한 이론을 해방의 그노시스로 대치한다. 영지주의 관점에서 볼 때 인간 사회는 물론 자연계도 구원에 도움이 되지 못하는데, 그것은 인간 사회나 자연계나 모두 본래적인 것이 아니라 파생된 것이기 때문이다. 영지주의와 꽤 가까운 거리에 있는 러시아의 현대 철학자 니콜라이 베르쟈예프Nikolay Berdyaev는 이를 다음과 같이 적절하게 표현했다. "자연계, 사회, 국가, 민족 등은 완전하지가 않다. 그것들이 완전하다고 주장하는 것은 매혹적인 거짓말이다. 인간의 맹목적인 숭배가 그런 주장을 낳았다."

인간을 지력은 뛰어나지만 사악한 동물로 깎아내리는 반면 사회적·생태학적 공학 기술은 신격화하는 현대 및 탈현대의 근시안적인 사고는 영지주의 관점에 적대적이다. 이런 근시안적인 사고가 우세해지면 삶은 수평적인 것이 되고 만다. 중요한 모든 것은 바로 지금이요 여기이며, 더군다나 물질적인 것이다. 오존층 감소와 인구 과잉이 유일한 악으로 여겨질 때 악에 대해 또 악으로부터의 자유에 대해 영지주의자들이 숙고한 것들은 한낱 가물거리는 신기루가 될 뿐이다. 악에 관한 영지주의 신화를 우리가 어떻게 바라보든 간에, 그 신화의 바탕은 자연주의적·사회적·경제적인 것이라기보다는 초자연적이며 영적이다. 성 바울의 말로 표현하자면, 악의 근원은 "높은 곳에 있는 영적인 사악함"이다. 그러므로 물질적인 수단은 악 앞에서 아무런 효력도 발휘하지 못할 것이다. 물론 물질적 수단을 포함한 이용 가능한 모든 수단을 통해 악한 물질적 조건과 싸울 필요가 없다는 뜻은 아니다. 하지만 물질적 수단으로 모든 악과 고통을 완전히 제거할 수 있다고 생각하는 것은 어리석은 일이다.

영지주의자들은 인간이란 사실상 이 물질 세계의 육체 안에 일시적으로 거하는 영이라고 여겨왔다. 우리의 물질적·심리적 자기 안에 깊이 숨어 있는 영pnuema 덕분에, 우리는 우리가 거주하는 이 불완전한 우주 너머에서 다가오는 신의 사랑에 응답할 수 있다. 이 사랑이 우리에게 초월적 그노시스를 얻을 기회를 베푼다. 오늘날 같은 환경 속에서 우리는 '초월적transcendental'이란 단어를 종종 사용하지만 이 단어가 자연계, 실제로는 우주 자체를 초월함을 의미한다는 점을 깨닫지는 못한다. 초월은 우리에게 운명 지워진 것이다. 이 세계를 초월할 때 우리는 악을 초월한다. 그때까지 우리가 할 수 있는 최선은 악에서 선을, 어둠에서 빛을 구별하는 통찰력을 훈련시키는 일이다. 이런 식으로 이 세상에서의 예비 구원을 이해함으로써 그노시스를 통한 궁극의 구원을 준비하는 것이다.

현대 영지주의자들은 고대 영지주의자들의 근본적인 통찰에 대부분 동의한다. 현대 영지주의자들은 데미우르고스의 존재를 믿는가? 그들은 데미우르고스에 의해 세상에 악이 들어왔다고 믿는가? 그들은 이런 개념들을 좀더 미묘하고 신비로운 실재들을 암시하는 신화소나 형이상학적인 진리로 여기는가? 어떤 이들은 이런 것들을 문자 그대로 믿고, 어떤 이들은 상징적인 것으로 받아들이며, 또 어떤 이들은 두 관점을 조화시켜 이해한다. 중요한 것은 이런 가르침의 정확한 형식이 아니라 그 실질적인 내용이다. 그것이면 족하다. 영지주의의 가르침은 악의 실재와 능력에 관해, 그리고 현실 세계 전체에 악이 근본적으로 존재하고 있음에 관해 말한다. 세상이나 우리 자신 속에서 악을 제거하기는 힘들지라도, 우리는 그노시스를 통해 악을 초월할 수 있다고, 아니 초월할 것이라고 선언한다. 이런 해방이 성취될 때 진정으로 우리는 한낮의 사탄이나 밤의 공포를 더 이상 두려워하지 않게 될 것이다.

7
해방의 신비 의식:
영지주의의 입교적 성례전들

영성 전통의 의식儀式을 다룰 때 우리는 무엇보다도 19세기와 20세기 초의 지식 세계를 지배하고 오늘날에도 여전히 영향력을 미치고 있는 합리적인 개념들을 경계해야 한다. 합리주의적인 비교종교학자들에 따르면, 고등한 종교 전통들은 철학과 윤리학에서 기인하여 점차 예배 형식을 갖추게 되고, 그러다 마침내 제의와 마술로 퇴보한다고 한다. 이런 이론의 바탕에는 철학과 윤리학이 종교 의식보다 더 숭고하고 성숙한 인간 정신의 산물이라는 시각이 깔려 있다. 전자가 이성에서 기인하는 반면 후자는 비이성적인 특징을 보인다는 것이 그 이유이다.

이런 사고방식이야말로 영지주의를 오해하게 만드는 커다란 원인이었다. 수세기 동안 영지주의는 참된 종교나 삶의 실질적인 문제들과는 거의 아무 관계도 없는 철학적인 사변의 결과물로만 여겨졌다. 영지주의자들은 터무니없는 우주론적 체계를 바탕으로 신들의 계보를 지어내고 창조된 세계의 악을 한탄하면서 인간의 영의 과제는 이 세계 너머에 있는 공상의 땅으로 돌아가는 것이라고 주장하는 사변적 철학가, 형이상학적 몽상가로 그려졌다. 다행스럽게도 지금은 훨씬 공정한 시각을 가진 학자와 저자 들이 등장하면서 학풍이 변하고, 그에 따라 영지주의 사상의 본질도 한층 제대로 이해되고 있다. 영지주의에 대한 이 같은 새로운 태도는 주목받는 유럽인 학자로 나그함마디 문서의 주요 번역자 중 한 사람인 힐레스 퀴스펠의 다음 진술에서 잘 엿보인다.

> 나는 《세계 종교로서의 영지 Gnosis als Weltreligion》(1951)라는 저서에서, 영지주의는 독특한 종교 경험의 표현으로서 신화로 변형되어 나타나는 경우가 많다고 밝힌 바 있다.…… 분명, 중요한 영지주의 체계 중 최소한 일부는 강렬한 감정과 개인적인 경험을 통해 영감을 받았을 것이다. 영지주의가 철학도 아니요, 더욱이 기독교의 이단도 아니라는 점, 하느님과 세계, 그리고 인간에 관해 독특한 관점을 지닌 종교라는 점이 이제 널리 받아들여지고 있다.(카벤디쉬Cavendish 편, 《인간과 신화, 마술 Man, Myth, and Magic》 중 〈영지주의〉에서)

여기에다 우리는 영지주의가 영혼의 해방을 위한 성례전으로 가득한 종교라는 점을 덧붙여야 할 것이다.

부적과 성례전

영지주의자들이 사색이나 철학 이상의 것을 했다는 증거는 영지주의 연구의 역사 초기에도 아주 많았다. 하지만 흥미롭게도 영지주의와 관련된 이러한 진실들은 여지껏 밝혀지지 않고 있다. 고대에 기록된 영지주의 문서들은 철학적 내용보다는 여러 초월적 권능자들에게 바치는 긴 기도문 또는 기원문을 담고 있는 것으로 밝혀졌고 지금도 밝혀지고 있다. 영지주의 문서들에서는 찬가로 사용할 목적으로 쓴 게 분명한, 모음을 연속적으로 길게 배열해 놓은, 이해하기 힘든 권능의 말들이 자주 발견된다. 게다가 수많은 영지주의 경전들에는 예수가 행한 의식들이 장황하게 기록되어 있고, 또 어떤 경전들에는 기독교 초기의 영지주의 공동체에서 크게 발달한 성례전 체계가 암시되어 있다. 부적talisman 역할을 하는 영지주의 장식물들도 많이 발견되고 있는데, 이것들은 뱀, 사자, 점성술적인 상징들, 그리고 여러 동물의 모양이 혼합된 신화적 존재들—예컨대 수탉의 머리에 사람의 몸, 뱀 형상의 다리를 가진 유명한 아브락사스Abraxas(혹은 아브라삭스 Abrasax)—과 같은 것들로서 모두 원형의 이미지를 담고 있다. 상징과 의식儀式이 풍부한 이 문서들은 대부분 아무도 번역하거나 출판하려는 관심을 보이지 않은 채 박물관이나 기록 보관소에 고스란히 묻혀 있었다. 합리적인 지식인들에게 이것들은 이해하기 어려운 것이었고, 심지어는 비난받아 마땅한 것으로 치부되었다. "그저 그런 마술"이라거나 "미신적인 숭배"라는 무지한 비난 때문에 이 위대한 전통이 낳은 값진 유물들이 칠흑 같은 어둠 속에 그대로 방치되었던 것이다.

  20세기 후반, 신화와 의식에 대한 관심이 되살아나면서 과거 어느 때보다도 영지주의 연구에 유리한 환경을 맞게 되었다. 오늘날 우리는 철학이 단지 말로 끝나는 이야기에 불과하다면 신화와 의식은 살아서 움직이는 실재라는 점을 점점 깨달아가고 있다. 철학은 합리적인 사고방식을 가진 사람들에게 삶의 현상을 설명하지만, 신화와 의식은 철학이 설명하고자 하는 현상을 창조한 근본 실재의 재현을 표현한다. 따라서 철학이 "왜?"라는 물음에 대답하려고 하는 반면, 신화와 의식은 "어디로부터?"라는 물음에 대답하려고 한다. 심층심리학을 통해 우리는, 철학과 윤리학 같은 학문이 기껏해야 인간 정신의 의식意識적인 부분만을 연구할 수 있는 반면, 신화와 의식은 무의식적인 것과 맞닿도록 직접적이고 창조적인 연결고리를 제공함으로써 의식적인 자아의 세계가 의식의 베일 너머에 있는 심오한 권능의 영역과 결합하도록 한다는 사실을 알게 되었다.

영지주의자들이 광범위하게 의식을 행했다는 데는 의심의 여지가 없다. 적대적인 비평가들이 내재주의적이라며 영지주의자들을 비난하기는 했지만, 이제 우리는 영지주의자들이 내면과 외면, 내적 변화와 외적 의식儀式 사이의 밀접한 상호 관계에 민감하게 깨어 있었음을 알고 있다. 영지주의 관점에서 기독교 그노시스의 위대한 사제인 예수는 "내면을 외면처럼, 외면을 내면처럼, 그리고 위를 아래처럼" 만들어 "그것들 모두가 하나가 되게 하기" 위해 왔다.(《도마복음》, 말씀 22)

나그함마디 문서에는 영지주의가 후대 가톨릭 교회와 아주 유사한 성례전 체계를 가지고 있었음을 입증하는 증거들이 풍부하게 들어 있다. 발렌티누스 학파로부터 지대한 영향을 받은 〈빌립복음〉에서는 영지주의 성례전 신학의 자취와 더불어 예수에 의해 제정되었다고 전해지는 다섯 가지 성례전의 목록이 발견된다. 〈빌립복음〉 말씀 67을 읽어보자.

진리는 벌거벗은 채 세상에 오지 않고 표상과 형상을 입고 왔다. 그것〔세상〕은 다른 방식으로는 진리를 받아들일 수 없다.

여기에 형상image들에 관한 가르침과 성례전을 연결시키는 다른 설명들이 뒤따른다. 〈빌립복음〉에 따르면 초월적 영역의 참으로 신성한 신비들은 눈에 보이는 성례전들로 표현되는, 형상을 가진 중재적인 매개물을 통하지 않고는 낮은 세계의 어떤 것에도 영향을 미칠 수가 없다. 즉 성례전들은 "형상을 통한 형상"의 나타남이다.(심층심리학의 표현을 빌리자면, 융이 원형 그 자체archetypes-as-such라고 표현한 초월적 혹은 초심리적인psychoid〔융이 만들어낸 개념으로서 시간과 공간을 넘어서 존재하는 실재를 일컫는 말—옮긴이〕 능력은 개인의 심리 안에서 원형적 형상들로만 표현될 수 있다. 또 이런 원형적 형상들은 그 특질에 따라 적절하게 제정된 의식儀式들을 통해서 깨어나고 반응하게 된다.) 하지만 〈빌립복음〉의 영지주의 저자는 원형과의 이 같은 접촉은 성례전만을 통해서 이루어지는 것이 아니라 이 외적인 형식과 더불어 개인의 내적인 변화가 반드시 수반되어야 한다는 것, 그렇지 않으면 외적인 형식은 공허한 것이 되고 만다는 것을 알고 있었다.

신방新房과, 형상을 통한 형상이 있으니 그것들이 진리로 나아가는 것이 옳으며 그것이 곧 회복apokatastasis이다. 회복은 아버지와 아들과 성령의 이름을 받았을 뿐 아니라 스스로 아버지와 아들과 성령을 얻은 자들에게 적합하다. 누구든지 스스로 아버지와 아들과 성령을 얻지 못하면 그 이름 또한 빼앗기게 될 것이다.(말씀 67)

성례전과 그것의 효과

영지주의 성례전의 목적은, 로마 가톨릭의 성례전적 은총 교리에서 말하는 일시적인 정화뿐만 아니라 완전한 변화, 곧 근본 하느님의 본질로 변화하는 것이다. 온전히 변화된 영지주의자는 예수의 제자가 아니라 신격화된 인간이요 또 다른 그리스도이다.

> 하지만 어떤 이는 사도들이 '오른쪽'과 '왼쪽'이라고 부른 십자가 권능 가득한 기름부음(塗油)으로 아버지와 아들과 성령을 받는 이가 있다. 그는 더 이상 그리스도인이 아니라 그리스도이다.(《빌립복음》, 말씀 67)

가톨릭 전통에서처럼 영지주의에서도 성례전은 예수가 제정한 것으로 전해진다.

> 주님은 신비를 통해 모든 것, 곧 세례와 기름부음과 성만찬과 구속과 신방을 행하셨다.(《빌립복음》, 말씀 68)

말씀 68은 다섯 가지 성례전, 곧 신비 의식에 관해 언급한다. 하지만 독일 학자 쉔케Schenke는 말씀 60을 복원한 후 《빌립복음》에는 정통 가톨릭 교회의 성례전과 정확하게 일치하는 일곱 가지 성례전이 있다고 밝히고 그것을 입증했다. 게다가 대립 관계에 있는 가톨릭과 영지주의의 성례전이 유사한 점은 비단 성례전의 수數에 국한되지 않는다. 세부적인 다른 공통점들—예컨대, 세례의 성수聖水와 관련해 영혼 위에 내려지는 일부 성례전의 지워지지 않는 효과, 곧 성사적聖事蹟(또는 인호印號) — 도 〈빌립복음〉에서 발견된다.

> 하느님은 염색하는 분이시다. 진품이라 불리는 좋은 염료가 자기 안에서 염색되고 있는 것들과 함께 염색되듯이 하느님도 그들과 함께 염색되신다. 그분의 염료는 불멸하므로 그들은 그분의 색으로 인해 불멸한다. 하지만 하느님은 자신이 담그신 것을 물 속에 담그신다.(말씀 43)

말할 나위 없이 오늘날의 가톨릭 성례전과 그에 상응하는 영지주의의 성례전 사이에는 차이점도 있다. 하지만 영지주의의 더 넓은 맥락과 정신에서 보건대, 이런 차이점은 외적 형식에서보다는 내적 깨달음의 정도에서 더 많이 나타난다. 일반 기독교인들이 오직 심리적인(혼과 관련된) 자질만으로 성례전을 경험할 수 있었던 반면, 영지주의자들, 특히 발렌티누스 학파에 속한 영지주의자들은 영적인(프뉴마적인) 자질을 가지고서 성례전을 경험할 수 있었으며 그런 능력이야말로 그노시스의 증표였다. 가톨릭 쪽과 훨씬 근본적인 차이를 보이는 다른 영지주의 공동체들의 성례전이 있을지도 모르지만, 그렇다 해도 현재 우리가 살펴볼 수 있는 발렌티누스 영지주의의 자료에 따르면 영지주의자들과 가톨릭 교회는 비록 그 경험 방식은 달랐을망정 성례전은 똑같은 것을 사용한 때가 많았다. 가톨릭 쪽 형식에 대한 부정적인 편견에 사로잡혀 영지주의 성례전의 기원을 상상하지 못하는 영지주의 지지자들이나, 로마 가톨릭과 동방 정교회의 전통에 집착해 영지주의를 철저한 이단이라고 주장하는 자들 양쪽 모두 최근 발견된 영지주의 문서의 이와 같은 증거들로 인해 당혹해할 것이다.

관습을 따르는 가톨릭 신자에게는 세속의 중생에게 기적같이 임재하는 초자연적 은총으로 여겨지는 것이, 영지주의자에게는 영(프뉴마), 곧 '개인의 무의식 속에 내재한 신의 불꽃'에 뿌리를 둔 심리 내적 신비로 보인다. 가톨릭 신자는 구원을 받고 영지주의자는 입교를 하지만, 두 전통의 성례전 방편은 완전히 혹은 거의 같다. 따라서 〈빌립복음〉에서 우리는 세례Baptism라는 초기 입교식, 기름부음Chrism이라는 후기 입교식, 성찬식Eucharist이라는 빵과 포도주의 변형 의식, 세상적인 허물로부터의 마지막 정화 및 사면과 관련된 것으로 보이는 구속 의식, 그리고 모든 성례전 과정의 최후를 장식하는 신방新房(bridal chamber)이라는 최고의 신비 의식을 발견한다.

신방: 신비 중의 신비

영지주의의 성례전 중 가장 신비롭지만 동시에 가장 알려져 있지 않은 것이 신방의 신비이다. 현대의 해석자들은 신방을 결혼의 한 형태로 축소해서 정의하려고 애썼다. 하지만 그것은 사실도 아닐 뿐더러 어리석기 짝이 없는 짓이다. 주로는 신방이라고 부르고 그 밖에도 연합의 신비Mystery of the Syzygies, 플레로마의 합일Pleromic Union과 같이 다양한 이름으로 불리는 이 의식 역시나 신학적으로보다는 심리 내적으로 이해될 수 있을 것이다. 이런 해석 방법은 신방의 초월적인 제정을 통해 기원 신학를 설명하는 〈빌립복음〉의 다음 구절의 뜻을 분명히 해준다.

내가 만일 신비를 말할 수 있다면, 만유의 아버지께서 하강한 처녀와 결합하셨고, 그날 불이 그분을 위해 빛났다. 그분은 위대한 신방에 나타나셨다. 이 때문에 나타난 그분의 몸은, 그날 신랑과 신부로부터 나온 그분의 방식대로 신방을 떠나셨다. 이렇게 예수께서 이것들을 통해 신방 안에 모든 것을 제정하셨다. 제자들은 각자 자신의 안식에 들어가는 것이 바람직하다.(말씀 82)

심층심리학의 관점에서 설명해 보자면, '개성화' 된 자아의 모범이요 온전함의 원형인 예수는 자신이 '둘이 하나로 합일된 존재' 임을 드러냈다고 할 수 있다. 원형이요 또한 전형인 예수는 연합의 합일 union of the syzygies을 이룬 이상적인 양성兩性 구유자로 예시된다. 그를 따르는 자는 반드시 그의 모범을 따라야 하며, 자신 속에 이성異性의 형상을 받아들임으로써 온전하게 되어야 한다. 남자는 자신의 여성적 자기自己와 연합한다. 그 연합을 이루기 전까지는 여자 안에 있는 이성의 형상을 오직 대리적으로만 경험할 수 있다. 여자도 동일한 방법으로 자신의 "천상의 신랑", 곧 내면의 남성과 결혼해야 한다. 이렇듯 신방의 성례전은 실제로 '개성화'를 뜻하는 입교식이요, 플레로마(온전함)의 회복을 나타내는 웅대한 상징이요, 내면에 있는 이성과의 히에로스 가모스hieros gamos(성스러운 결혼)이며, 따라서 궁극적인 참 그노시스의 달성이다. 신랑은 구원자, 신부는 방황하는 영혼인 소피아, 신방은 온전한 상태인 플레로마의 원형적 상징이며, 이 상징들은 '개성화' 과정에 대한 인격적인 유비이다.

〈빌립복음〉의 많은 말씀들이 신방의 성례전에 대한 심리학적 이해를 뒷받침해 준다. 이 복음서의 저자는 신방에 대한 신비적·신화적인 암시들을 길게 들려주는데, 그것들에 따르면 이성과의 최초의 분리(《창세기》에서 아담의 갈비뼈를 빼내는 것으로 그려지는)의 결과로 죽음이 시작되며, 불멸은 이브를 다시 받아들인 아담의 행동과도 같은 재합일에 의해서 얻어질 수 있다. 이러한 이성과의 합일은 불로장생의 묘약과 철학자의 돌을 얻으려는 서양의 연금술이나 불멸의 신성한 태아를 얻으려는 중국의 연금술 양자에 나타나는 상징을 강하게 연상시킨다.

성례전은 물론 여타의 영지주의 가르침이나 예식 등 영지주의 신비 속으로 들어가는 데 도움을 주는 것으로는 칼 융이 가르친 심층심리학이 유일하다. 확실히 융은, 그의 다른 많은 통찰들에서도 보이듯이, 초월적인 것에 대한 타고난 직감을 가졌던 것 같다. 그가 심리 속의 원형적 형상과 심리 너머의 원형 그 자체(또는 원형적 형상들의 근원)를 구별한 것이 그 한 예이다. 그러나 심리학적 모델에는 한계가 있을 수밖에 없다. 그 중 하나는 모델의 범위가 인간의 심리에 한정되고, 따라서 심리 너머에 있는 실재의 영역은 설명하지 못한다는 것이다.

하지만 그노시스 경험 및 그와 관련된 다양한 예식과 가르침이 한갓 심리학에 불과하다고 가정한다면 이는 치명적인 과오를 범하는 것이 된다. 그것들은 심리학 이상이기 때문이다. 영지주의 문제들에 관한 심리학적 해석이 우리를 안내할 수 있는 지점은 여기까지다―그렇게 멀리 간 것도 아니지만. 이에 대해서는 G. 필로라모Filoramo가 《영지주의 역사A History of Gnosticism》에서 정확히 진술하고 있다. "영지주의에서 말하는 자기self, 존재론적 자아ego, 인간을 신성하게 만드는 실재…… 등은 오늘날 지배적인 주관주의의 얄팍한 언어로는…… 해석될 수 없다." 영지주의자의 존재론적 자기는 내적 숙고나 의식의 내적 성찰 같은 단순한 행위에 의해 밝혀지지 않는다. 필

로라모는 이렇게 결론 내린다.(40쪽)

주관주의는 특성상 영지주의자들이 자신의 근본 경험으로부터 기인했다고 여기는 절대적 객관주의에 대한 형이상학적 설명 가운데 아무것도 제거할 수 없다. 그런 경험이 환상적으로 일어나는 황홀경의 순간들 속에는 언제나 경험적인 '나', 덧없는 '나'와는 '다른' 실재와의 만남들이 있다. 그러므로 마음의 평상시 능력으로는 이런 신적 실재를 파악할 수 없다는 결론에 이르게 된다.

성례전과 황홀경

〈빌립복음〉에 묘사되거나 암시되어 있는 성례전 의식儀式은 고대 영지주의 의식의 특징을 보여주는 일련의 증거 중 최근에 찾아낸 것들에 불과하다. 맨 처음 발견한 중요한 영지주의 경전 중 하나는 1769년 이집트의 테베에서 제임스 브루스James Bruce가 손에 넣은 이른바 브루스 사본Bruce Codex이다. 이 사본 중에서도 중요하게 여겨지는 〈예우의 서Books of Jeu〉 곧 〈보이지 않는 하느님의 그노시스Gnosis of the Invisible God〉에서는 예수가 제자들에게 처음에는 세 가지 세례(물과 불, 공기 혹은 성령)를, 나중에는 저급한 세계의 통치자들에게서 사악함을 제거하는 신비 의식을, 끝으로 영적 도유塗油(기름부음)의 신비 의식을 전해주는 것으로 묘사된다. 이러한 성례전이 집행된 뒤, 보이지 않는 하느님에게서 나온 스물네 개의 방출물과 초월적 세계의 에온들을 통과해 보이지 않는 위대한 하느님에게로 향하는 영혼들의 상승이 이어진다. 저마다의 수호자를 가진 다양한 에온적 천구天球들의 암호와 공식, 이름, 숫자, 그리고 그림으로 표현된 비문秘文들이 있으며, 그 중 상당수는 정교한 만다라 문양을 하고 있다. 그리고 다시 다섯 가지의 성례전이 뚜렷이 언급되는데, 그것들은 한 단계 한 단계 나아가는 복잡한 변형 과정을 거치도록 되어 있다.

가장 유명한 본문이 《피스티스 소피아》인 까닭에 종종 이 제목으로 알려지기도 한 애스큐 사본Askew Codex에는, 비록 학자들은 무시해 왔지만, 불가사의한 힘과 성례전에 대해서만 집중적으로 언급하는 문서(개인적인 문서로, 이런 문서 여러 개가 하나의 사본을 이룬다)를 포함해 의식에 관한 자료가 꽤 많이 담겨 있다. 한 가지 뛰어난 예를 들자면, 소피아의 복귀에 관한 이야기는 에온들을 수호하는 권능자들에게 바쳐진 수많은 '참회문'과 함께 예배 예식에서 손쉽게 사용할 수 있는 의식의 드라마가 어땠을지 분명히 엿보게 해준다. 이 사본에 기록된 소피아의 상승이 예배 예식 그 자체였을 가능성이 아주 크다.

영지주의 문서의 진정한 보고인 나그함마디 문서에는 주로 예배 예식에 관한 내용이 담긴 여섯 개의 일차 문서와 여러 개의 이차 문서가 있다. 그 중에서 독특한 것이 〈여덟 번째 세계가 아홉 번째 세계를 드러내다The Eighth Reveals the Ninth〉(나그함마디 문서에는 〈여덟 번째와 아홉 번째에 관한 담화Discourse on the Eighth and Ninth〉라는 제목으로 실려 있다—옮긴이)이다. 이 문서에 전수자로 등장하는 이도 '아버지'라 불리는 헤르메스주의 사제이고 기독교적인 용어도 쓰고 있지 않지만, 문서의 내용은 예수의 신화를 사용하는 다른 입교담入敎談들과 아주 비슷하다. 이 문서는 황홀경의 심오한 심리적 상태를 아주 분명하게 보여주는, 개인의 영적 변형에 대한 기록이다. 아주 아름다운 시로 된 긴 마술적 기원문을 바치면서 의식意識의 변화를 체험한 전수자는 다음과 같이 고백한다.

어찌 내가 우주를 설명할까? 나는 프시케(낮은 영혼)를 움직이는 다른 누스Nous(영적인 마음)를 본다. 성스러운 잠을 통해 내게 말을 걸어오는 그분을 본다. 당신이 내게 힘을 주시는군요. 나는 내 자신을 본다! 기꺼이 대화하고 싶다! 전율이 나를 엄습한다. 나는 기원이 없는, 모든 권능자 위의 권능자의 기원을 찾았다. 생명으로 솟아나는 원천을 본다! 오 내 아들아, 내가 바로 누스라고 나는 말했다. 말로 드러낼 수 없는 것을 나는 보았다. 오 내 아들아, 여덟 번째(세계―옮긴이 첨부)와 그곳의 영혼들과 천사들이 침묵으로 노래하고 있기 때문이다. 하지만 나는 누스를 이해한다.

여기에 잘 나타나는 초월적 황홀경의 기본 특징들은 다른 수많은 영지주의 문서들에서도 볼 수 있다. 〈요한행전Acts of John〉에 수록되어 있는 유명한 〈예수의 송가Hymn of Jesus〉가 좋은 예이다. G.R.S. 미드Mead가 지적했듯이 〈예수의 송가〉는, 제자들이 다음날이면 체포되어 재판받을 스승의 주위를 돌며 춤추었다고 전해지듯, 예수와 제자들의 어록이라기보다는 성찬식처럼 행해졌을 "예수를 기념하는" 의식儀式에 관한 이야기, 곧 입교담일 것이다. 그러므로 무아의 경지에서 춤을 춘다는 맥락에서 묘사된 황홀경 체험은 오래 전 발생한 사건에 대한 기록으로 그치지 않는다. 그것은 그 경험을 간절히 바라는 영지주의자가 다시 반복할 수 있는 사건이기도 한 것이다.

그노시스를 찾는 오늘날의 탐구자에게 이것들이 의미하는 바는 무엇일까? 고대 영지주의 문서에 수록된 성례전과 의식에 관한 기록은 우리의 관심을 교리와 철학, 그리고 진리의 이론적 형식 같은 인식적 사고 너머로, 곧 상징과 신화와 의식에 더 친화력을 가진 심리적 실재에게로 인도한다. 기독교 전통 내에서 믿음과 계율 대신 영적 변형을 향해 노력한 최초의 사람들인 영지주의자들은 심리적 실재의 본질에 딱 맞는 수단과 열쇠를 가지고서 그 실재에게 다가갔다. 이러한 증거를 통해 우리는 일반 교회가 이들 황홀경을 체험한 신비적 심리학자들, 전문가들로부터 성례전의 목록을 받아들였다는 것을 알게 된다. 비록 2천 년 가까이나 이들 교회가 진 빚이 알려지지 않았지만. 따라서 그노시스를 찾기 위해 부질없이 신학자들의 저술을 뒤적거리는 동안에도 우리는 적잖은 그노시스를, 만물의 궁극적 실재에 관해 변치 않고 증언하는 영원히 유의미한 체계를 비이성적·비시간적으로 그리고 적절한 심리학적 방법을 통해 표현해 놓은 전통 기독교의 성례전 속에서 발견하게 될지도 모를 일이다.

아름다움이란 게 보는 사람의 눈에 달렸듯이, 진정한 비교적 체험도 깨달은 자의 이해에 달렸다. 황홀경에 이르는 기법에 대한 연구는 작은 결실밖에 얻을 수 없다. 오로지 실제 해볼 때에만 황홀경이 가진 참된 변형의 힘이 드러난다. 〈예수의 송가〉에서 영지주의 제자들이 스승의 주위를 둥글게 도는 신비적인 춤에 초대되었듯이 오늘날의 간절한 영지주의자도 이론화 작업이 아니라 의식의 실행에 직접 초대된다. 예수가 남긴 그 말씀들의 진실성과 타당성은 여전히 우리와 함께 있으며 결코 시들지 않을 것이기 때문이다.

이제 나의 춤에 응답하라!
말하고 있는 내 속에서 네 자신을 보며,

내가 하는 것을 보되

나의 신비 의식에 대해 침묵을 지켜라.

춤을 추며 내가 하는 것을 이해하라.……

춤추지 않는 자, 일어나는 것을 알지 못하리라!

(《예수의 송가》)

8
사마리아에서 알렉산드리아까지: 초기 영지주의 교사들

누군가 만일 초기 영지주의 교사들에게 그 철학이 어디에서 기원하느냐고 물었다면, 그들은 아마 인간에게 해방의 진리를 선사하기 위해 천상의 에온들로부터 내려온 신의 사자들이라고 대답했을 것 같다. 그리고 계시자들과 그런 계시자들의 중재 역할을 하는 이들의 목록에는 아담, 세트, 노레아, 에녹, 그리고 예수의 이름이 끼어 있었을 것이다. 영지주의의 기원에 관한 그런 신화적 기록들이 역사학자들에게는 믿을 만한 것이 못 되겠지만, 그렇다고 거기에 아무런 진리도 들어 있지 않는 건 아니다. 세상일이란 바라는 대로 다 해결될 수 없으며 세상 바깥의 지혜가 필요하다고 생각하는 사람들이 어느 시대, 어느 문화에나 다 있어 왔다. 따라서 이 사람들은 그런 지혜가 발견되는, 이 세상 너머의 곳으로 자신들의 인식 능력을 끌어올리기 위해 일상과는 다른 고양된 의식 상태를 계발시켜 왔다. 이런 점에서 영지주의가 이 세상 밖에서 왔다고 선언하는 신화의 설명은 진실하다.

역사적으로 그리고 지형학적으로 영지주의는 초대 기독교와 같은 시대 같은 장소—팔레스타인, 시리아, 사마리아, 아나톨리아, 그리고 나중에는 프톨레마이오스 왕가의 이집트—에서 기독교와 줄곧 깊은 관련을 맺으면서 발달했다. 사해 문서가 판독되면서, 영지주의 전통이 부분적으로 에세네 파the Essenes(고대 유대의 금욕 신비주의의 한 종파—옮긴이)에까지 거슬러 올라간다는 사실이 분명하게 되었다. 반면 영지주의의 기원을 이란, 심지어는 인도의 영향으로 돌리는 학설은 이제 대부분 폐기되었다. 지금은 영성 전통—환상적 묵시와 계시, 메시아를 기다리는 열망, 그리고 신비적·금욕적 공동체들—이 남아 있는 중동 지역이 영지주의의 요람으로 추정되고 있다.

시몬 마구스

처음으로 역사에 알려진 영지주의 예언자는 마술사 시몬, 라틴 이름으로는 시몬 마구스Simon Magus이다. 시몬은 사마리아의 기타라는 곳에서 태어났다. 이 출생지 덕분에 그는 타고난 이단자로 규정된다. 사마리아 인은 오랫동안 예루살렘 성전을 거부하고 사마리아의 성스런 산에서 예배드리는 유대교의 이단자로 알려졌기 때문이다. 시몬은, 예언자 집단을 지도한 것으로 보이는 세례자 요한의 제자였을 가능성이 크다. 그 학파가 배출한 '문하생' 중에 예수와 또 한 사람 곧 시몬이 있었을 것이다. 제3의 인물로는 아랍계 출신이라는 사실 말고는 거의 알려진 바 없는 도시테우스Dositheus 혹은 도스타이Dosthai가 있었던 것 같다.

시몬의 생애와 가르침을 알 수 있는 쓸 만한 자료는 거의 없다. 가장 오래된 자료는 〈사도행전〉(8: 9~12)에 기록된 짧고 부정적인 기사이다. 이 기록에 따르면 그는 기독교로 개종해서 사도 빌립에게 세례를 받았으며 사도들이 행하는 기적에 감탄하여 그들한테서 그 초자연적인 힘을 사려고 한다.(교회의 성직 매매를 의미하는 시모니simony라는 용어는 이 이야기에서 유래했다.) 교부 유스티누스Justinus는 시몬이 클라우디우스 황제 통치 시기(41~54 A.D.)에 활동했으며 사마리아에서 신적인 존재로 숭앙을 받고 상당수의 추종자를 거느렸다고 말한다.

영지주의적인 것들에 하나같이 적대적인 태도를 보였던 이레네우스는 시몬에 관해 꽤 중요한 정보(《이단 반박》 1.23.1~5)를 길게 전해준다. 거기서 시몬은 훗날 훨씬 정교해지는 영지주의 우주론에 상당히 근접한 가르침을 편다. 그는 첫 번째 생각, 곧 여성성을 지닌 엔노이아Ennoia를 방출한, 궁극에 계시면서 또한 만물보다 앞에 계신pre-existent 하느님의 존재에 대해 가르쳤다. 엔노이아는 만물의 어머니, 곧 궁극적인 하느님의 계획에 따라 천사들과 대천사들을 창조하도록 예정된 존재이다. 엔노이아는 아버지 하느님의 근본 배우자이지만 조물주로서의 역할을 감당하기 위해 자신도 아니마 문디anima mundi(세계의 영혼)가 된다. 하지만 그가 창조한 천사들과 대천사들 중 일부가 그녀를 배반하여 가두고 모욕을 주기에 이른다. 질투와 무지에 사로잡힌 그들은 자신들의 어머니도 인정하지 않고 자신들 위에 계시는 하느님도 알아차리지 못한다. 자신이 직접 낳은 이들에게 포로가 된 엔노이아는 끝내 최후의 감옥, 바로 인간의 몸에 갇히고 만다. 고통스럽게 환생을 거듭하며 이 몸에서 저 몸으로 이동하던 엔노이아는, 그리스·로마 신화의 원형적 여성이요 고대 신화에서 가장 큰 전쟁이었던 트로이 전쟁의 원인이 된 헬레네Helene(절세미인이었던 스파르타 왕비로 트로이 왕자 파리스에게 잡혀가면서 트로이 전쟁이 발발한다—옮긴이)

의 몸으로 태어난다. 마침내 지고의 하느님은 엔노이아를 구하기 위해 자신의 한 위격을 인간의 모습으로 세상에 보낸다.

이 이야기에서 소피아 신화의 기원을 알아차리기는 어렵지 않다. 데미우르고스가 전혀 언급되지는 않지만 사악한 천사들은 데미우르고스 및 그의 아르콘과 명백히 닮아 있다. 이미 계시는 하느님이 당신의 아들을 먼저 예수의 모습으로 세상에 보내고, 다음으로 사마리아 시몬의 모습으로 나타났으며, 또 성령으로서 다양한 민족 위에 임재하셨다는 시몬 추종자들의 주장을 볼 때, 시몬이 자신의 구원론에 예수를 포함시킨 것으로 보인다. 이렇게 삼위일체의 개념이 초기 영지주의 신화에 분명히 나타난다.

기독교 교부들은 시몬에 관한 기사에 늘 쓰던 수법대로 음란한 설명을 덧붙여 넣었다. 그들은 시몬이 한편으론 스스로가 위대한 권능자, 곧 만물에 앞서 계시는 하느님의 현현이라며 자신을 높이고, 다른 한편으론 자신의 동반자가 된 헬레네란 이름의 매춘부를 트로이의 헬레네가 환생한 것이라며 찬미했다고 말한다. 비록 비방자들의 목소리로 전해진 것이긴 하지만, 예언자적인 인물들의 삶에서 다 걸러지고 남은 영적이고 신화적인 사건들이 알려진 것이니만큼, 거기엔 진실의 싹이 있을 수 있다. 어쨌든 시몬과 신화적인 존재인 헬레네는 영지주의의 이상적인 한 쌍이 되었으며, 그가 헬레네를 구한 이야기는 말로Marlowe와 괴테Goethe가 쓴 파우스트 신화의 기원이 된다.('행운아' 라는 의미를 지닌 파우스투스Faustus는 시몬의 존칭 중 하나였다.)

시몬의 신화라고 불리는 이 이야기의 구조는 영지주의의 단일 신화를 구성하는 명백한 요소들—만물보다 앞에 존재하던 양성 합일체의 분리, 물질 세계의 조물주들을 만들어낸 역할을 하는 여성적 원리의 하강과 소외, 여성의 타락과 그 결과로서의 수감과 강등, 그리고 만물보다 앞에 계시는 하느님 자신 혹은 몸을 입은 하느님의 한 위격이 해방자나 구원자가 되어 오는 것—을 보여준다. 시몬과 헬레네의 이야기가 심리 안에서 감응을 불러일으키는 까닭은 그것이 무의식과 무지로 떨어진 영혼의 이야기를 상징하는 것처럼 보이기 때문이다. 영원한 여성의 아름다움과 그녀의 반려자요 해방자인 남성의 마술적인 힘이 결합하여 후대의 시인과 극작가 들에게 영감을 불어넣게 되는 신화소를 만들어낸 것이다.

시몬 마구스는 추종자들로부터 높이 추앙받은 글을 많이 남겼으나 지금은 모두 사라지고 없다. 이 중 두 가지가 〈세상 모든 곳Four Quarters of the World〉과 〈반박자의 설교Sermons of the Refuter〉인데, 여기에서 구약 성서의 하느님은 사기꾼으로, 낙원의 뱀은 인자한 존재로 묘사된다. 시몬은 또 그리스의 '불 철학자들', 그 중에서도 헤라클레이토스의 철학적 형식을 받아들였던 것 같다. 그것은 헤라클레이토스가 신성한 영이 우주적으로 구체화된 모습이 바로 불이라고 보았기 때문이다.

외경인 〈베드로행전Act of Peter〉과 위작인 클레멘트Clement 문헌 같은 자료에서 발견되는 시몬의 모습에서 가장 흥미로운 것 한 가지는 그가 하늘을 나는 능력을 지녔다는 것이다. 이런 능력을 폄하해서 전하는 몇몇 이야기에 따르면 시몬은 단지 한 장소에서 다른 장소로 (이를테면 팔레스타인에서 로마로) 이동하기 위해서 이런 능력을 사용한다. 시몬의 이 같은 능력에 신비스런 성격을 가미해 놓은 이야기들도 있다. 그런 예는 위대한 비교주의자요 영지주의 지지자인 헬레나 페트로브나 블라바츠키Helena Petrovna Blavatsky가 인용한 다음과 같은 난해한 글에서 찾아볼 수 있다.

> 얼굴을 땅에 대고 누워 있던 시몬은 〔대지의〕 귀에 속삭였다. "오, 어머니 대지여, 내가 당신께 기도하오니 당신의 호흡을 주소서. 그러면 당신께 내 호흡을 드리겠습니다. 오, 어머니여, 나를 자유롭게 하소서. 별들에게 당신의 말씀을 전하고, 나는 신실하게 당신께 돌아오렵니다." 대지는, 시몬이 자신 위에 숨을 내쉬는 동안, 위엄을 갖추고 아무것도 잃어버리는 것 없이 자신의 영을 보내 시몬에게 자신의 호흡을 불어넣었다. 그러자 별들은 전능한 자의 방문을 기뻐했다.(《계시된 이시스*Isis Unveiled*》)

마술적·영적인 능력으로서 하늘을 나는 능력이 생소한 것은 아니다. 고대 인도의 경전들은 요가를 통해 이를 수 있는 여덟 가지 시디 siddhi, 곧 초능력을 설명하는데, 그 중 여섯 번째가 '하늘을 나는 것'으로 분명히 영혼의 비행을 뜻한다. 19세기 오컬트 신화에서는 의식의 수레로서 몸과 분리되어 '여행' 할 수 있는 아스트랄체astral body 라는 개념이 중요한 역할을 한다. 비행이란 말은 은유적으로 육체적 속박에서 풀려나는 혼과 영의 자유를 표현한다. 영지주의 관점에서 별들 및 그 너머에까지 이를 수 있는 자유는 그노시스에 의해 얻어진 의식의 비일상적 상태의 결과이다. 따라서 '하늘을 나는 영지주의자'라는 시몬의 별명은 초기의 대표적인 영지주의자로서 그의 역할이 어땠는지를 입증해 주는 것이기도 하다.

영지주의 기록자, 레우시우스 차리누스

초기 영지주의 교사 중 신비롭고 매력적인 인물로 성 요한의 사랑을 받은 직제자요 복음 전도자였다고 전해지는 레우시우스 차리누스Leucius Charinus가 있다. 그는 5행전—수세기 동안 기독교 세계에서 광범위하게 읽힌 〈베드로행전〉, 〈안드레행전〉, 〈빌립행전〉, 〈요한행전〉, 그리고 〈도마행전〉—의 저자, 더 정확히는 기록자로 여겨지는 인물이기도 하다. 초기 기독교 세계에는 '행전Acts'이라 불리는 수많은 경전들이 있었다. 이 행전들은 예수의 직전 제자들이 경험한 사건들을 일종의 종교 역사 소설처럼 서술한 것으로서, 개중에는 그들의 경험이 극도로 미화된 경우도 종종 있었다. 하지만 레우시우스 차리누스가 썼다고 여겨지는 이 5행전은 특별히 영지주의적인 성격을 지니는 것들로, 예수와 제자들의 가르침에 나타난 영지주의적인 성격을 널리 전할 목적으로 쓴 것들이다.

이 다섯 경전은 처음에는 영지주의적인 내용을 아주 풍부하게 담고 있었으나, 나중에 정통 기독교의 입장이 반영되면서 개작되었을 가능성이 높다. 이 경전 중에서도 〈요한행전〉과 〈도마행전Acts of Thomas〉이 가장 중요한데, 이 두 경전은 영지주의적 내용이 담긴 꽤 많은 장章들을 용케 간직하고 있다. 전체 기독교인 사이에서 폭넓은 인기를 누리던 이 두 경전은, 훗날에는 몇몇 영지주의 집단, 특히 마니교의 경전 정도로, 그리고 아마도 중세 카타르 파Cathar의 경전 정도로만 남게 되었다. 〈요한행전〉의 아름다운 구절들에는, 요한이 본 예수의 십자가 처형(이 행전의 번역자 중 한 사람인 G.R.S. 미드는 이 경전을 《영지주의적인 십자가 처형A Gnostic Crucifixion》이라고 제목을 붙였다)과 십자가 처형 전날 밤 예수가 제자들과 함께 춘 춤 이야기를 자세히 전하는 〈예수의 송가〉가 들어 있다. 그런가 하면 〈도마행전〉에는 사도 도마가 쓴 것으로 여겨지는, 더없이 아름다운 〈진주의 찬미Hymn of the Pearl〉(때로는 〈영광의 예복의 찬미〉라고도 불리는)가 포함되어 있다.

성 요한이 잘 알려지지 않은 다른 사도들의 생애와 더불어 자신이 본 위대한 환상과 영지주의적 경험에 대해 많은 것을 들려줄 때, 레우시우스 차리누스는 틀림없이 나이든 요한의 발아래 앉아 있는 20대의 젊은 청년이었을 것이다. 레우시우스는 아마도 성 요한이 죽고 수십 년이 지난 130년경 이 다섯 행전을 기록했을 것이다. 우리가 레우시우스의 생애에 대해 아는 바는 별로 없지만, 그가 초기 영지주의 교사 중 한 사람이었음은 확실하다.

메난드로스, 사투르니누스, 모노이무스

사마리아 태생의 또 다른 영지주의 교사 메난드로스Menandros는 아마도 시몬한테서 가르침을 받았을 가능성이 크다. 그는 사도 시대에 활동한 것으로 보이며, 따라서 시몬 및 사도들과 동시대에 살았을 것이다. 그가 주로 활동한 곳은 사도 베드로가 기독교 공동체를 세워놓은 고대 도시 안디옥이었다. 물질 세계를 창조한 열등한 하느님과 지고의 신 사이의 차이를 가르쳤다는 점에서 그의 가르침은 진정 영지주의적이었을 것으로 보인다.

시몬처럼 메난드로스도 마술사로서 명성을 얻었는데, 이 점에서 우리는 그가 정통 기독교와 달리 신앙이 아닌 그노시스를 통해 구원을 얻는다고 가르쳤음을 알 수 있다. 더욱이 그노시스는 일정한 예식禮式

들의 결과로 얻을 수 있는 것이 아니었다. 메난드로스는 본성의 능력에 대한 지식과 함께 영적인 인간의 의지로써 그러한 능력을 정화하고 이용할 수 있는 방법을 가르쳤다. 이단 연구가 유스티누스의 지적에 따르면, 메난드로스에게는 수많은 추종자들이 있었으며 그들은 그가 죽은 후에도 소아시아 지역으로 계속 세력을 넓혀갔다고 한다.

유스티누스는 메난드로스에게는 1세기 말 무렵에 활동한 사투르니누스Saturninus(혹은 사토르닐루스Satornilus)라는 유명한 제자가 있었다고 말한다. 이레네우스는 사투르니누스 역시 만물에 앞서 계시는 알 수 없는 아버지에 대해 가르치고 세계와 하느님 사이의 중간에 놓인 거대한 위계 구조에 대해 설교했다고 증언하는데, 이 중간계에 하늘의 일곱 통치자, 그리고 인간의 육체가 속해 있는 물질 세계를 창조한 저급한 신들이 존재한다고 한다. 사투르니누스에 따르면 세계를 창조한 어두운 권능자들이 인간의 영이 속해 있는 신적인 빛의 불꽃을 물질 속에 가두어버렸고, 그래서 인간의 모습을 하고 온 구원자가 어둠의 세력을 물리치고 감옥에서 빛의 불꽃을 풀어준다.

사투르니누스의 가르침에서도 우리는, 후대의 다양한 영지주의 경전들에 나타나는 것만큼 정교하지는 않더라도 설명 방식이 그와 유사한 초기 영지주의의 인간 창조 이야기를 보게 된다. 데미우르고스의 역할을 하는 창조자들이 하늘에서 빛나는 형상을 발견하고 그와 똑같은 것을 만들어내려고 하면서 이렇게 말한다. "이 형상과 모양대로 인간을 만들자." 하지만 그들의 노력은 실패로 끝나고 만다. 그들의 창조물이 어렴풋이 하늘의 형상을 닮긴 했지만, 능력을 얻지 못한 창조물이 땅에서 일어나지 못했기 때문이다. 그러자 천상의 권능자가 창조물에게 영혼을 불어넣기 위해 자신의 생명의 불꽃을 내려 보낸다.(후대의 이야기에서는 신성한 소피아가 영혼을 불어넣는 일을 한다.)

이단 연구가 히폴리투스와 테오도레트Theodoret의 기록에서 발견되는 모노이무스Monoimus라는 사람은 2세기 후반의 인물이다. 숫자와 기하학적 형태의 역할을 통해 영지주의적 우주론 및 우주 진화론을 편다는 점에서, 그의 가르침은 훗날 '신지학'이라고 불리게 될 요소들을 이미 담고 있는 것처럼 보인다. 그는 천상의 인간(안트로포스Anthropos)과 이 천상의 인간의 아들이 완전한 인간의 원형이라고 가르쳤는데, 방법이 잘못되긴 했어도 그들의 형상을 따라 인간이 창조되었기 때문이었다.

심리 내적인 것에 대해 끊임없이 반복하고 강조하는 영지주의의 특징은 어떻게 하느님을 찾을 것인지 그 방법에 대한 모노이무스의 가르침에서 분명히 드러난다. 그는 친구에게 보낸 편지에 이렇게 쓰고 있다.

> 우주와 만물 따위의 창조물 속에서 하느님을 찾는 일을 멈추고 자네 속에서 그분을 찾게. "나의 하느님, 나의 마음, 나의 이성, 나의 영혼, 나의 몸"이라고 말하면서 자기 안에서 언제나 모든 것을 품고 있는 존재, 그가 누구인지를 배우게나. 어디에서 슬픔과 기쁨, 사랑과 증오가 나오는지를 배우고, 인간의 의지에 반反하여 깨어 있으며 인간의 의지에 반하여 잠자고 인간의 의지에 반하여 사랑하게나. 이것을 충실하게 탐구한다면 자네 안에 있는, 원자처럼 하나이면서 많은 그분을 발견할 걸세. 그럼 자네는 자신을 통하여 자신의 해결책을 발견하게 되겠지.(블룸의 《천년의 징조》, 240쪽)

위 글의 다소 역설적인 마무리에 열쇠가 들어 있다. 자신 속에서 발견한 그노시스를 통해 자신을 초월하는 열쇠가.

논쟁을 좋아하는 카르포크라테스와 알렉산드라

정치적이든 종교적이든 혹은 예술적이든 간에 대부분의 움직임들은 어떤 방법으로든 세상에 흔적을 남기게 마련이다. 파라오들은 자신들의 이름과 행적을 새긴 커다란 석비를 남겼고, 로마의 황제와 교황은 크고 작은 기념물 속에 자신들의 이름을 새겨 넣었다. 정통 기독교조차 끊임없이 "새 하늘과 새 땅"을 마음에 되새겼다. 하지만 영지주의자들은 역사적 기록을 남기는 데보다는 역사의 끔찍한 흐름에서 벗어나는 데 더 관심을 가졌다. 세상을 넘어서기로 결심한 이들은 역사 속의 인간이 아니다. 따라서 그들에 관한 것이라곤 보잘것없는 삶, 마지못한 삶의 희미한 흔적만 겨우 보여주는 그림자 역사 혹은 반反역사 같은 것이다. 자크 라카리에르Jacques Lacarriere는 영지주의자를 추적할 수는 있지만 붙잡을 수는 없다고 적고 있다. 이런 지적은 특히 지상에서의 삶이라는 영지주의자들의 육체적인 상황에, 그리고 결과적으로 그들의 행동과 윤리성에 적용된다고 하겠다.

영지주의의 최초 본거지는 팔레스타인, 사마리아, 시리아, 그리고 안디옥이지만, 영지주의가 가장 번성한 곳은 이집트였다. 영지주의자들에게 이집트는 고대 파라오—동물 머리를 한 무시무시한 신의 형상으로 어둠침침한 피라미드 안에 있는—의 이집트가 아니었다. 오히려 그리스·로마의 정신과 나일 강이 흐르는 땅의 정신이 결혼한 이집트였다. 이 결혼으로 생겨난 후손이 헬레니즘화된 이집트, 특히 알렉산더의 도시, 곧 알렉산드리아였다. 알렉산드리아는 그 당시, 아니 모든 시대를 통틀어 가장 다양하고 활기찬—현세적이고 세속적인 문화를 지닌 우리 시대의 거대 도시들과 마찬가지로—도시로, 셈 족의 유일신인 사막 신이 강요하는, 성과 음식, 그리고 그 밖의 행위에 대한 금기들과는 거의 무관한 곳이었다. 알렉산드리아의 영지주의자들은 분명 자신들이 살고 있는 그 시간과 장소를 무척 좋아했던 것 같다.(히브리 신과 율법에 혐오감을 느끼던 그들은 이 관대하고 세계주의적인 정신을 쌍수를 들고 환영했을 것이다.)

　기원후 몇 세기 동안 알렉산드리아의 모습에 대한 이 같은 지식은 영향력 있고 세련되었으며 논쟁적이던 영지주의 교사 카르포크라테스Carpocrates와 그의 아내 알렉산드라Alexandra를 이해하는 데 유용한 역사적 배경이 된다. 카르포크라테스는 그리스의 케팔로니아 섬에서 태어나 어린 시절 알렉산드리아로 갔다. 그는 당시의 영지주의 교사들보다 훨씬 더 철저하게 플라톤의 가르침을 따랐던 것으로 보인다. 그와 그의 아름다운 아내는 한 영지주의 집단의 책임자였으며, 수많은 제자들이 그들을 따랐다. 다수의 이단 연구가들이 그들을 비판하는 글을 남겼는데, 그 가운데서도 제일가는 사람은 이레네우스였다. 테르툴리아누스와 히폴리투스, 에피파니우스Epiphanius가 카르포크라테스에 관해 말한 이야기—혹은 그릇된 이야기—의 근원도 이레네우스였다.

　카르포크라테스와 알렉산드라는 영지주의 색채를 가진 플라톤주의적 기독교인이었다. 그들 역시 세상은 열등한 창조 행위자들에 의해 만들어졌다고 가르쳤다. 예수는 일찍이 신성한 태양의 주위를 돌면서 형용할 수 없는 하느님과 자신의 근원을 기억해 낸 몇 안 되는

침묵의 신 하르포크라테스Harpocrates(이집트 신화에서 오시리스와 이시스의 아들인 호루스의 다른 이름)를 묘사한, 3세기 무렵의 영지주의 장식물. 하르포크라테스가 연꽃 왕좌 위에 앉아 자신의 입술을 가리키고 있는데, 이는 침묵을 의미한다. 추한 모습을 한 시종꾼은 본능을 상징한다. 기도문으로 쓰인 이언異글이 두 인물을 둘러싸고 있다.

사람 중 하나였다. 먼 기억의 힘이 예수로 하여금 형용할 수 없는 근본 하느님으로부터 온 위대한 권능과 은총을 받도록 했으며, 그리하여 예수는 통치자들이 지배하는 영역을 하나하나 통과해 올라가서 마침내 지고의 아버지에게 돌아갈 수 있었다. 카르포크라테스와 그 추종자들은, 누구든지 자신(즉 예수)이 행한 것보다 더 큰 일을 할 수 있다고 한 예수의 말씀에 깊이 공감했다. 즉 열등한 신들의 구속으로부터 자유로워진 영혼은 어떤 영혼이든지 예수의 본을 따라 상승할 수 있으며 예수와 똑같은 해방의 그노시스를 얻게 되는 것이다.

환생은 카르포크라테스 학파의 중요한 가르침이었던 것 같다.(어떤 학자들은 모든 영지주의 학파의 가르침에서 환생이 암시된다고 생각한다. 하지만 카르포크라테스 학파의 가르침에서는 환생이 아주 분명하게 드러난다.) 그의 가르침 위에 덧칠해진 이레네우스의 악의적인 비판을 걷어내고 보면, 영지주의의 환생 개념이 흥미로운 그림처럼 펼쳐진다. 영이 거듭해서 지상에 태어나는 이유는, 세계를 창조한 초물질적인 권능자들의 구속으로부터 아직 자유롭게 되지 못했기 때문이다. 이 권능자들로부터 자유로워지려면 인간의 영이 모든 활동과 조건을 치러내야 한다. 지상에 살면서 겪어야 하는 온갖 일에 정통하게 될 때 비로소 의식은 이 저급한 세계의 유혹으로부터 풀려나게 된다. 불교의 비유를 빌리자면 몸을 입고자 하는 영혼의 '목마름'이 사라져야 하는 것이다. 이것이 해방을 위해 필요한 전제 조건이다.

 이레네우스는, 카르포크라테스 추종자들에 따르면 영지주의자들은 한 번의 생을 통해 이 과정을 끝냄으로써 더 이상의 환생을 불필요한 것으로 만들 수 있겠다고 암시한다. 아마도 이레네우스는 카르포크라테스 학파의 한 사본에서 이런 내용을 알아냈을 것이다. 그랬기에 그는 같은 자료에서 "당신의 적에게 신속하게 동의하라"라는 구절을 인용한 뒤 "적이 당신의 영혼을 다시 감옥에 던져 넣지 못하게"라고 댓글을 붙일 수 있었다. 이런 해석은 실제로 《피스티스 소피아》의 많은 구절들과 일치하는데, 이 구절들은 마치 환생을 끝내는 데 있어 유사한 전략을 지지하는 것처럼 보인다. 하지만 이 가르침에 대한 이레네우스의 해설은 터무니없다. 이레네우스의 논리는 이런 식이다. 해방되려면 모든 종류의 경험을 다 겪어야 하며, 그래서 카르포크라테스의 추종자들은 할 수 있는 온갖 사악하고 끔찍한 행위를 다 저질렀다. 그런 행위에서 자유로워지고 그 결과 세상으로부터 자유롭게 되기 위해!

이런 논리에 대해 영지주의 및 헤르메스주의 문서의 번역가로 유명한 G.R.S. 미드는 이렇게 논평한다.

> 이레네우스는, 비록 자신이 카르포크라테스의 문헌으로부터 그런 논리적인 결론을 끌어낼 수밖에 없다고 하더라도 정말로 그 사람들이 그런 짓들을 행한다고는 믿지 않는다고 즉각 말을 덧붙인다. 그러나 이처럼 얼토당토않은 결론은 순전히 리옹의 주교(즉 이레네우스)의 어리석음에서 나온 것이다. 영지주의 초보자가 보아도 뻔한, 환생 교리의 가장 기초적인 사실도 이해하지 못하는 무능함 때문에, 그는 철저하게 왜곡된 전제를 가지고 논리를 풀어나갔던 것이다.(《잃어버린 믿음의 단편들 Fragments of a Faith Forgotten》, 297쪽)

카르포크라테스 학파는 여성이 지도자 역할을 맡는 것을 선호했다고 한다. 알렉산드라 외에도, 150년경 로마의 카르포크라테스 학파의 대표가 된 마르첼리나Marcellina라는 여성이 있었다. 피타고라스와 플라톤, 아리스토텔레스의 형상이 카르포크라테스 학파의 성상聖像에 포함되어 있는 것으로 볼 때, 이 학파는 예식을 거행할 때 다양한 그림과 조상彫像을 사용했음을 알 수 있다. 이 학파는 또 유일한 진품으로 여겨지는 예수의 초상화를 가지고 있었다고 전한다. 알렉산드리아의 클레멘트Clement는, 카르포크라테스의 추종자들이 주현절 Epiphany(그리스도가 하느님의 아들로서 온 세상 사람들 앞에 나타났던 당일, 즉 예수가 제30회 탄생일에 세례를 받고 하느님의 아들로서의 공증公證을 받은 날을 기념하는 축절─옮긴이) 축제가 벌어지는 날 밤 지하 토굴에서 예배당까지 행진하며 코레Kore(처녀라는 뜻으로, 페르세포네Persephone의 다른 이름이

기도 하다)의 상像을 운반했다고 말한다.(만일 이것이 사실이라면 그들은 예수와 페르세포네가 원형적으로 유사한 존재임을 인식했다는 말이 된다.) 융은 카르포크라테스 학파 사람들이 보여준 심리학적 통찰을 높이 평가했는데, 그것은 카르포크라테스 학파가 "만일 너희가 너희 형제와 등진 일이 있거든 주님의 제단에 접근하지 말라"(〈마태복음〉 5: 23~24 참조. 공동번역성서에 따르면 이 대목은 "그러므로 제단에 예물을 드리려 할 때에 너에게 원한을 품고 있는 형제가 생각나거든 그 예물을 제단 앞에 두고 먼저 그를 찾아가 화해하고 나서 돌아와 예물을 드려라"라고 되어 있다—옮긴이)는 성서적 명령을 "만일 너희가 너희 자신과 등진 일이 있거든 제단에 나오지 말라"고 수정해서 읽었다고 전하기 때문이다. 몇몇 기록—학술적 신빙성은 떨어지지만—에 따르면 카르포크라테스와 알렉산드라에게는 에피파네스Epiphanes라는 아들이 있었는데, 그 아이는 어린 나이에 죽었으며 신적인 존재로 숭앙받았다고 한다.

정통 기독교 측에서 카르포크라테스와 그의 추종자들을 향해 성적으로 방종했다며 퍼부은 비난은 어떻게 받아들여야 하는가? 우선, 성적으로 부정한 짓을 저질렀다는 비난은 정치적·종교적 혹은 그 밖의 적대자에게 불명예를 안기기 위한 수단으로 예나 지금이나 선호되는 수법이다. 둘째로, 그리스 인들이 주축이 되어 주로 이집트에서 활동한 영지주의 학파가 성에 대한 모세의 율법에 특별히 매여 있었을 거라고 믿을 만한 근거는 어디에도 없다. 알렉산드리아의 영지주의자들은 그들 문화의 관대한 기준에 따라 살아가는, 지적이고 예술적인 성향을 지닌 품위 있고 자유로운 사람들이었을 것이다. "기독교인들의 혐오스러운 의식儀式들"과 관련해 기독교에 적대적인 이교도들이 퍼뜨린 소름끼치는 이야기와 비교해 보라. 그런 이야기에 따르면 기독교인들은 당나귀 머리를 하고 있는 남자를 예배하며 유아살해를 저지르고 유아를 먹는 의식을 행하기까지 한다. 이교도들이 기독교인들을 향해 퍼부은 이러한 비난과, 이레네우스 등이 성적 탐닉, 마술적인 주문, 사랑의 물약, 사랑의 축제(아가페), 죽은 자들에 대한 초혼招魂, 영의 도움을 통한 해몽과 그 밖의 온갖 마술들을 들먹이며 카르포크라테스 학파 영지주의자들을 비난한 것 사이에 어떤 차이가 있는가?

실제로 다양한 종류의 마술 의식이 카르포크라테스와 알렉산드라가 가르치는 교육 과정의 일부를 차지했다 하더라도 그것은 그들 교리에 대해 부차적인 것에 불과했을 것이다. 영적인(영적으로 충분히 진보한) 영지주의자가 저급한 영들의 속박에서 벗어나게 되면 그 영들은 영지주의자에게 복종하게 된다. 모든 마술은, 낮은 세계의 장애물들을 극복해서 우주의 문들을 지키는 수호자들에게 명령을 내릴 수 있을 정도로 진보한 의식의 능력에 근거한다. 하지만 영지주의자의 가장 위대한 마술은 심신心身 영역의 구속에서 자유로워지는 것이었다.

영지주의 정치가, 에데싸의 바르다이산

시리아의 귀족이요 철학자이며 왕들의 조언자인 바르다이산 Bardaisan 혹은 바르데사네스Bardesanes는 다소 후기의 영지주의자이다. 그는 155년 7월 11일 에데싸의 왕도王都에서 태어나 그곳에서 명예롭게 살다가 나이가 들어 233년 죽었다. 에데싸 아브가르 왕가의 심복이었던 그는 일찍이 왕세자와 친구가 되었다. 왕세자가 왕위를 계승하자 바르다이산은 조언자로서 옆자리를 지켰다. 100년 뒤의 마니Mani처럼 바르다이산도 왕과 많은 백성을 자신과 같은 믿음을 갖도록 개종시켰으며, 그래서 그 왕국은 영지주의 기독교 나라가 되었다. 아마도 에데싸는 역사상 최초의 기독교 국가이자 유일한 영지주의 국가였을 것이다. 몇십 년 후 로마 황제 카라칼라는 아브가르 왕을 왕위에서 끌어내렸다. 바르다이산은 로마 당국 앞에서 기독교를 설득력 있게 변호했으며, 그 결과 적대자 에피파니우스조차 그를 "고백자(신앙을 끝까지 지킨 사람이란 뜻—옮긴이)에 가까운 사람"이라고 말하지 않을 수 없었다.

바르다이산은 교양과 학식이 뛰어난 사람이었다. 그는 아르메니아로 여행을 해 그곳 기독교 문학에 기여하기도 했고, 인도 종교에 정통해 그에 관한 책을 쓰기도 했는데 이 책은 그 후 신플라톤주의 철학자인 포르피리우스Porphyrius에 의해 인용된 바 있다. 바르다이산은 기독교 그노시스에 관한 저자로서 탁월한 명성을 얻었다. 그리스 문체와 수사학의 대가였던 그는 시리아 어뿐 아니라 그리스 어로 된 많은 저작을 남겼으며, 그것들은 모두 영감을 불어넣어 주는 시적 문체로 기록되었다. 그의 저서 가운데 일부 목록이 남아 있는데, 거기에는 《빛과 어둠The Light and the Darkness》, 《진리의 영적인 본질The Spiritual Nature of Truth》, 《안정된 것과 그렇지 않은 것The Stable and Unstable》, 《운명에 관하여Concerning Fate》와 같은 제목의 책들이 있다. 불행하게도 이 작품들의 단편만이 남아 있을 뿐이다. 19세기에 《국가들의 법률서Book of the Laws of Countries》라는 제목의 문서가 완벽하게 보존된 상태로 세상에 모습을 드러냈는데, 그것은 바르다이산의 가르침을 요약해 놓은 책이다. 바르다이산은 또 곡조를 붙여 예배 때 부를 수 있는 종교시, 곧 기독교 찬송가를 만든 최초의 인물로 알려져 있다. 그는 성서의 시편을 어느 정도 본떠서 150편의 찬송가 모음집을 만들었다. 그와 함께 편집과 작곡을 한 사람은 그의 아들로 하르모니우스Harmonius라는 꽤 어울리는 이름을 가진 인물이었다. 120년이 지난 후 에데싸의 정통 기독교인인 에프라임Ephraim이 바르다이산을 이단으로 탄핵했으나 찬송가만은 상당수 그의 전집에서 표절해서 썼다.

바르다이산의 가르침은 그가 살아있는 동안은 특별히 이단적인 것으로 여겨지지 않았음이 분명하다. 기독교 역사의 처음 200년 혹은 그 이후까지도 정통 기독교의 기준은 거의 존재하지 않았다는 점을 상기할 필요가 있다. (그 당시) 기독교 교회는, 예수와 그의 사명을 중히 여기는 것 말고는 그다지 공통점을 지니지 않은, 아주 다양한 신앙과 예식을 가진 집단들의 느슨한 연합체였다. 교회 정치가 엄격한 획일화로 흐르지 않았더라면 바르다이산은 성인으로서 혹은 적어도 탁월한 재능을 지닌 헌신적인 기독교 교사이자 지도자로서 역사에 남았을 것이다.

《국가들의 법률서》에 요약되어 있는 바르다이산의 가르침은 영지주의의 고전적인 특징을 분명하게 보여준다. 그것에 따르면 인간은 육체와 혼soul, 그리고 영spirit으로 구성된다. 육체는 물질 세계의 산물이다. 혼은 하강하여 몸을 입게 되는 과정에서 자신이 통과한 행성들planets에 의해 부여된 심적인(혹은 혼적인) 특질을 띠고 있다. 그런 까닭에 지구에서 살아가는 인간의 운명을 이해하는 데 점성학은 중요한 자리를 차지한다. 영은 하느님과 인간을 연결시켜 주는 신적인 요소이다. 우주가 물질과 영으로 대립되는 특징을 지니듯이, 인간의 차원에도 물질로서의 죽을 수밖에 없는 운명과 영으로서의 인간의 본질 사이에 갈등이 존재한다.

　바르다이산은 육체의 부활에 관한 기독교 교리에 반대했다. 그의 관점에서 볼 때 물질적인 몸은 물질로 돌아간다. 반면 혼은 조건적인 불멸성을 지닌다. 혼이 지상의 삶과 행성들로부터 얻게 된 심적인 부가물을 벗어버리고 나서야 영과 합일되어 빛의 신방에 들어가게 되기 때문이다. 예수 그리스도가 오기 전까지 혼은 하느님에게로 돌아갈 수 없었다. 하지만 그리스도는 자신의 가르침과 신비 제의를 통해 아담의 육화 이후 우리의 혼에 달라붙어 있던 장애물을 제거했으며, 이에 지상의 속박으로부터 자유로울 수 있게 되었다.

　여러 가지 면에서 바르다이산은 후대 기독교의 성 도마 학파라고 불리게 되는 집단에 결정적인 영향을 끼친 인물이다. 전통에 의하면 성 도마는 최초로 시리아에 기독교를 전했을 뿐 아니라 중동과 인도에 시리아 정교회를 세운 설립자이자 수호성인으로 여겨진다. 바르다이산 역시 시리아 기독교를 이끈 최초의 대중적인 지도자이며 기독교를 국가 종교로까지 확립시킨 인물이다. 이처럼 기독교의 성 도마 학파와 바르다이산은, 비록 그들의 관계가 기독교 세계에 거의 알려지지는 않았지만, 서로 밀접한 관계를 맺고 있다. 나그함마디 문서에 있는 〈도마복음〉이 그 기원에 있어 시리아 기독교와 영지주의의 영향을 한꺼번에 받았음은 의심의 여지가 없다. 이러한 사실은 〈싸우는 자 도마서Book of Thomas the Contender〉, 특히 레우시우스 차리누스가 기록했다고 여겨지는 〈도마행전〉과 같이 도마와 관련된 여타의 문헌들 경우에도 마찬가지로 적용된다.

　몇몇 학자들은 〈도마행전〉의 일부를 바르다이산이 저술했을 것이라고 믿는데, 그 가운데는 유명한 〈진주의 찬미〉가 들어 있다. 정통 기독교인인 에프라임이 이단적이라고 정죄했던 바르다이산의 세 가지 주요 가르침이 바로 이 〈진주의 찬미〉에 나타난다. 〈도마행전〉 중 바르다이산의 사상에 아주 가까운 또 다른 부분은 〈결혼의 찬미 Wedding Hymn〉(미드가 〈지혜의 결혼가 The Wedding Song of Wisdom〉라고 번역한)라고 불리는 아름다운 시이다. 이 시는, 바르다이산이 기록한 바 있는, 빛의 신방 안에서 거행되는 천상의 결혼 이야기를 명확하게 언급하고 있다.

    그렇지만 여전히 질문은 남는다. 바르다이산이나 그의 제자들이 위에 언급한 시적 작품 등을 〈도마행전〉에 삽입한 것은 아닌가? 혹은 바르다이산이 도마 학파로부터 영지주의 가르침을 상당 부분 받아들인 것은 아닌가? 나그함마디 문서에서 나타나는 뛰어난 영지주의 사도 도마의 모습에 비춰볼 때 후자가 더욱 타당성이 있어 보인다.

9
환상가와 예언자:
그노시스의 위대한 교사들

요즘 자주 쓰이는 '카리스마'라든지 '카리스마적 힘'이라는 말을 대중화한 사람은 사회학자 막스 베버Max Weber였다. 그는 이 용어를 다양한 영역에서, 특히 종교 영역에서 타인을 매료시키고 확신을 갖게 하고 깨달음을 주는 비범한 사람을 가리키는 말로 썼다. 미국의 종교사에서 이 같은 비범한 인물은 모르몬교의 예언자 조셉 스미스Joseph Smith이다. 헤럴드 블룸은 조셉 스미스가 환상vision을 보았을 뿐 아니라 다른 사람들도 자신의 환상을 보게 하는 힘을 지녔다고 평가했다. 이러한 정의를 따를 때 아주 뛰어난 영지주의 교사들, 지도자들은 확실히 카리스마적인 인물들이었다.

예언자적 인식과 언설이 그러하듯이 환상에도 여러 종류가 있다. 어느 시대에나 이런 경험을 좇는 사람들은 대부분 개인적인 이유에서 그렇게 하는데 영지주의자들도 예외는 아니었다. 그리스-이집트 마술의 상당 부분은 세속적인 목적—몸의 치료, 부의 축적, 날씨의 변화 같은 물질적 이익이나, 원하는 바를 이루고자 타인을 지배하려드는 것과 같은 감정적·심리적 이익 — 을 위한 것이었다.(오늘날 일반 대중이 목적으로 두는 것도 이와 거의 비슷하다는 것을 확인하고 싶다면, 어떤 때 사람들이 권능을 찾는지 그 상황들을 살펴보기만 하면 된다.) 하지만 영지주의적인 배경에서 환상의 경험은 철저한 변화를 동반하는 초월이라는 주로 내면적인 경험으로 바뀐다. 대부분의 영지주의자들은 다마스쿠스로 가는 길에서 사도 바울이 겪은 경험을 그런 철저한 변화의 환상으로, 곧 개인의 삶에서 일어나는 결정적인 전환점으로 여겼고, 그래서 바울에게 특별한 호감을 느꼈다. 가장 위대한 영지주의 교사 대부분은 이 점에서 바울의 선례를 따랐다. 그들의 환상적인 영적 경험은 기적을 일으키는 데 있는 것이 아니라 구원에 이르는 데 있었기 때문이다.

탁월한 능력의 영지주의자 발렌티누스

영지주의 교사들 중에서도 가장 위대한 교사인 발렌티누스의 영감의 원천은 알려진 바대로 성 바울이었다. 발렌티누스는 바울의 학생이자 친구인 테우다스Theudas(혹은 테오다스Theodas)의 제자였다고 전해진다. 바울의 글에 영지주의적 요소가 아주 많다는 점은 모두가 아는 사실이다. 바울은 오직 엘리트(자격을 갖춘 자)에게만 전해질 수 있는 '숨겨진 신비'와 '비밀의 지혜'에 대해 말한다. 하지만 발렌티누스를 포함한 영지주의자들을 무엇보다 매료시킨 것은 바울이 예수와의 교제를 통해서라기보다는 자신의 그노시스를 통해 사도가 되었다는 점이다. "셋째 하늘까지 이끌려 올라가서" "몸으로 그렇게 했는지 몸을 떠나서 그렇게 했는지를 알지 못한" 상태로, 그곳에서 "말로 표현할 수도 없고 사람이 말해서도 안 되는 말씀"을 배웠다(〈고린도후서〉

12: 2~4)는 바울의 고백은 그가 뛰어난 영지주의 사도의 자격을 지녔음을 보여준다. 따라서 그는 발렌티누스의 가르침과 사도적 계승에 있어 탁월한 근원이었던 것이다.

평생 영지주의 문제를 안고 씨름한 저명한 영지주의 전문가요 C.G. 융의 동료이기도 했던 네덜란드 학자 힐레스 퀴스펠은 주목할 만한 이야기를 들려준다. 제2차 세계대전으로 인간과 세상이 희망과 기쁨을 완전히 상실한 것처럼 보이던 암흑의 시간 동안 퀴스펠은 발렌티누스 연구에 뛰어들었다. 발렌티누스의 글에서 찾아낸 영감과 위안과 믿음에 힘입어 퀴스펠은 영지주의에 철저히 동정적이고 헌신적인 학자가 되었다. 퀴스펠만 이런 경험을 한 것은 아니다. 사실 오늘날에도 여전히 많은 사람들이 이 최고의 영지주의 교사의 메시지가 참으로 의미심장하고 값지다는 사실을 발견하고 있기 때문이다.

G.R.S. 미드는 발렌티누스를 영지주의의 "위대한 무명인"이라고 했는데, 실제로 그의 생애나 그가 어떤 사람인지에 관한 자료는 거의 남아 있지 않다. 발렌티누스는 기원후 100년경 혹은 그보다 전에 아프리카에서 태어났는데, 아마도 고대 도시 카르타고 지방일 가능성이 높다. 알렉산드리아에서 교육을 받은 그는 젊은 시절 로마로 거처를 옮겼으며, 135년에서 160년 사이에 그곳 기독교 공동체에서 큰 명성을 얻었다. 발렌티누스는 로마 주교직의 후보자였으나 근소한 차이로 선거에서 패했다고 테르툴리아누스는 보고한다. 자신도 나중에 몬타누스주의Montanism(기독교로 개종한 후 입신 상태에 빠져 성령의 예언을 경험하기 시작했다고 전하는 몬타누스라는 예언자가 세운 기독교의 한 분파이다. 자신을 통해 성령의 시대가 도래했다고 가르친 몬타누스는 임박한 종말과 철저한 금욕주의를 강조했다. 철저한 금욕주의에 공감하던 테르툴리아누스는 로마의 사제들

이 타락하고 부패한 데 실망하고 212년경 마침내 로마 교회를 떠나게 된다—옮긴이)라는 이단에 가담한 테르툴리아누스는 발렌티누스가 175년경 배교했다고 주장한다. 하지만 발렌티누스가 살아있는 동안 결코 공식적으로 이단 정죄를 받지 않았으며, 오히려 죽는 날까지 기독교 공동체의 존경받는 일원으로 남아 있었다는 증거가 있다. 그가 주류 교회의 사제였음은 거의 틀림없는 사실이며, 어쩌면 주교를 역임했을지도 모른다. 또한 테르툴리아누스는 발렌티누스가 오리게네스Origenes(185~254, 초대 교부 중 한 사람으로 알렉산드리아 출신이다. 그의 신학 사상은 영지주의와 비슷한 데가 많다. 그는 만물이 하느님에게서 나왔으며 다시 하느님에게로 돌아간다는 만유회복설을 주장했을 뿐 아니라 인간은 영·혼·육으로 이루어졌으며 영은 하느님과의 합일을 갈망한다고 가르쳤다—옮긴이)와 개인적인 친분을 가지고 있었다고 전하는데, 이 사실을 바탕으로 발렌티누스가 이 정통 교부(오리게네스)에게 꽤 큰 영향을 미쳤다고 추론할 수 있을 것이다.

미드는 발렌티누스가 남긴 공헌에 대한 전체적인 특징을 아래와 같이 정확히 요약한다.

> 그의 손에 있는 그노시스는 모든 것, 심지어 주 예수 그리스도(Master)의 전통들 중 가장 교리적인 형식까지도 끌어안으려고…… 힘쓴다. 발렌티누스는 커다란 대중적 흐름(주류 기독교 운동을 가리킨다—옮긴이)과 그것의 불가해성을 거대한 유출에서 없어서는 안 될 부분으로 여겼다. 그는 외적인 것과 내적인 것을 모두 모아 하나로 엮고자 힘쓰고 자신의 삶을 그 일에 바쳤으나 죽음을 맞이하는 순간이 되어서야 비로소 지금껏 자신이 불가능한 일을 시도하고 있다는 사실을 인식했음에 틀림없다. 소수의 몇 사람 말고는 아무도 발렌티누스의 이상理想을 알아차리

지 못했고, 그것을 이해할 수 있는 사람은 더더욱 없었다.(《잃어버린 믿음의 단편들》, 2쪽)

거의 교황의 자리까지 올랐던 영지주의자 발렌티누스는, 영지주의적인 방법으로 그리스도의 메시지를 해석하면서 적극적인 인정을 얻어낼 수 있었던 유일한 사람이었을 것이다. 만일 그가 교황에 선출되었다면, 신화에 대한 탁월한 감각을 겸비한 그의 해석학적 관점으로 인해 로마 교회의 조직 속에 그노시스가 만발했을 것이고, 그로 인해 권위 있는 영지주의 기독교 체계가 마련되어 수세기에 걸친 영지주의의 박해는—설령 있었다 하더라도—그리 쉽게 진행되지 못했을 것이다. 퇴보적인 거짓 정통주의가 팽배하는 분위기 속에서 발렌티누스의 노력이 실패로 끝나고 말았다는 사실은 기독교 역사에서 벌어진 가장 비극적인 사건 중 하나임에 틀림없다. 하지만 그가 기여한 특별한 공헌과 그것의 본질적인 특징들은 살아남아 있으며, 최근에 들어와서는 오히려 이집트 사막의 모래 속에서 되살아나고 있다. 이러한 특징들 가운데 가장 중요한 부분이 아래에서 설명될 것이다.

심리적 우주 기원론과 영적인 평행

자주 논쟁의 대상이 되곤 하는 발렌티누스의 우주 기원론은, 누구에게나 공통되는 하나의 실존적 인식(즉 무언가 잘못되었다는)을 기초로 이해할 때 가장 이해하기 쉽다. 어디선가 어떻게 해서인가 인간 삶의 실존적 차원을 이루는 바탕fabric이 그 온전함을 상실했고, 우리는 근본적인 온전함을 잃은, 그래서 결함을 지니게 된 체계 속에 살고 있다는 것이다. 유대인과 정통 기독교인도 이것을 사실로서 인정한다. 하지만 그들은 인간의 실존 속에 있는 '그릇됨'을 인간이 지은 죄— 원죄나 그 밖의 죄—의 결과로 여긴다. 이에 반해 다른 모든 영지주의자들과 마찬가지로 발렌티누스는, 창조물은 태초부터 온전함을 결여하고 있었으며, 따라서 인간은 이른바 '타락'이라는 것에 집단적인 죄의식을 느낄 필요가 없다고 말한다.

발렌티누스는 다양한 영지주의 주제를 다루면서, 특히 플레로마(충만)로부터 방출된, 여성성을 지닌 소피아라는 존재에게 커다란 관심을 기울인다. 초기 영지주의자 시몬 마구스의 가르침에서도 드러나듯이, 여성성을 지닌 신적 존재가 처음부터 영지주의 사상 안에 있었음은 의심의 여지가 없다 하겠지만, 특별히 소피아 신화는 주로 발렌티누스의 작업에 힘입어 풍부한 세부 묘사와 극적인 정교함을 더하게 되었다.

일부 학자들이 발렌티누스의 '영적인 평행 pneumatic equation'이라고 부르는 것의 첫 번째 명제는 세계의 체계와 인간의 체계가 둘 다 결함을 지니고 있다는 것이다. 인간은 오로지 그노시스에 의해서만 의미 있게 변화될 수 있는 부조리한 세계 속에 살고 있다. 수많은 신들조차도, 저마다의 특별한 목적을 위해 인간의 마음이 만들어낸 가공의 존재들일 뿐이다. 발렌티누스 학파의 경전인 〈빌립복음〉에서 우리는 아래와 같이 매우 현대적인(혹은 탈현대적인) 구절을 발견하게 된다.

하느님은 인간을 창조했고 인간은 하느님을 창조했다. 그것은 세상에서도 마찬가지다. 인간은 여러 신을 만들어 자신이 창조한 그 존재들에게

예배를 드린다. 〔그런〕 신들이 인간을 예배함이 마땅할 것이다.(말씀 85)

인간의 마음은 대체로 자기가 창조한 환영의 세계에 살고 있으며, 그노시스와 같은 깨달음만이 인간의 마음을 그 세계에서 구원할 수 있다는 명제는 동양의 위대한 두 종교인 힌두교 및 불교와 상당한 유사성을 갖고 있다. 우파니샤드는 세계가 하느님의 마야, 곧 '환영'이며, 이 환영으로 인해 세계가 자신을 속이고 있다고 말한다. 이는 발렌티누스나 다른 영지주의자도 분명 쉽게 쓸 수 있는 구절이다. 붓다의 가르침에 따르면 눈에 보이는 세계는 무지와 덧없음, 그리고 참나(眞我)의 부재로 이루어져 있다.

체계 자체가 결함을 지니고 있다는 명제를 받아들였다면, 우리는 이제 발렌티누스가 말한 '평행'의 두 번째, 보완적인 부분도 인정해야 한다.《이단 반박》에서 이레네우스는 이와 관련한 발렌티누스의 글을 아래와 같이 인용한다.

완전한 구원이란 말로 표현할 수 없는 위대함에 대한 인식 그 자체다. 무지를 통해 결함이 발생했기 때문에…… 무지에서 생겨난 모든 체계는 그노시스 안에서 용해된다. 따라서 그노시스는 내적 인간inner man의 구원이다. 그노시스는 육체로부터 오지 않았으니 이는 육체가 썩어질 것이기 때문이요, 그것은 심적인 것도 아니니 혼조차도 결함의 산물이기 때문이다. 그것은 영에 머물러 있는 것이다. 구원 그 자체는 영적인pneumatic 것임에 틀림없다. 그노시스를 통해서 내면의 영적 인간은 구원받는다. 따라서 우리에게는 보편 실재의 그노시스면 족하다. 이것이 참된 구원이다.(1.21.4)

따라서 잘못된 체계를 창조한 무지는 영적인 그노시스에 의해서 교정된다. 죄책감과, 이른바 죄에 대한 참회는 전혀 필요치 않다. 예수의 죽음에 의한 대속적인 구원이라는 맹목적인 신앙도 필요치 않다. 우리는 구원받아야 하는 것이 아니라 그노시스에 의해 변화되어야 하는 것이다. 처음부터 뒤틀리고 불리하게 작용하는 인간의 실존적 조건도 존재의 충만함이라는 영광스러운 형상으로 변화될 수 있다. 따라서 영적인 자기 지식self-knowledge은 구원받지 못한 에고의 무지와 정반대되는 것이다. 발렌티누스가 우리에게 남겨준 우주 기원론과 구원에 관한 정교한 신화는, 모든 시대 모든 문화 속의 인간 심리의 실존적 조건에 부합하는 이 웅대한 명제에 대한 시적·성서적 표현에 다름 아니다.

영지주의 구원자: 온전하게 하는 자

앞서 살펴본 내용이, 발렌티누스가 자신의 가르침에서 예수의 중요성을 부인하거나 축소시킨다는 것을 뜻하지는 않는다. 발렌티누스가 예수를 향해 보인 엄청난 헌신과 경의는, 원래 발렌티누스가 저술했다고 여겨지는 〈진리복음Gospel of Truth〉에서 시적으로 숭고하고 아름답게 표현되고 있다. 발렌티누스에 따르면 예수는 정통 기독교인과 영지주의 기독교인이 동일하게 사용했던 '소테르soter'라는 그리스 단어의 본래적인 의미를 따를 때만 진정한 구원자라고 할 수 있다. 소테르는 '치료자' 또는 '건강을 주는 자'를 뜻한다. 이 단어에서 오늘날 '구원salvation'이라고 번역되는 '소테리아soteria'가 유래하는데, 소테리아는 원래 '건강함, 불완전에서의 해방, 온전하게 됨, 온전함의 유지'를 의미한다. 만일 예수가 인류를 원죄나 개인적인 죄에서 구원할 필요가 없다면 소테르, 곧 영적으로 온전하게 하는 자의 역할은 무엇인가?

발렌티누스는 세계와 인간이 모두 병들어 있다고 전제한다. 세계와 인간의 병듦은 동일한 근원을 가지고 있는바, 그것은 무지다. 다시 말해 우리는 삶의 참된 가치에 무지하고, 그래서 그것을 거짓된 가치와 바꾸어버린다. 우리는 행복해지거나 온전해지기 위해서는 물질적인 것(이를테면 돈, 권력과 명성의 상징물, 육체적 쾌락 따위)이 필요하다고 믿는다. 또한 우리는 자신의 마음이 만들어낸 관념과 추상을 사랑하게 된다.(우리의 엄격함은 추상적인 개념과 원칙에 지나치게 집착해 있기 때문에 생겨난다.) 물질주의의 병을 영지주의자들은 '하일레티시즘hyleticism'(물질의 숭배)이라고 하고, 추상적인 지성주의와 도덕주의의 병은 '사이키즘psychism'(마음과 감정적인 혼의 숭배)이라고 했다. 이 세상이 온전해지도록 돕는 존재들(예수는 그 가운데서 영예로운 자리를 차지하고 있다)의 참된 역할은 혼과 마음에 프뉴마 혹은 영의 지식을 전해줌으로써 이 병을 몰아내는 것이다. 물질적이고 심적인 것들에 대한 지나친 집착이 영적인 자유로 대치가 되며, 거짓된 가치가 영과 하나된 참된 가치에게 자리를 내어주는 것이다. 이것이 발렌티누스가 말하는 예수의 치료 사역이다.

발렌티누스, 성례전, 그리고 예언자의 자격

영적인 그노시스를 촉진시키고자 발렌티누스가 사용한 방법은 철학적인 교리와 시적인 신화에 국한하지 않는다. 발렌티누스의 면모를 가장 잘 보여주는 체계는 무엇보다도 성례전의 체계다. 앞에서 언급했듯이 〈빌립복음〉은 일곱 가지 역사적 성례전(더 정확히는 본래 영지주의적인 성례전 형식들) 중 다섯 가지—세례, 기름부음, 성찬, 구속救贖, 신방新房—를 기록하고 있을 뿐 아니라 나머지 두 가지에 대해서도 간단히 언급한다. 발렌티누스적인 그노시스는 구속Apolytrosis과 신방이라고 불리는 위대하고 신비한 두 가지 성례전에 대해 이야기한다. 이런 성례전을 행하는 대부분의 형식들은 사라지고 없지만, 그 핵심적인 의미들은 교부들이 남긴 기록이라든지 영지주의 경전에 남아 있는 구절을 추적하면 지금도 발견할 수 있다.

다음의 성례전 형식은 발렌티누스적인 '구속'의 성례전이 어땠는지를 보여준다.

> 나는 튼튼히 섰습니다. 나는 구속됩니다. 살아계신 그리스도를 통해 자신의 혼을 구속으로 이끌어낸 IAO(영지주의자들이 구약 성서의 YHWH의 이름을 변형시켜 만든 신명—옮긴이)의 이름으로 이 에온으로부터, 또 이 에온에서 나온 모든 것들로부터, 나는 나의 영혼을 구속합니다.(이레네우스, 《이단 반박》 1.21.3)

붓다가 보리수 아래서 깨달음을 얻기에 앞서 마귀인 마라Mara의 유혹을 물리쳤다고 전해지는 것처럼, 영지주의자들도 무의식과 욕망에 관련된 모든 연결을 끊고 빛과 권능의 주권자로서 살고 죽는다. 신방과 구속이라는 두 가지 성례전이 성례를 받은 자에게 깨달음뿐 아니라 엄청난 변화를 가져다주었다고 암시하는 것들이 많다. 이 의식들은 예언자 마니의 추종자들, 랑그독(프랑스 남부에 있는 지역으로 중세 카타르 파가 번성했던 곳이다—옮긴이) 지방의 카타르 파 사람들 사이에 변형된 형식으로 존속했다. 카타르 파에는 구속과 유사한 콘솔라멘툼(위안)이라는 거대한 성례전이 있었는데, 이를 통해 성례를 받은 자는 삶의 커다란 평온뿐만 아니라 결코 꺾이지 않는, 죽음과도 대면할 수 있는 용기를 얻었다(10장에서 자세히 논의됨)고 한다.

교부들 또한, 발렌티누스 추종자들이 대개는 주류 기독교 공동체의 구성원이 되어 그곳의 성례전에 기꺼이 참여했다고 증언한다. 그들이 보인 한 가지 차이는 성례전의 의미에 대한 해석이었다. 영적인, 다시 말해 더욱 높은 영적 존재들과 교제하는 영지주의자는 자신의 영으로 성례전을 이해할 수 있다고 그들은 확신했다. 이런 태도가 적대적인 교부들에 의해 혐오스럽고 이교적인 것으로 여겨졌던 것이다!

앞서 말한 것들은 발렌티누스가 남긴 지혜의 유산을 간략하게 설명한 것에 불과하다. 진실한 종교적 헌신 및 감정과 더불어, 철학적 완전함과 심리학적 통찰, 그리고 시적이며 예술적인 고상함과 아름다움이 발렌티누스가 남긴 공헌의 특징이다. 이것이야말로 대부분의 영지주의 및 반#영지주의의 체계와 학파를 뛰어넘는 발렌티누스의 업적이다. 만일 누군가 가장 탁월하고 훌륭한 실존주의 작품들을 하나로 합해 놓는다면, 그는 아마도 근 2천 년의 시간을 가로질러 우리에게 손짓하고 있는, 놀라운 능력으로 인간을 변화시키는 발렌티누스라는 한 전문가의 고귀한 메시지와 거의 비슷한 결과물을 얻게 될 것이다. 확실히 발렌티누스는 살아있다. 예나 지금이나 그는 모든 시대, 모든 문화의 사람들에게 영감과 모범의 근원이요 영혼의 신비 의식을 전해주는 영원한 사자使者이다.

로마의 히폴리투스는 《모든 이단에 대한 논박 *Refutation of All*

Heresies》(6.42.2)에서 발렌티누스의 계시적·환상적인 주요 경험 중 하나를 들려준다.

> 발렌티누스는 갓 태어난 아이를 보고 그 아이가 과거에 누구였는지 알기 위해 질문을 했다고 말한다. 그 아이는 발렌티누스에게 자신은 로고스였다고 대답했다. 그 후 그는 이 거만한 이야기를 부풀려서 한 종파를〔만들려는〕시도를 꾀한다.

아마도 발렌티누스는 환상 속에서 '아기 예수 Gesu Bambino'를 만나 그 환상의 아이가 가장 거룩한 이름으로 자신의 신분을 밝히도록 한 최초의 성자였을 것이다. 교회 내 비판가의 냉소적인 평가이지만 우리는 여기에서 이 경험이 발렌티누스에게 중요한 영향력을 미쳤음을 엿볼 수 있다. 이 경험에서 영감을 얻어 그는 자신의 가르침에 근거한 학파를 설립했다. 대부분의 영지주의 교사들처럼 발렌티누스도 자신의 초월적 그노시스를 바탕으로 행할 바를 행하고 가르칠 바를 가르쳤다.

끝으로 발렌티누스의 설교 중에 한 대목을 인용한다.

> 태초의 순간부터 그대들은 불멸의 존재였고 생명 ─ 에온들이 누리는 것과 같은 생명 ─ 의 자녀들이었다. 하지만 죽음을 다 사용하고 없애고자 그대들은 자신들 사이에 죽음을 가져왔다. 그래서 죽음이 그대들 손에 의해 그대들 안에서 죽을 것이다. 세상을 용해시키되 자신은 용해되지 않으므로, 그대들은 모든 창조와 파괴의 지배자들이다.(미드, 《잃어버린 믿음의 단편들》, 303쪽)

궁극의 신비를 아는 자, 바실리데스

《죽은 자를 위한 일곱 가지 설교》라는 아름다운 글을 쓴 후, 융은 진정한 영지주의자처럼, 시적인 표현을 빌려 그 책의 저작권이 '알렉산드리아의 바실리데스'에게 있다고 밝혔다. 위대한 영지주의 교사 중 한 사람인 바실리데스에게 자신의 글을 바침으로써 융은 영원한 명예를 얻게 된 셈이다.

융은 바실리데스한테서 다른 실재들인 신비로운 에온들을 볼 수 있고 그들에게로 여행도 할 수 있는, 자신과 닮은 현자의 모습을 발견했을 것이다. 영지주의자들은 누구나 만물의 근원인 궁극적이고 비인격적인 실재가 존재한다는 것을 인식했다. 형언할 수 없고 무한하며 초월적인 이 충만의 공간은 높은 경지에 이른 신비가들에게 이따금 모습을 드러내지만 바실리데스만큼 이것에 정통한 사람은 없었던 것처럼 보인다. 히폴리투스는《모든 이단에 대한 논박》에서 이 궁극적 실재를 묘사한 바실리데스의 글을 인용한다. 이 글에서 바실리데스는 궁극적 실재를 무無(nonbeing)라고 표현한다.

> 무無였던 때가 있었다. 하지만 무는 존재하는 어떤 것이 아니었다.……무는 물질도, 실체도, 단순함도, 구성될 수 없음도, 생각할 수 없음도, 지각될 수 없음도 아니었거니와 인간도, 천사도, 신도 아니었다. 요컨대 인간이 지금껏 이름을 찾아낸 그 어떤 것도 아니었다.…… 존재 너머에 있는 신은 생각함도, 느낌도, 결심함도, 선택함도, 강요받음도, 욕망함도 없이 보편을 창조하고자 하는 의지를 발했다.(미드,《잃어버린 믿음의 단편들》, 256쪽)

근래의 비교 교사 중 한 사람인 H.P. 블라바츠키는 "드쟌의 시 Stanzas of Dzyan"(이것을 바탕으로 그녀의 《비교 The Secret Doctrine》라는 책이 저술되었다)에서 비슷한 통찰을 보여준다. 바실리데스가 발렌티누스보다 조금 앞서 가르침을 폈으므로 발렌티누스는 바실리데스 혹은 그의 학파와 접촉했을 가능성이 있다. 천문학자들이 빅뱅 이론으로 설명하는 우주의 맨 처음 상태는 바실리데스가 본 환상에 대한 묘사와 비슷하다.

이처럼 궁극적인 실재를 환상을 통해 힐끗 목격한 바실리데스는 117년에서 130년 사이에 알렉산드리아에서 가르침을 편 것으로 보인다. 바실리데스는 사도 베드로의 직제자 글라우시아스Glaucias와, 가룟 유다가 배반하고 죽은 뒤 열두 제자의 한 사람이 된 맛디아를 통해 비법과 영감을 전수받았다고 주장했다. 바실리데스는 사도의 자격을 지닌 이 두 사람이 자신에게 그노시스의 토대가 된 '현실 너머의 것들에 대한 지식'을 전해주었다고 말했다.

다작가多作家인 바실리데스는 신약 복음서의 가르침에 대한 주석서를 스물네 권이나 쓴 것으로 잘 알려져 있다. 그는 또 사도들이 자신에게 전해준 메시지에 근거해 직접 복음서도 한 권 저술했다고 한다. 그의 가르침은 히폴리투스와 알렉산드리아의 클레멘트, 그리고 이레네우스에 의해 요약되거나 인용된 형태로 남아 있다. 특히 이레네우스는 바실리데스와 동시대인으로서 그에게 적대적 태도를 취한 것으로 보이는 아그리파 카스토르Agrippa Castor의 단편적인 기록들에서 바실리데스의 가르침을 인용하고 있다.

제자들에게 5년 동안 침묵을 지키도록 했다는 사실—짐작건대 대화로 인해 그노시스의 계발 의지가 산만해지지 않게 하려고 한 것 같다—을 제외하고, 바실리데스와 그의 학파에 대해 알려진 바는 거의 없다. 우주 기원에 대한 바실리데스의 이해라든지 우주 너머의 세계에 대한 그의 환상이 힌두교와 불교의 심원하고 신비스런 사상과 어느 정도 유사한 데가 있었으므로, 그가 동양의 가르침에 대해 잘 알고 있었을 것으로 추측하는 사람들도 있다.

우주의 기원에 대한 바실리데스의 논의에 따르면, 궁극적 실재는 "자기 속에 잠재적으로 만물을 포함하고 있는 씨앗"을 품고 있었고, 이 씨앗으로부터 세 가지 방출물, 곧 성스러운 삼위가 신비롭게 나타났다. 그 뒤 "우리가 지각할 수 있는 우주의 우두머리"라 불리는 위대한 통치자(데미우르고스)가 나왔다. 데미우르고스는 하늘 아주 높은 곳까지 올라가 보고는 자신 위에는 아무도 없다고 생각했다. 그러고서 "자신을 주인이요 통치자로 생각하면서 그 잘난 우두머리-조물주는…… 우주의 창조물을 만드는 데 전념했다."(히폴리투스, 미드의 《잃어버린 믿음의 단편들》, 257쪽에서 인용) 여기서 데미우르고스는 더 높은 존재들이 있음을 망각하고 유한한 상태에 머물러 있는 것으로 보인다. 이 우주 기원론에서 데미우르고스는 직접 물질 세계의 창조에 참여하지 않고 단지 물질 세계의 천상적etheric 원형을 창조할 뿐이다. 그곳에는 물질적 창조 작업을 완수할 훨씬 더 열등한 존재들이 있다. 창조의 작용과 추진력이 몇몇 계층 구조를 따라 아래로 내려온 것처럼, 구원의 추진력 또한 인간에게 도달하기까지 동일한 계층 구조의 질서를 따라 내려온다.

그럼에도 불구하고 바실리데스는 스스로도 밝혔듯이 다른 모든 영지주의자들과 마찬가지로 철저한 기독교인이었다. 그는 예수를 궁극적 실재에서 온 가장 위대한 계시의 지상적 현시顯示로 여겼다. 인간

아브락사스를 묘사해 놓은 3세기 무렵의 영지주의 장식물. 아래쪽에 보이는, 정교하게 새겨놓은 여덟 개의 살을 가진 수레바퀴는 그의 전차를 상징하는 듯하다. 마술적인 힘을 지닌 'AEIOUO'라는 문구와 다른 신비 문구들이 부적처럼 새겨져 있다.

채찍과 방패를 들고 있는 아브락사스를 묘사한 3세기 무렵의 영지주의 장식물. 방패에는 신비의 머리글자 'IAO'가 적혀 있다. 동양의 만트라와 비슷한 목적을 가진 '이언異言'의 주문이 아브락사스를 둘러싸고 있다.

163

은 가장 깊은 내면의 본성 속에 신의 불꽃(삼위 중 세 번째인 아들됨the third Sonship)을 지니고 있기에 예수의 구원 행위와 메시지에 응답할 수 있다. 구원이란 사멸할 수밖에 없는 심리psyche와 물질적 창조물로부터 불멸의 영을 분리시키는 것이다. 구원의 완성은 아들로서의 온전한 본성(인간 속에 깃든 방출된 불꽃들)이 상승하여 큰 경계Great Limit를 넘어가는 순간 이루어질 것이다. 하지만 이것이 만물이 근원으로 돌아감을 의미하지는 않는다. ―최소한 아직은 아니다. 인간 속에 내재하는 빛의 불꽃이 상승한 후에도 물질 우주는 존속하기 때문이다.

아브락사스의 형상에 대해서는 융의 《죽은 자를 위한 일곱 가지 설교》에 탁월하게 언급되어 있는데, 여러 동물이 혼합된 모습을 하고 있는 이 신비스러운 형상은 오랫동안 바실리데스의 가르침 중 하나라고 믿어왔다. 그러나 다른 영지주의 기록들에는 이 형상에 대한 기록이 있음에도 히폴리투스가 인용한 바실리데스의 글에는 이에 대한 언급이 없다. 최근의 연구 결과, 아브락사스는 일곱 번째 하늘 위로 올라가 여러 세상을 통치하는, 구원받은 한 아르콘의 이름으로 확인되었다. 확실히 이런 개념은 우리가 확인할 수 있는 바실리데스의 가르침과 모순되지 않는다.

최초의 성서 비평가, 마르시온

성서는 위대한 영감의 근원인 동시에 기독교도가 겪은 지독한 고통의 원인이 되기도 했다. 선입견 없이 성서를 읽는 독자라면, 내용은 물론 정신에 있어서도 구약과 신약이 보이는 심한 부조화를 쉽게 알아챌 것이다. 은밀하고 교묘한 방법으로 중세 교회는 신구약 성서 중 모순이 덜한 본문들을 선별하여 교인들의 신앙 생활을 위한 성구집과 성무 일과서를 만들었다. 이에 대해 종교 개혁자들은 만민이 성서 전체('외경'이라 하여 버림받은 대다수 지혜 문학과 같은, 다른 어떤 것들보다 시적이고 영감이 풍부한 성서의 몇몇 책들을 제외하고)를 사용할 수 있도록 해야 한다고 외쳤다. 종교 개혁자들로부터 시작된 이런 흐름은 마침내 상당수 성서의 진정성이 의문스럽다고 선언하기에 이른 19, 20세기 성서 비평가들의 연구로 귀결되었다. 하지만 이미 150년에 마르시온이라는 이름의 최초의 성서 비평가가 살고 가르쳤다는 사실을 기억하는 사람은 별로 없다.

폰투스의 마르시온은 흑해에서 무역을 하던 선주船主였다. 또 사제와 주교의 후손이자 그 자신 역시 주교이기도 했다. 그는 로마에서 10년 정도 가르치면서 설교가로서 대단한 명성을 얻었다. 마침내 마르시온은 주류 교회와 자신 사이에 극복할 수 없는 불일치가 있음을 깨닫고 주류 교회와 결별, 로마 제국 전역에 자신이 관할하는 교회를 세웠다. 그 당시 정전으로 확정된 복음서(4복음서 외에도 다양한 복음서가 있었다. 〔교회가 정경화 작업이라고 불리는, 성서에 포함될 문서를 선정하기 시작한 시기는 2세기 후반이다. 정경화 작업이 가속된 이유는 다름 아닌 마르시온 때문이었다. 구약 성서를 폐기하고 주류 교회가 소중히 여긴 4복음서를 부정한 마르시온의 태도가 큰 도전이었기 때문이다—옮긴이〕)가 없었음에도, 마르시온은 4복음서인 〈마가복음〉, 〈마태복음〉, 〈누가복음〉, 〈요한복음〉을 믿을 만한 것으로 여기지 않았다. 이들 복음서에서 변형·첨가·변조 따위를 발견했기 때문이었다. 마르시온은 신약 성서에 대해서는 비판을, 구약 성서에 대해서는 노골적인 반대를 했으며, 나아가 구약 성서는 교회의 정전에 포함되어서는 안 된다고까지 주장했다.

마르시온은 예수의 하느님과 신약 성서의 하느님은 사랑의 하느님이지만 구약 성서의 하느님은 기껏해야 정의의 하느님이라고 말했다. 예수는 우리 모두를 사랑하시는 아버지, 곧 선善의 하느님으로부터 나온 새로운 교리를 가르쳤다. 주류 교회는, 아마도 연속성을 주장하기 위해 혹은 유대교에 호감을 가진 기독교인을 만족시키기 위해 예수의 가르침과 구약 성서의 가르침을 혼합시키려고 시도했는데, 그 결과는 혐오스러운 것이 되었다. 유일한 해결책은 두 하느님, 곧 예수를 보낸 지고하고 선한 하느님과 구약 성서 대부분에서 말하고 있는 열등한 율법의 하느님이 다름을 인정하는 것이라고 마르시온은 말했다. 마르시온의 우주론에서 선한 하느님은 첫 번째 하늘에, 율법의 중간 하느님은 두 번째 하늘에, 그리고 중간 하느님의 천사(아르콘)들은 세 번째 하늘에 머물러 있다. 이 하늘들 아래 힐레Hyle, 곧 '물질'이 있다. 세계는 율법의 하느님과 힐레의 공동 창조물이다. 간단히 말해 율법의 하느님과 힐레가 모든 계획을 완전히 망쳐놓았고, 그래서 불쌍한 인간은 이러한 조건들 아래서 고통을 겪게 되었다.

마침내 선의 하느님이 높은 보좌 위에서 내려다보고서 인류에게 연민을 느꼈다. 그는 아들 예수에게 이렇게 말했다.

> 내려가거라. 종의 모습을 취하고 율법의 자녀들처럼 위장하여라. 그들의 상처를 치유하고, 눈먼 자를 보게 하고, 사망을 생명으로 이끌며, 아무런 보상 없이 위대한 치유의 기적을 베풀어라. 그리하면 율법의 하느님이 질투하여 자신의 종들로 하여금 너를 십자가에 못 박게 할 것이다. 그러면 지옥으로 내려가라. 너를 죽은 자 가운데 하나로 생각하고 지옥이 입을 열어 너를 받아들일 것이다. 그곳에서 네가 찾은 포로된

자들을 해방시키고 그들을 내게로 인도하여라.(히폴리투스에 의해 인용된 글을 에즈니크Eznik[5세기 아르메니아 지방의 수석 사제. 그가 남긴 마르시온주의에 대한 반박의 글을 통해 그 당시까지 마르시온 사상이 존속해 있었음을 알 수 있게 되었다—옮긴이]가 다시 인용하여 적은 글, 미드의《잃어버린 믿음의 단편들》, 246쪽)

마르시온의 가르침에는 발렌티누스가 보여준 정교함과 시적 아름다움, 그리고 바실리데스에게서 볼 수 있었던 신비스런 심오함은 부족하다. 하지만 영지주의 세계관의 본질적 특징은 풍부하게 드러나 있다. 마르시온의 위대한 공헌은 성서에 대한 세련된 비평에 있다. 만일 마르시온의 주장이 받아들여지고, 그래서 종교 재판관들, 완고한 자들이 구약 성서의 조잡하고 잔인한 훈계조 이야기들을 '지극히 성서적'으로 곡해시켜, 마녀 사냥과 인종 차별, 동성애자들에 대한 정죄, 그 밖의 온갖 극악무도한 행위를 정당화하는 데 사용하지 못했더라면, 과연 어떤 일이 벌어졌을지 추측해 보지 않을 수 없다.

기록에 따르면 마르시온은 사도 바울이 썼을 가능성이 있는 복음서 한 권—마르시온은 이 책을 권위 있는 것으로 여겼다—을 가지고 있었다. 그는 그리스도의 사명을 바르게 이해한 최초의 그리스도인이 바울이라고 여겼다. 마르시온의 이 같은 이해는 교회의 많은 가르침에 대해 구약 성서가 우위를 차지함으로써 무색하게 되었고, 바울이 해석한 그리스도의 순수한 메시지는 결코 전해질 기회를 얻지 못했다. 물론 이는 마르시온과 그의 추종자들이 말한 바에 따를 때 그렇다는 것이다.

마르시온의 가르침은 많은 사람들의 관심을 끌었다. 2세기 말엽까

3세기경의 영지주의 장식물로, IAO 글자와 아울러 전통적인 상징물을 지니고 있는 아브락사스의 모습. 이 장식물은 한때 맨리 홀(1901~1990, *The Sacred Teachings of All Ages*의 저자로 프리메이슨 단원이었다—옮긴이)이 끼던 반지 위에 박혀 있었다.

지 지중해 전역과 소아시아 지방에 마르시온 교회가 세워졌다. 이 교회들은 주교와 사제, 집사 등 위계가 명확한 조직을 가지고 있었고 아마도 이 덕분에 오랜 시간 존속할 수 있었던 것 같다. 마르시온 교회들이 5세기 말엽까지 존속했다는 기록이 있는데, 그 후 이 교회들이 소멸한 이유는 주로 이슬람교의 발흥 때문인 것으로 보인다. 20세기로 들어서면서 아돌프 폰 하르낙Adolf von Harnack을 비롯한 학자들이 마르시온에 관한 저서를 출판하기 시작했을 때, 프라하에서 체코 및 독일계 지식인을 중심으로 자신들이 새로운 마르시온주의자라고 공개적으로 주장하는 학파가 생겨났다. 이 학파에는 파울 아들러Paul Adler와 막스 브로트Max Brod, 파울 코른필트Paul Kornfield, 프란츠 베르펠Franz Werfel 등이 속해 있었으며, 그 중에서 가장 유명한 사람은 프란츠 카프카Franz Kafka(1883~1924)였다. 프라하의 마르시온주의자들은, 나그함마디 문서의 발견에 이어, 20세기 말에 시작될 영지주의의 부활을 예고한 20세기 초기의 사자使者들이었다. 프라하의 마르시온주의자들 대부분이 유대인의 뿌리를 갖고 있었다는 사실이 놀라운데, 이는 그들이 히브리 성서(구약 성서를 일컫는 말로 히브리 인들의 성서라는 점을 강조하기 위해 사용함—옮긴이)와 그 성서의 하느님에 대한 마르시온의 관점을 반유대주의anti-Semitism의 증거로 여기지 않았다는 것을 입증한다. 오히려 그들은 이러한 종교적 원형을 지닌 압제자가 유대인과 기독교인 모두를 괴롭힌다고 보았다. 이렇게 마르시온의 유산은 역사 속에서 계속해서 영향을 미치고 있다.

10
영지주의적 특징을 지닌 종교들: 만다교, 마니교, 카타르 파

초기 영지주의자들은 자신들의 가르침을 전파하고 보존하기 위한 형식적인 제도를 거의 만들지 않았던 것으로 보인다. 그 결과 그들은 탄압 앞에 무력할 수밖에 없었다.(그들이 어떤 탄압도 받지 않고 그저 역사에서 사라져버렸다는 전설은 다행히도 신빙성을 잃어가고 있다.) 영지주의를 연구하는 학자들은 이들이 의도적으로 제도를 느슨하게 유지했다고 이해한다. 조직이나 성직자가 아니라 오로지 개인의 영(靈)만이 그노시스를 전해줄 수 있기 때문에 영지주의적 종교 조직을 갖출 필요가 없었다는 것이다. 하지만 주류 기독교에서도 구원은 마찬가지로 하느님과 개인 간의 인격적인 관계 문제임에도 거기에는 성직 제도와 교회 조직이 잘 갖추어져 있다. 또한 이러한 조직들이 그노시스에 실제로 헌신하기만 한다면 그노시스와 종교 조직 사이에 실질적인 모순은 없다. 확실히 대부분의 초기 영지주의자들은 이 둘이 양립할 수 없다고 여기지 않았다. 9장에서 보았듯이 발렌티누스와 그의 추종자들은 가급적 주류 교회에 남고자 했고 자신들만의 독자적인 모임은 오직 필요한 시간과 장소에만 국한했다. 그들은 믿음의 성례전과 가르침에 대한 자신들의 해석이 인정되기만 한다면, 정통 기독교인(혼적인 자)과 영지주의 기독교인(영적인 자)이 함께 예배드릴 수 있다고 느꼈다. 대부분의 영지주의자들은 이단자로 취급받는 것을 달갑게 여기지 않았다. 그들은 처음처럼 교회의 다원론적인 태도가 지속되기를, 그래서 교회 내에서 자신들의 자유가 유지되기를 바랐다.

그러나 편협함이 교회를 삼켜버릴 정도로 커지면서 그러한 합의는 설 자리를 잃기 시작했다. 따라서 발렌티누스 이후의 영지주의 교사들, 곧 발렌티누스의 뛰어난 초기 제자 마르쿠스Marcus, 관대하며 평화를 사랑한 그노시스 교사 아펠레스Apelles, 탁월한 경전 주석가 헤라클레온Heracleon, 그리고 내적인 수련에 심혈을 기울인 금욕의 스승 니콜라우스Nicolaus 등은 주류 교회 밖에서 활동해야 했으며, 그로 인해 점차로 이단이라고 고발당하기에 이르렀다.

우리는 영지주의적 성격이 뚜렷한 세 가지 종교를 알고 있다. 그 종교들은 서로 독립적으로 발달했다. 그 중 하나는 기독교와 아무런 상관이 없고, 다른 하나는 기독교와 가까운 관계를 갖고 있다고 생각될 수 있으며, 나머지 하나는 아주 분명하게 기독교적이다. 신기하게도, 비기독교적 영지주의 종교인 만다교는 성서 시대 이후로 지금까지 한 번도 단절된 적 없이 살아남아 있다.

만다교, 위대한 낯선 빛의 종교

기독교 이전의 영지주의적 신앙을 지녔으면서 셈 족에 뿌리를 둔 작고 조용한 집단이 거의 2천 년 동안 오늘날의 이라크에 위치한 티

그리스 강과 유프라테스 강 유역에 오늘날까지도 살고 있다. 그들은 스스로를 만다교인Mandaean이라고 부르지만, 오늘날 이라크 사람들은 그들을 수바 인Subba라고 부른다. 아람 어 '만다manda'는 그리스어 '그노시스gnosis'로 번역되며, 따라서 만다교인이란 문자적으로 영지주의자를 뜻한다. 25년 전, 이라크의 만다교 공동체에 속한 사람은 1만 3천 명으로 추정되었다. 하지만 여기에는 이란에 거주하고 있는 상당수의 만다교인이 포함되지 않았다. 20세기 후반 정치적 대변동 이후 수많은 만다교인이 호주 등 먼 나라들로 이주했다. 오늘날 그들은 더 이상 과거에 묘사되던 모습, 곧 습지에서 고기 잡는 순진한 어부들이 아니라 바스라와 바그다드 같은 도시에서 일하는 최고의 은 세공자 또는 금속 기술자의 모습으로 살아간다. 만다교인들은 여러 나라에 흩어져 여러 가지 전문직에 종사하면서 살아간다. 독일의 영지주의 학자 쿠르트 루돌프Kurt Rudolph는 독일의 한 대학에서 만다교인 학생을 만나기도 했다.

   만다교의 신화와 신학에는 전형적인 영지주의 특징이 나타난다. 드러나 있는 모든 세계와 영역 너머에는 "빛의 세계에서 온 위대한 첫 번째 낯선 생명이요 모든 행위[창조물] 위에 계신 고귀한 분"(《긴자》, 1부)이라고 일컬어지는 순수하고 찬란한 빛, 곧 지고의 존재Supreme Being가 있다. 반면 창조된 세계는 생명과 빛의 왕국에 대항해 반란을 일으킨 후 하강한 여성적 존재(소피아 아카모트가 아르콘과 같은 역할을 담당하는 형태) 루하Ruha의 후손인 프타힐Ptahil이라는 어둠의 주인에 의해 지배된다. 다른 영지주의 신화에서처럼 지고의 존재로부터 수많은 천상의 존재들과 영역들이 방출되어 나오고, 그것들은 낮은 단계로 갈수록 점점 더 순수성을 잃고 어두워진다. 프타힐은 사악한 데미우르고스의 모든 특징을 지니고 있다. 그는 어둡고 악마적인 존재들이 득실거리는 보이지 않는 세계들을 창조한다. 또 물질 세계와 인간의 육체를 만드는 일에도 참여한다. 이런 사건들이 한편으로는 데미우르고스적인 권능자들과 인간의 관계, 다른 한편으로는 생명과 빛의 왕국과 인간의 관계와 함께 문서에 시적으로 길게 서술된다.

만다교의 역사는 초기 신약 성서 시대의 성지(팔레스타인—옮긴이)에서 자신의 비밀을 가르치고 전한 세례자 요한까지 거슬러 올라가는 것처럼 보인다. 그러나 요한이 만다교의 전통에서 위대한 예언자로 여겨진다 할지라도, 만다교의 경전은 이 전통이 요한 이전에도 존재했음을 암시한다. 따라서 만다교에는 역사적 창시자가 없다. 최초의 만다교인은 유대인이었거나 유대 전통과 가까운 관계를 맺고 있던 사람들이었을 것이다. 그래서 그들의 최초의 경전 언어인 만다 어는 아람 어의 형식을 따른다. 만다교 경전에 따르면 모세는 가짜 신의 예언자요, 예수 또한 참된 예언자인 세례자 요한의 수준에 미치지 못한 거짓 예언자에 속한다.

사실 만다교인은 "숨겨진 지혜의 수호자 또는 소유자"를 뜻하는 나조리언Nasorean으로 오랫동안 알려져 왔다. 일찍이 십자군 전쟁 이래 역사의 다양한 지점에서 만다교인과 마주친 기독교인들은 그들을 "성 요한의 기독교인" 혹은 "요한을 따르는 기독교인"이라고 불렀다. 이런 이름이 자신들을 기독교인으로서 보증해 주었기 때문에 만다교인은 이에 반대하지 않았다. 마찬가지로 이슬람교인들도 만다교인들에게 예언자(요한)와 중요한 계시록(《긴자》)이 있다고 말할 수 있었으므로, 그들을 "성전聖典의 사람"이라며 특별한 지위를 부여해 주었다. 템플 기사단을 비롯한 중세의 영지주의적 운동 조직들도 중동의 이

고대 영지주의자들과 접촉하고 그들에게서 비밀스런 가르침과 의식을 전수받았을 가능성이 높다.

유일하게 살아남아 있는 영지주의 종교가 폭넓은 성례전적 의식, 즉 위계 구조라든지 정식 입교식 같은 성직 제도의 여러 특징을 간직하고 있다는 사실은 의미심장하다. 만다교의 성직 계급은 세 단계, 곧 부사제, 사제, 그리고 특별 지역에 대한 최종 관할권자인 대사제로 이루어져 있으며, 사제는 결혼할 수 있었다. 영지주의 종교가 '비중재적이고', 그래서 성례전이 없다는 현대 서구인들의 개념은 꽤 의문스러워진다.

만다교에는 다양한 경전들이 있는데, 그 중 최고 경전인 《긴자》는 최근 호주의 만다교 공동체에 의해서 처음으로 출판되었다. 수많은 경전들에는 다수의 기도문과 의식이 포함되어 있다. 근본적으로 만다교의 경전과 의식은, 일련의 빛의 사자들이 만다교 사제들에게 전해준 지혜에 담긴 지식을 통해 신의 불꽃을 해방시키는 것과 관련된다. 세례자 요한을 제외하고 이런 사자들의 이름은 알려지지 않는다.

이들은 침수浸水 의식을 자주 가졌는데, 이런 침수가 세례(혹은 침례)를 의미한다고 추측한 외부인들은 만다교인들을 세례자들이라고 부르는 경우가 많았다. 만다교인들 사이에서 이처럼 자주 반복된 침수 의식은 사람들의 호기심을 자극해 왔다. 그러나 만다교의 침수 의식은 세례보다는 성만찬Holy Communion에 더 유사하다. 만다교인들은 흐르는 물에는 빛이라고 불리는 초월적이며 영적인 실체가 그 어디보다도 많이 들어 있다고 믿는다. 성례전을 중시하는 대부분의 기독교 교회가 교인들에게 성만찬에 참여하도록 자주 권면하는 것처럼, 만다교의 의식들도 물 속에서 발견되는 초월적 빛과의 사귐(성찬)을 포함하고 있다. 그래서 그들의 예배처는 항상 흐르는 물가에 위치한다.

만다교에는 두 가지 중요한 의식이 있다. 하나는 요단 강이라는 흐르는 물 속에서 거행하는 침수, 곧 마스부타masbuta이다. 이 의식은 일주일에 한 번 만다교의 주일인 일요일에 거행된다. 이것은 세 번에 걸친 완전한 침수, 물로 이마에 세 번 성호 긋기, 세 번 물 마시기, 은매화(상록관목의 일종―옮긴이) 화관 쓰기, 그리고 손 올림(안수)으로 이루어진다. 이 의식의 모든 절차는 사제가 주관한다. 참여자는 이마에 기름부음, 빵과 물의 성찬, 그리고 악한 영을 물리치는 몸과 영혼의 '봉인sealing'을 받는다. 참여자와 사제가 오른손으로 나누는 악수인 쿠쉬타kushta, 곧 '진리의 행위'는 빛의 세계와의 연합이 완성됨을 상징한다. 모든 축제, 심지어 결혼식에서도 마스부타 의식을 행한다.

두 번째 중요한 의식은 죽은 자를 위한 의식이다. 이 의식은 죽은 지 사흘이 지난 후 시작되어 일정한 간격을 두고 45일간 계속된다. 이 의식은 마시크타masiqta, 곧 '상승'이라 불리는데, 영혼이 빛의 영역으로 상승하도록 돕는다는 뜻이다. 만다교인들은 자주 죽은 자를 위해 기도한다. 거의 모든 정식 예식 절차에 죽은 자를 위한 기도와 성례전적 만찬이 포함되어 있다. 의식의 이로움 외에, 여기에는 영혼이 위험 지역들을 안전하게 통과할 수 있도록 내세의 반대 세력과 위험에 대한 지식을 영혼에게 전해주는 뜻이 있는 것 같다.(이 부분에서 이 의식과 티베트 금강승 불교의 바르도Bardo[이승과 저승의 중간 상태―옮긴이] 예식과의 유사성을 찾을 수 있을 듯하다.)

19세기 후반 및 20세기 초까지 만다교에 대해서는 거의 알려진 바가 없었다. 1867년 일부 만다교 사본들이 파리와 런던에서 모습을 드러냈고, 독일 학자 마르크 리츠바르스키Mark Lidzbarski가 그 사본들 중 의식에 관한 내용인《만다교의 의식Mandaische Liturgien》을 우선 번역해 1920년 베를린에서 출판했다. 1925년 마르크는 획기적으로《긴자》경전 자체를 번역, 출판했다. 마르크의 연구는 대담하고 헌신적인 영국 여성 E.S. 드로워Drower(1879~1972)에 의해 훨씬 확대 진전되었다. 그녀는 중동에 거주하면서 만다교 공동체 사람들과 친분을 쌓고 그들로부터 성스러운 책들의 일부를 얻었다. 그녀는《이라크와 이란의 만다교인the Mandaeans of Iraq and Iran》(1937),《만다교인의 정식 기도서The Canonical Prayerbook of Mandaeans》(1959)와 같은 저서를 통해 학계에 정보의 보고寶庫를 제공했다. 수년 후에는 쿠르트 루돌프가 만다교인들과 접촉해 유용한 정보를 얻었다. 오늘날 만다교 연구는 만다교 학자인 동시에 만다교인들에게 호의적이고 헌신적인 친구이기도 한 요런 야콥슨 버클리Jorunn Jacobsen Buckley에 의해 주도되고 있는데, 그의 연구는 아무리 칭찬해도 부족할 정도이다.(만다교 경전에서 다양한 인용문을 발췌해 싣고 있으며, 일반 독자도 쉽게 이해할 수 있도록 쓴 한스 요나스Hans Jonas의《영지주의 종교The Gnostic Religion》를 보라.)

   만다교 경전은 매력적이고 아름다운 시적 정취로 가득하다. 다음은《긴자》의 본문 두 곳에서 인용한 내용이다.

> 내가 생명을 사랑하게 된 그날부터,
> 내 가슴이 진리를 사랑하게 된 그날부터,
> 나는 더 이상 세상의 그 무엇도 신뢰하지 않습니다.
> 나는 세상 아버지 어머니를 신뢰하지 않습니다.
> 나는 세상 형제자매를 신뢰하지 않습니다.

나는 세상의 만들어지고 창조된 것을 신뢰하지 않습니다.

나는 세상 만물과 그것의 활동을 신뢰하지 않습니다.

나의 영혼만을 찾아다닙니다.

그것은 내게 가족들과 만물만큼이나 가치가 있습니다.

나는 가서 내 영혼을 찾았습니다—

이 세상 모든 것이 내게 무슨 소용이겠습니까?……

나는 가서 진리를 찾았습니다.

세상의 언저리에 서 있는 그녀를.(390)

우리가 당신을 본 그날부터,

우리가 당신의 말씀을 들은 그날부터,

우리의 가슴은 평화로 가득 찼습니다.

우리는 선한 분이신 당신을 믿습니다.

우리는 당신의 빛을 보았고 당신을 잊을 수가 없습니다.

단 하루도 당신을 잊을 수 없거니와

한시도 우리의 가슴에서 당신을 떼어낼 수가 없습니다.

우리의 가슴이 눈멀 수 없기에

이 영혼들은 제자리로 다시 되돌아갈 수 없습니다.(60)

마니와 마니교

만다교와 달리, 한때 세 대륙 전역에 전해졌던 마니교에는 창시자가 있다. 그의 이름은 마니Mani, 그리스 식으로는 마네스Manes이다. 발렌티누스와 더불어 마니는 영지주의 전통의 위대한 두 선각자로

예언자이자 화가인 마니. 마니의 용모는 페르시아 인의 고전적인 특징을 보여준다. 이 그림에서는 마니가 젊은이로 그려지고 있지만, 후기 그림들에서 마니는 머리가 벗겨진 모습으로 자주 나타난다.

불러 마땅하다.

예언자 마니는 역사상 가장 비범한 인물 중 한 사람임에 틀림없다. 216년, 그는 선대의 왕가와 친척 관계에 있던 페르시아(지금의 이란)의 한 집안에서 태어났으며, 어린 나이에 부모와 함께 유랑 생활을 해야 했다. 마니의 부모는 유사 영지주의 종교 집단, 즉 변형된 만다교 혹은 엘차사이트Elchasaite(세례를 중시하는 유대 기독교의 한 종파로 만다교와 관련이 있을 것으로 여겨지는 종파—옮긴이) 공동체의 일원이었던 것으로 보인다. 그곳에서 어린 마니는 영지주의 세계관을 접하게 되었을 것이다. 진정한 예언자가 그렇듯이, 그는 장차 한 종교의 창시자로서의 사명을 맡게 될 자신의 모습을 보여주는 환상들을 체험했다. 첫 번째 환상을 체험한 것은 열두 살 때였다. 그때 마니는 '쌍둥이Twin'라 불리는 존엄한 천사를 만나게 되는데, 그 천사는 마니에게 가족이 생활하고 있는 종교 공동체를 떠나라고 요구했다. 그리고 아직은 공적으로 모습을 드러낼 때가 아니라고도 했다. 마니의 고백에 따르면, 그는 이때 새로운 종교의 주요 가르침을 전해 받았다. 스물네 살이 되었을 때, 천사가 다시 나타나 공적인 사역을 시작하라고 지시했다.

마니는 고향 페르시아로 돌아와 마침내 샤푸르 왕 및 그 뒤를 이어 왕위에 오를 호르미즈드 세자와 친분을 쌓았다. 마니는 그곳에서 자신의 사명을 선포하고 곧바로 인도로 갔다. 인도에서 그는 한편으로 제자들을 두었지만, 다른 한편으로는 힌두교인의 저항에 부딪치기도 했다. 그는 중앙아시아로도 순례를 떠나 투르케스탄 서부에서 여러 해를 보냈으며, 그 중 한 해는 하늘을 벗삼아 혼자서 은둔 생활을 하기도 했다. 투르케스탄은 그 후 수세기 동안 마니교의 본거지로 남았다. 그러나 초기 포교 활동은 모국 페르시아에서 가장 큰 결실을 맺었다. 새로운 종교가 수많은 신도들을 끌어들이자 기존 조로아스터교 사제들에게는 심각한 도전이 되었다. 조로아스터교의 지도자들은 마니와 마니교에 반대하는 강력한 저항 운동을 전개했다. 마니의 헌신적인 친구이자 제자이기도 한 젊은 왕 호르미즈드가 죽고 그와 대립 관계에 있던 다른 세자가 왕위를 계승하면서 그들의 책략은 결실을 맺었다. 마니는 체포되어 고초를 당하다가 277년 2월 26일 마침내 감옥에서 숨을 거두었다. 감옥에 갇힌 스승을 몰래 만나본 제자들은 마니가 천사들에게 둘러싸인 채 해처럼 빛을 뿜고 있었다고 전했다. 마니교인들은 마니가 감옥에서 당한 26일 동안의 고통을 '수난 passion'이라고 표현했는데, 이는 확실히 예수의 수난과 비슷한 데가 있었다.

예언자 마니의 현대 영지주의 성상. 중국 초상화 화풍의 영향을 받은 고대 페르시아 스타일로 그려졌다.(잰 발렌티누스 시터의 목판 유화)

마니교의 예수

바람Bahram 왕 앞에서 부당한 재판을 받을 때 마니는 자신의 모든 가르침이 인간 스승이 아니라 자신의 '쌍둥이', 곧 하느님이 보낸 천사가 전해준 것임을 강조했다. 하지만 그는 또 수차례에 걸쳐 자신을 예수 그리스도의 사도로 표현하기도 했다. 물론 마니도 사도 바울처럼 육체적으로 예수를 만난 적은 한 번도 없었다. 그는 구약 성서의 신비적·영지주의적인 조상 세트, 이란의 예언자 차라투스트라, 아시아의 스승 붓다, 그리고 예수 그리스도와 같은 빛의 사자들이 자신보다 앞서 존재했다고 믿었다. 사람들은 보통 마니교를 기독교적인 것이라고 여기지 않지만, 예수에 대한 마니의 헌신은 아래 인용문이 보여주듯이 놀라우리만치 인상적이다.

은총에 감싸여 있는 그 이름 예수. 참회하는 자에게 참회를 주는 분은 예수이시네.

그분은 우리 가운데 계시네.…… 형제여, 그분은 우리에게서 멀리 계시지 않네. "너희 옷이 너희 몸에 가까이 있는 것만큼이나 나는 너희와 가까이 있다!"라고 설교하신 것처럼.

예수, 당신의 짐은, 그 짐을 감당할 수 있는 당신께는 가볍습니다. 당신은 스스로 십자가로 베마Bema(자비의 자리)를 만드시고 그 위에 법을 주셨습니다.…… 당신은 십자가로 배를 삼아 항해를 하셨습니다.(마니, 《마니교의 시편》 15, 39, 91)

우리에게 진리의 영을 보내주신 주 예수를 축복합니다! 그분은 오셔서 세상의 허물에서 우리를 분리시키고 거울 하나를 우리에게 주셨습니다. 그분이 우주를 들여다보신 그 거울을.(《마니교의 시편》 150)

이런 종류의 수많은 고백들은 경건한 정통 기독교인들도 얼마든지 쉽게 읊조릴 수 있을 것이다. 하지만 예수에 대한 마니의 가르침에는 독특한 또 분명한 영지주의적인 특징이 엿보인다. 예수가 아무리 특별한 사람의 모습으로 팔레스타인에 나타났을지라도, 마니에게 있어 예수는 세상에 늘 존재해 온, 구원을 베푸는 영적 존재이다 예수는 낙원의 아담에게 나타나 그에게 최초의 계시를 전했다. 아담에게 나타난 예수는 "만물 속에, 표범과 코끼리의 이빨 사이에 던져진, 삼키는 무리들에 의해 삼켜진, 먹어 없애는 무리들에 의해 먹어 없애진,

개들에 의해 먹힌, 존재하는 모든 것 속에서 혼합되고 갇힌, 어둠의 악취에 속박된" 모습이었다.(테오도레 바르 코나이[만다교와 조로아스터교와 마니교에 관한 기록을 남긴 8~9세기 시리아 신학자—옮긴이])

마니교의 예수는 구원의 가르침을 계시하는 자요 신비의 전달자일 뿐 아니라 물질 속에 있는 신성한 빛의 화신이다. 예루살렘의 나무 십자가 위에서 수난을 받고 못 박힘을 당하기 오래 전에 예수는 물질의 십자가 위에서 못 박힘을 당했다. 이것이 예수 파티빌리스Jesus patibilis, 곧 '고통받는 예수' 교리다. 그는 "모든 나무에 매달리고…… 날마다 태어나 고통받고 죽으신다."(마니 어록집 《케팔라이아 Kephalaia》) 이런 예수 개념은, 물질 세계에 숨겨진 신성한 생명에 관한 후기 비교의 가르침과 아주 유사하다. 신지학자 애니 비산트Annie Besant가 지은 명상시를 보자.

오, 모든 원자 속에서 떨고 있는 숨겨진 생명.
오, 만물 속에서 반짝이고 있는 숨겨진 빛.
오, 조화롭게 만물을 보듬고 있는 숨겨진 사랑.
당신과 하나라고 느끼는 한 사람 한 사람이
그로 인해 다른 모든 이들과도 하나라는 사실을 알게 하소서.

하지만 예수 파티빌리스에 관한 이 가르침이 자연 신학(종교적 진리는 자연에서 얻어진다는 이론—옮긴이)이나 범신론으로 해석되어서는 안 된다. 그것은 "우주와 자연이 곧 순수하고 온전한 하느님이다"라는 뜻은 아니다.(소박한 의미에서 그것들의 본질이 궁극적으로는 신성한 근원에서 방출된 것이라는 점을 제외하고.) 오히려 우주적 그리스도, 곧 고통받는 원인간原人間(Prima Man)이 물질성 안에 갇히고 감금되어 있는 것이다. 물론 그의 영적 상대counterpart, 곧 우주와 자연 너머에서 오는 초현실적 해방자가 물질 속에 흩어지고 감금되어 있는 자신을 끊임없이 모으고 있지만 말이다.

마니교인들에게는 알려지지 않은 〈도마복음〉에 보면 예수 파티빌리스 교리와 꽤 유사한 예수의 고백이 나온다.

> 예수께서 말씀하셨다. "나는 만물 위에 있는 빛이요, 나는 그 만물이다. 그 만물은 나에게로부터 왔으며, 그 만물은 나에게로 이르렀다. 나무를 쪼개어보아라. 나는 거기에 있다. 저 돌을 들어보아라. 너는 그곳에서 나를 볼 것이다."(말씀 77)

여기서도 예수의 명령은 나무나 돌에게 절하고 섬기라는 것이 아니다. 오히려 그것들을 쪼개보고 들어 올려보라고 명령한다. 이는 단순한 언어적 비유가 아니라, 이루어져야 할 일, 곧 물질적·자연적 대상 속에 흩어져 있는 신성한 빛을 해방시키는 일을 하라는 요청일 것이다. 다시 말해 자연적인 인간처럼 자연 세계는 성화聖化와 변화가 필요하다는 뜻이다.

마니의 기본 가르침

마니교의 신화는 섬세하고 내용 또한 복잡하고 다양하지만 개념 체계는 상당히 단순하다. 마니의 가르침은 알렉산드리아나 시리아의 영지주의 전통들보다 훨씬 이원론적이라고 이야기된다.

그 이유는 아주 오랜 시간 동안 조로아스터교의 이원론에 흠뻑 젖은 페르시아의 문화적 토대 위에서 마니교가 발달했기 때문일 것이다. 마니의 우주론적 이원론은 방출 과정에서만 기인하는 것이 아니라 존재의 뿌리 그 자체에 내재한 것이다. 마니는, 태초부터 빛과 어둠의 왕국이 불안한 평화 속에 공존하고 있었다고 말한다. 빛은 어둠의 존재와 다투지 않고 그것과 나란히 존재하는 데 만족하고 있었지만, 어둠은 그렇지 않았다. 어둠은 흥분과 분노에 사로잡혀 빛의 영역을 공격하고 침입하기로 결심했다.

어둠의 군단이 빛의 영역으로 접근해 옴에 따라 최초의 빛은 자신을 방어해야 했다. 최초의 빛은 생명의 어머니Mother of Life에게 원인간(간접적으로는 관계가 있겠지만 직접적으로는 아담이나 그 밖의 인간과 관계가 없는 우주적 형상)을 낳아달라고 요청했다. 뒤이어 원인간이 아들 다섯을 낳았다. 원인간과 아들 다섯은 힘을 합쳐 어둠의 세력을 빛의 왕국에서 몰아내고 열등한 에온들의 싸움터까지 그들을 추적했다. 그러나 불행히도, 싸움터에 있던 어둠의 우두머리 악마들이 원인간과 그의 아들들을 붙잡아 삼키고, 그들의 빛나는 본질을 자신들의 어두운 형상과 혼합시켜 버린 사건이 벌어졌다. 이것이 처음으로 빛과 어둠의 끔찍한 혼합이 발생한 내력이다.

여기서 우리는 반복되는 영지주의의 주제를 발견할 수 있다. 지고의 신으로부터 신성한 빛이 방출되고, 그 빛의 일부가 어둠과 혼돈, 악이라는 저급한 세계들로 떨어진다. 빛은 그곳에서 붙잡혀 자신과는 조화될 수 없는, 심지어는 적대적이기까지 한 물질과 혼합된다. 어둠에 삼켜진 빛의 불꽃은 이제 구원이 필요한 상황에 놓이게 된다.

구원의 과정을 통해 원인간은 자유를 얻고 근본 하느님에게로 영광스럽게 상승한다. 그러나 인간의 영혼은 원인간과 그의 아들들이 사로잡힐 때 떨어져 나온 빛의 입자들과 함께 뒤에 남겨진다. 바로 이 시점에서 우리가 알고 있는 것과 같은 물질 세계가 생겨난다. 지구는 빛이 어두운 물질로부터 빠져나올 수 있는, 정화와 변화를 위한 연금술적인 배(船)로서 창조되었다. 태양과 달은 빛의 배, 곧 지상의 어둠에 갇혀 있는 빛을 하늘로 실어 나르는 운송 수단이다.

몸을 입고 나타난 모든 빛의 사자들의 원형으로서의 사자Messenger는 지고의 신성에 의해 태어난다. 이 사자는 창조 세계로 내려와, 저급한 영역의 아르콘들을 속이고 물리치기 위해 계획한 다양한 계략을 전개함으로써 어떻게든 더 많은 빛을 해방시킨다. 사자가 어둠에서 빛을 분리시킬 때마다 어둠의 요소들이 창조 세계로 떨어지는데, 그것들 대부분은 식물과 동물의 왕국을 이루게 된다. 특히 동물들은 대개 아르콘에 의해 잘못 방출된 에테르적 형태로 이루어져 있다.(마니교의 그노시스는 오늘날의 '동물 권리' 옹호자들이 이론적 근거로 사용하기 어렵다는 점을 주목하라.) 마니교인들이 채식 성향을 보여주는 것은 아르콘적인 기원을 가진 동물들의 살이 부정하다는 데 근거한다. 기록에 따르면 마니교인들은, 그들의 가르침에 따를 때 다른 음식보다 빛을 더 많이 포함하고 있다고 하는 멜론 같은 음식을 더 좋아했다고 한다. 이런 관습을 비웃기 쉽겠지만, 특정 음식의 영적인 특성에 대해 각별히 생각하는 것은 다른 많은 문화와 종교에서도 마찬가지로 나타난다.

인간도 아르콘의 어둠과 오염에서 자유롭지 못하다. 아담과 이브는 아르콘의 탐욕스러운 성교를 모방함으로써 많은 빛을 흩뜨려버렸고, 그 결과 그 회복이 아주 어려운 지경에 이르고 말았다. ─마니교인들이 성애를 저급하게 여기는 것은 이 때문이다.

빛의 불꽃들을 위한 구원은 지금도 계속되고 있다. 빛의 배들—태양과 달—은 날마다 천상의 세계로 빛의 불꽃들을 실어 나른다. 이 사자와 그의 화신인 예수가 세운 빛의 기둥도 상승하는 행로를 따라 빛을 운반한다. 빛의 사자들에 의해 자극받아 깨어난 인간들도 빛의 불꽃들이 정화되어 어두운 감옥에서 벗어나도록 돕는다. 정화와 구원의 위대한 사업은 지금도 세상 속에서 계속되고 있으며, 예언자 마니는 인간들에게 어떻게 하면 이 일을 진척시킬 수 있는지 가르쳐왔다.

마니교는 왜 미움을 받았는가

예언자 마니가 창시한 종교는 1,100년 동안 다양한 곳에서 공개적으로 존재했지만 박해에서 자유로운 적은 거의 없었다. 무엇이 이런 잔인한 박해를 야기했는가? 물론 그 동기는 시대와 장소에 따라 달랐다. 기독교인들과 다른 종교인들이 자신들로서는 도저히 따라가기 어려운 이들의 경건함과 순결함, 자애로움 앞에서 두려움과 질투에 사로잡혀 박해를 가한 적도 있었고, 정치·경제적 이유들로 박해를 가한 적도 있었다. 하지만 여기에는 그 밖의 다른 이유가 더 있었던 것처럼 보인다.

모든 영지주의자들은 믿음의 구체적인 내용에서뿐만 아니라 존재와 그 목적에 대한 근본 관점에서도 대다수 사람들과 달랐다. 세상은 선하고 우리가 세상에 관여하는 것은 어쨌거나 유익한 일이라는 것이 시대를 막론하고 대다수 사람들의 생각이다. 기독교가 제법 영지주의적인 방법으로 이 세상을 눈물의 계곡으로 인식하고 있고, 불교를 비롯한 다른 종교들도 이 세상 삶이 곧 고통이라는 근본 교리를 가지고는 있다. 하지만 대부분의 종교는 어느 정도 자신들의 입장을 완화시켜 세상의 어둠을 용인하는 태도를 취한다. 그러나 영지주의자들은 그러지 않았다. 초기의 영지주의 학파들은 비교적 단명한데다 교양 있는 엘리트에게 제한되었지만 마니교는 달랐다. 마니교는 수많은 신도와 정교한 위계 구조, 수도승, 사제, 예배 의식, 그리고 경전을 갖춘 세계 종교로서 수세기 동안 존재했다. 마니교인들과 그들의 단호한 초현실주의적 세계관, 그리고 물질 생활에 대한 엄격한 부정은 무시할 만한 것이 아니었다. 따라서 기독교인, 조로아스터교인, 무슬림, 유교인, 때론 불교인들조차 널리 알려진 것처럼 마니교인을 사회와 삶을 위협하는 자들로 여겼다.

한편, 마니교를 증오하도록 가르친 대부분의 종교들에도 남녀 수도승이 있었으며, 그들도 마니 교회의 '선택된 자' 처럼 재산과 가족, 세상적인 일을 포기했다. 마니교 공동체의 이른바 '듣는 자' 라는 평신도 계급은 일반 기독교 신자보다 훨씬 더 자유로운 생활을 누렸다. 성 아우구스티누스도 성 암브로시우스St. Ambrosius(그의 설교를 듣고 아우구스티누스는 기독교인이 되었다고 한다—옮긴이)처럼 한때 마니교인이었는데, 그들은 둘 다 '듣는 자' 로서 살았던 과거에 대해 일종의 죄책감과 함께 그리움을 간직하고 있었던 것처럼 보인다. 이런 점들로 볼 때 마니의 '빛의 종교' 를 향한 적의에는 실제적인 근거가 없었다. 영지주의적인 관점에서 보자면, 이 세상의 아르콘들이 성스러운 흰색 예복을 입은 선택된 자들과 마주쳤을 때, 이들 선택된 자들이 지상의 무의식의 족쇄로부터 스스로를 효과적으로 해방시키고 있는 것을 보고 자신들의 패권에 위협을 느꼈던 것으로 정리할 수 있겠다. 그러니까 마니교가 몰락한 이유는 권세를 쥔 악한 영 쪽에 있었다.

그런 가운데서도 지혜롭고 경건한 많은 통치자들이 마니교를 사랑하고 또 마니교로 개종했다. 그 중에는 페르시아의 왕들, 투르크멘의 통치자들, 몽골의 왕자들이 있었으며, 중국의 황제 중에도 한 사람이 있었다. 사실 마니교가 가장 오래 존속했던 곳은 다름 아닌 중국이었다. 마니교에 대한 숙명적인 정죄는 1374년 명나라 황제에 의해 내려졌다. 마니가 전한 메시지의 희미한 흔적은 미륵불 신앙이나 백운종白雲宗, 백련교白蓮敎 같은 단체를 통해 이어졌다. 고대 티베트의 뵌교Bön도 마니교적인 기원을 가지고 있는 것으로 보이는데, 이는 신자들이 자신들의 종교가 페르시아의 왕자인 한 현자에 의해 창시되었다고 주장하기 때문이다. 유럽에서도 마니교의 숭고한 향기가 수 세기 동안 많은 나라를 떠돌았다.

이단이 된 선한 사람들

가파른 산허리에 세워진 웅장한 성, 올리브 숲과 포도원으로 덮인 골짜기, 영성을 추구하는 고대인들이 살고 있는 돌로 지어진 마을과 성읍, 그리고 이 모든 것을 비추는 지중해의 따스한 햇볕, 이것이 카타르 파의 명예롭고 비극적인 운명의 배경이다.

12, 13세기 프랑스 남부의 랑그독에서 번성한 카타르 파가 예언자 마니에게서 기원했다는 사실을 입증하는 결정적인 단서는 없다. 하지만 확실히 그럴 가능성은 있다. 스티븐 런치만 경Sir Steven Runciman (영국의 역사가이자 언어학자—옮긴이)은 카타르 파 사람들을 중세의 마니교도라고 불렀다. 마니교는 가장 잘 알려진 영지주의 종교다. 어느 시점 이후 모든 영지주의적 영성은 적대자들에 의해 마니교라고 분

류되었다. 4세기 스페인 아빌라의 주교로서 영지주의적 성향의 기독교인이었던 프리스킬리안Priscillian은 '마니교인'이라는 죄목으로 화형을 당했다. 그의 감독 관구에는 한때 아퀴타니아Aquitania라고 불린 지역이 속해 있었는데 바로 그곳에 랑그독이 있었다. 최초의 '화형자'라는 그의 유산은 카타르 파라고 알려진 한 종파의 출현과 어느 정도 관련이 있는 것 같다.

역사가들은 서남유럽 및 서유럽의 카타르 파가 동양에서 가르침을 전해 받았다고 이야기한다. 10세기 보고밀Bogomil이라는 한 불가리아 사제가 자신의 고국에서 영지주의 신앙을 설교한 뒤로 보고밀의 이 신앙은 11, 12세기까지 발칸 반도의 여러 나라와 소아시아로 퍼져나갔다. 보고밀 파는 끈질긴 종교 집단이었다. 이들은 온갖 박해를 받았음에도 자신들의 신앙을 국교로 삼은 보스니아에서 15세기에 터키에 의해 점령당할 때까지 존속시켜 나갔다.(보스니아 보고밀 파는 대부분 이슬람교로 개종했고 보스니아 이슬람교인의 구심점이 되었다.) 고대 알렉산드리아의 영지주의 선조들이 발전시킨 훨씬 철학적인 그노시스에 비하면 다소 거칠고 투박하긴 하지만 이들의 가르침을 통해 우리는 보고밀 파가 철저한 영지주의자들이었음을 알 수 있다.

불가리아의 영지주의 전파자들이 12세기 유럽에서 시작된 영지주의적 종교의 부흥을 자극하는 역할을 했다는 사실은 너무도 자명하다. 하지만 랑그독을 중심으로 갑작스레 출현한 영지주의가 순전히 발칸 지역에서 온 이들 전파자들로 인한 것인지는 확실하지 않다. 오랫동안 랑그독이 있는 피레네 산맥 지역은 비정통적·비교적 경향을 지닌 영성의 장소로 알려져 왔다. 오래된 전통의 씨앗이 그곳에 들어온 보고밀 파의 영향으로 양분을 얻어 마침내 발아되었을지도 모른다.

우리가 알기로, 1172년 무렵 다수의 카타르 파 입교자들, 곧 '완전한 자들perfecti' 이 툴루즈에서 약 30킬로미터 떨어진 성聖 펠릭스 드 카라만이라는 작은 마을에 모여 있었다. 콘스탄티노플에서 온 니케타스Niketas라는 이름의 한 보고밀 파 감독의 지도 아래 그들은 이미 존재해 온 카타르 파 운동의 대대적인 개혁에 착수하고 선교 전략을 수립했다. 중세의 위대한 영지주의 종교 운동은 이렇게 시작되었다.

'순결한' 또는 '순결한 자'로 번역되는 카타르Cathar라는 이름은 그리스 어에서 온 것으로, 카타르 파에 공감하는 외부인들에 의해 붙여진 것이다. 카타르 파 사람들은 자신들을 그저 '기독교인' 혹은 '참된 기독교인'이라고 불렀을 뿐이다.(카타르라는 단어의 의미가 변질된 것은 독일어의 케체르Ketzer라는 낱말이 이단자를 뜻한 것과 관계가 있다.) 맨 처음 카타르 파 사람들의 일부가 알비라는 도시에서 거주한 까닭에 알비 파 Albigensian라는 이름도 널리 사용되었다. 랑그독의 주민들은 꾸밈없이 또 단호하게 카타르 파 사람들을 '선한 사람들'이라고 불렀다.

순결한 자들의 복음

예상할 수 있는 바이지만, 카타르 파 영지주의는 중세 기독교 정신과 세계관에 맞게 변형되었다. 영지주의자들이 말한 데미우르고스는 카타르 파에서는 루시퍼Lucifer 또는 사탄, 곧 악한 천사장이 되었다. 카타르 파에 따르면, 대부분의 물질 세계는 이 사악한 자의 지배하에 있는데, 그는 인간들이 자신들을 해방시켜 하늘나라로 다시 데리고 가는 그리스도의 해방의 메시지에 귀 기울일 때까지 인간의 영혼을 사로잡고 있다. 구원받지 못한 영혼은 구원자가 전해준 해방의 메시지와 신비 제의를 받아들일 때까지 거듭해서 육체를 입고 태어난다. 해방을 위해 카타르 파 교회가 실행한 최고의 방편은 콘솔라멘툼 Consolamentum(위안)이라는 성례전이었다. 이것은 안수와 종부성사 (가톨릭의 성사 중 하나로서 병자나 죽음을 앞둔 자에게 기름을 바르는 일—옮긴이), 그리고 영지주의의 구속과 신방 의식을 그것 하나로 한꺼번에 집행하는 것이다. 이 의식을 통해 일반 신도는 '완전한 자'가 되고 최후의 해방에 대한 확약을 받게 된다. 완전한 자라는 지위는 남녀 모두에게 열려졌으며, 실제로 카타르 파 교회에서는 영적·물질적으로 위대한 업적을 이뤄낸 걸출한 여성들이 많았다. 마니교의 교회에서처럼 카타르 파 교회에서도 대다수 신도들은 몇 가지 제한 규정 외에는 아무런 구속도 받지 않고 생활했다. 하지만 자녀 양육 등 가정의 의무를 마친 성인 남녀들이 콘솔라멘툼을 받고 완전한 자의 반열에 들어가는 것은 결코 특별한 일이 아니었다.

카타르 파 교회는 지리적으로 분할이 되었고, 지역마다 한 사람씩 감독을 두어 관할하도록 하였다. 감독들은 자신들의 직무를 수행함에 있어 장자elder son와 차자younger son라고 알려진 두 사제의 도움을 받았다. 감독이 사망하면 장자가 감독이 되고 차자는 장자가 되었다. 집사들은 각 감독 아래 소속되어 있으면서 방문과 선교와 관련된 일을 주로 담당했다. 진심으로 성령에 헌신했던 카타르 파 사람들은 여러 절기 가운데서도 성령강림절을 중요하게 여겼다. 카타르 파는 교회를 짓지 않고 큰 집이나 귀족의 성에서 집회를 가졌다 흰 아마포를 덮고 그 위에 수많은 촛불을 장식한 테이블이 그들의 제단이었다.

카타르 파는 인간의 영혼이 본래 천사였다고 여겼다. 그들은 루시퍼가 인간의 순결한 영혼을 훔쳐 본성상 썩을 수밖에 없는 육체 속에

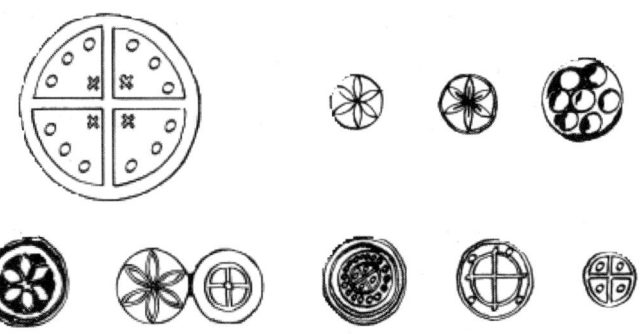

돌과 부적에 새겨져 있던 조각상들을 복제한 카타르 파의 상징적인 문양들. 대부분 균형과 조화를 상징하는 숫자 4와 6을 포함하고 있다.

가두었다고 가르쳤다. 다른 영지주의 체계들도 마찬가지지만 카타르 파에서도 인간은 영과 썩어 없어질 물질로 이루어졌다고 이해한다. 그들은 성욕 등 세속에 대한 애착을 인간 생활의 타락한 조건에서 말미암은 결과로 여겼다. '완전한 자'들은 음식을 철저히 조절하는 등의 금욕적인 삶을 살았다. 어떤 자료에서는 카타르 파의 '완전한 자'들이 채식주의자였다고 언급하고, 어떤 자료에서는 그들이 식용을 목적으로 동물을 기르지 못하게 하는 대신 "숲과 강에서 움직이는 것들"을 잡아먹고 살았다고 전한다. 아주 사치스러운 환경에서 자란 수많은 귀족과 숙녀 들 중 상당수가 '완전한 자'의 계층에 들어와 소박하고 절제된 삶을 살았다고 한다.

'선한 사람들'의 생활 방식은, 자신들의 수도원과 수녀원은 당시 극심한 부패 양상을 보이고 있던 가톨릭 성직자들로부터 분노를 샀다. 카타르 파의 운명을 결정지은 것은 이들 가톨릭 교회의 적개심과 질투였다. 1179년 교황 알렉산더 3세는 카타르 파를 파문했는데, 이는 그들을 화형시키라는 명령이나 다름없었다. 카타르 파를 가톨릭

교로 다시 개종시키려는 집중적인 노력은 주로 시토Citeaux 수도회 지도자들을 중심으로 한 성직자들, 특히 시토의 수도원장인 아르노 아말릭Arnaud Amalric과 로마 교황의 특사인 카스텔노의 피터Peter of Castelnau에 의해 진행되었다. 랑그독의 주민들은 돈 많고 거만한 고위 성직자들을 경멸의 눈으로 바라보며, 그들을 소박하게 살아가는 '완전한 자'들과 사심 없이 비교할 수 있었다.

카타르 파에 적대적인 또 다른 인물은 성 도미니크St.Dominic로 널리 알려진, 도미니크 드 구스만Dominic de Guzman(1172~1221, 도미니크 수도회를 창설한 인물—옮긴이)이었다. 1206년, 이 광신적인 스페인 인은 다음 교황 이노센트 3세로부터 카타르 파와 영적 전쟁을 벌이라는 책임을 부여받았다. 1207년, 판조Fanjeaux에서의 유명한 논쟁에서 도미니크는 만만치 않은 카타르 파 교사 기야베어 드 카스트르 Guilhabert de Castres와 대결을 벌였다. 도미니크는 논쟁에서 패하고 카타르 파를 개종시킬 기회마저 잃고 말았다. 분노에 사로잡혀 자리를 떠나던 그는 복수를 다짐했다.

복수의 기회는 곧바로 찾아왔다. 1208년, 도미니크가 랑그독을 떠난 직후 무장한 카타르 파의 동조자들이 교황의 특사인 카스텔노의 피터를 살해하는 일이 벌어졌다. 이노센트 3세는 이 사건을 구실삼아 동료 기독교인을 친 처음이자 유일한 십자군, 곧 카타르 파에 맞선 십자군을 지시했다. 곧이어 악명 높은 종교 재판이 진행되었다. 엄밀히 그것은 카타르 파를 끝까지 찾아내 전멸시키기 위한 것이었다. 이 잔인한 재판은 도미니크 수도승들의 책임 아래 이루어졌다. 도미니크 수도승들은 당시 수많은 가톨릭교인들에게조차 증오의 대상이었는데, 사람들은 그들을 '하느님의 개들Domini canis'이라고 부

카타르 파의 상징적 문양으로, 다양한 종류의 원과 원형적 십자가를 보여준다. 문양들은 영지주의 플레로마(충만)의 영원성과 조화를 의미한다.

르곤 했다. 이단에 맞서 십자군에 가담한 모든 사람에게는 영적·물질적 보상이 약속되었다. 저 잔인한 알비 파 십자군은 이렇게 시작되었다.

 카타르 파 사람들에게 살인은, 아무리 자기 방어라 하더라도, 신조에 어긋나는 것이었다. '완전한 자'들의 삶은 오로지 종교적 의식과 영적 실천 행위에만 바쳐졌다. '선한 사람들'은 검은 예복을 길게 늘어뜨려 입고서, 자신들이 믿는 것은 순결한 기독교의 복음이라고 외치며 온 도시를 돌아다녔다. 허름한 수도원을 닮은 그들의 거주지에서는 기도와 명상이 끊이지 않았다. 신분이 높은 귀족들도 카타르 파에 끌렸지만, 평민과 농부들 또한 이 영지주의 종교에 매혹되었다. 같은 지역에 사는 가톨릭 신도들도 카타르 파 사람들을 존경하고 좋아했다. 실제로 랑그독의 가톨릭 신도들 가운데는 자진해서 칼을 빼들어 목숨을 걸고 카타르 파의 '완전한 자'들을 방어하고 나선 이들이 많았다.

절멸당한 온화한 신앙

1209년부터 약 1250년까지 십자군 병사들이 물밀듯이 랑그독에 몰려들었다. 툴루즈의 백작들은 백성들의 학살을 저지하기 위해 필사적으로 노력했고, 주민들은 용맹스럽게 싸우다 죽었다. "하느님은 당신의 자녀를 아실 것이다!"라는 말과 함께 누구든 가차 없이 살해하라는 명령이 내려진 베지에르의 경우처럼, 종종 가톨릭교인이 카타르 파 사람과 함께 학살당하기도 했다. 전거가 의심스럽긴 하지만, 이 한마디는 알비 파 숙청의 잔인성을 적나라하게 보여준다.

미네르브, 베지에르, 카르카손, 툴루즈, 푸이베어, 푸이로롱을 비롯한 곳곳의 성과 도시, 마을과 촌락이 피의 전쟁으로 물들었다. 포위 공격을 당해 함락된 성과 마을에서는 이단자들에 대한 집단 화형이 이루어졌다. 지중해 식물들의 감미로운 향기는 불타는 인육의 메스꺼운 연기에 묻혔다. 브르타뉴 인, 플랑드르 인, 심지어 발트 인과 영국인까지 포함된, 북쪽에서 온 야만스런 병사들은 유럽에서 가장 아름답고 세련된 지방 중 한 곳을 기쁨에 넘쳐 파괴했다. 처음부터 이 군대를 이끌었던 시몽 드 몽포르는 신앙심보다는 영토와 성을 챙기려는 탐욕에 가득 찬 잔악무도한 사람이었다. 그의 군대는 오늘날까지도 그 지역에 기분 나쁜 흔적들을 남겨놓고 있다. 몽포르는 툴루즈를 포위 공격하던 중 한 영웅적인 여인이 투석기로 발사한 돌에 맞아 죽었다. 하지만 그의 자리는 그와 똑같이 가혹하고 비정한 지휘자들에게 넘겨졌다.

랑그독 몽세귀르 산과 그곳의 폐허. 성이 함락될 당시 적들은 산의 가파른 측면으로 침공했다. 1244년 3월 16일 카타르 파의 완전한 자들 수백 명은 몽세귀르 산기슭에서 집단 화형되었다.

몽세귀르에 있는 산성의 폐허. 이 요새는 마지막 남은 상당수의 완전한 자들을 위한 굳건한 성전과 피난처 역할을 했다.

카타르 파에게 가장 성스러운 장소인 동시에 패배와 죽음으로 얼룩진 비극의 장소는 유명한 몽세귀르 성이다. 아주 오랜 옛날부터 성지聖地였음에 분명한 이 성은 카타르 파의 '서양의 다볼 산Mount Tabor'(구약 성서에 등장하는 산으로 시스라가 이끈 이방인의 군대가 이스라엘의 사사士師 드보라와 바락이 이끈 군대에게 전멸당한 곳이다. 기록에 따르면 "시스라의 온 군대는 칼날에 쓰러져 한 사람도 남지 않았다"고 한다—옮긴이)으로 알려지고 있다. 열렬한 여성 신봉자로 백작 지위에 있기도 한 에스클레르몬드 드 포아Esclaremonde de Foix와 협력하여 카타르 파의 지도자인 기야베어 드 카스트르가 복구한 이 비범한 건축물은, 아리에쥬의 높은 산맥 속 거대한 바위pog 꼭대기에 위치해 있다. 1243년에서 1244년에 걸쳐 이 성은 장시간 십자군의 포위 공격을 견뎌냈으나, 그 뒤 소설가 로렌스 더렐Lawrence Durrell이 시적으로 "영지주의 영혼의 테르모필레"(기원전 480년 스파르타의 장군 레오니다스가 이끈 그리스 군이 페르시아 군과 싸우다가 전멸한 그리스의 옛 싸움터—옮긴이)라고 부른 상황에 맞닥뜨리게 되었다. 1244년 3월 16일, 카타르 파의 마지막 남은 꽃, 남녀 수백 명의 '완전한 자'들이 몽세귀르 바위 밑 너른 장소로 끌려가 모두 화형을 당했다. 오늘날까지 이 장소는 '화형당한 자의 땅'으로 알려져 있는데, 카타르 파에 경의를 품은 사람들이 세운 조그마한 기념비가 방문객에게 그 사건을 상기시키고 있다. 화형당하기 사흘 전 카타르 파 신자 스무 명이 콘솔라멘툼을 받고 자신들의 죽음을 맞아들였다. 그들은 모두 찬송을 부르며 기쁨으로 화염 속으로 뛰어들었다.

랑그독에서 마지막 카타르 파 사람들이 죽임을 당한 뒤에도 그들의 신앙은 이탈리아에서 한동안 명맥을 유지했다. 다른 유럽 지방에 숨어 있던 신자들은 어떤 일이 벌어질지 알았기에 자신들의 믿음을

몽세귀르에 있는 카타르 파의 성스러운 요새의 성문. 성문은 최근에 지어졌지만 용케 이 특별한 장소의 신비로움을 잘 자아내고 있다. 오늘날 수천 명의 성지 방문객들이 카타르 파를 기리며 이 문을 드나든다.

1960년경 몽세귀르에 세워진 카타르 파 순교자 기념비. 이 단순한 기념 석주는 고대 카타르 파의 상징물을 모방한 것이다. 위쪽의 원형 십자가는 카타르 파의 전통적인 십자가이다. 아래쪽의 십자가는 툴루즈 지방의 문장紋章 십자가이다.

드러내지 않았다. 전하는 바에 따르면 장미십자단의 전설적인 창설자 크리스티안 로젠크로이츠Christian Rosenkreutz는 여러 세대에 걸쳐 은밀히 카타르 파 신앙을 지켜온 게르미스하우젠Germishausen이라는 기사 집안의 자손이라고 한다.

최근 몇십 년 동안 카타르 파의 전통과 역사에 대한 관심이 높아지고 있다. 그들의 이름을 따라 거리명과 도로명이 붙는가 하면, 지역 주민과 카타르 파 성지를 찾는 방문객들은 경건하게 그들을 기념한다. 최근 부쩍 프랑스 어와 그 밖의 언어로 카타르 파의 명예와 순교를 이야기하는 작품들이 늘어가고 있다. 다른 영지주의 전통처럼, 이 숭고한 그노시스 전통도 현대인의 인식의 빛 속으로 점차로 진입하고 있는 것이다.

    저자와 친분이 있는 사람으로 베지에르에 거주하던 한 미국인 여성이 언젠가 이웃 사람에게 카타르라는 단어를 언급했다고 한다. 그러자 그 시골 노인은 낯선 표정을 지으며 "부인, 카타르 파 사람인가요? 비록 말은 하지 않지만 우리는 언제나 카타르 파였어요. 또 언제까지나 카타르 파로 남을 거고요" 하고 말했다고 한다. '선한 사람들'의 그림자는 현대 세계와 생활에까지 길게 드리워져 있는 것이다.

11
영지주의의 유산: 영지주의의 부흥

영지주의 전통은 두 가지 요소로 이루어졌다고 말할 수 있을 것이다. 첫 번째 요소는 가르침과 예식에 관련된 전통이다. 적어도 초기 기독교 시대부터 분명한 형식을 갖춘 영지주의적 성격의 메시지가 존재했다. 예언자 마니의 가르침, 혹은 그보다 약간 이른 시기 알렉산드리아와 시리아에서 생겨난, 마니의 영적 친척쯤 되는 종파들의 가르침, 현대 만다교의 기원이 된 중동의 수많은 영지주의 운동들의 가르침, 발칸에 본거지를 둔 보고밀 파의 가르침, 피레네 산맥의 카타르 파의 가르침 등 그 어떤 가르침에서든 간에 우리는 그노시스 혹은 그노시스에 관련된 가르침들을 통해서 공통된 구원의 메시지를 발견한다.

두 번째 요소는 첫 번째 요소에 비해 분명치 않다. 이것은 마음가짐, 곧 심리적인 분위기와 관계된다. 교부 테르툴리아누스는 아니마 나투랄리테르 크리스티아나anima naturaliter christiana(영혼은 본질적으로 기독교적이다)라는 말을 했다고 한다. 이 말처럼 어떤 영혼은 태생적으로 영지주의적이다. 지리적·문화적·영적 환경이 어떠하든지 간에 그런 영혼은 필연적으로 영지주의 세계관에 끌리게 되어 있다. 그런 심리적인 성향이 영지주의 메시지가 지닌 어떤 요소에 의해 자극을 받을 때 영지주의는 부흥하게 된다. 그리고 실제로 전체 역사를 통틀어 그런 식으로 영지주의의 부활이 이어져왔다.

콘스탄티누스 황제 이후 정통 기독교가 승리를 거둠으로써 영지주의 전통은 지하로 숨어 들어갔다. 초기 영지주의 기독교에 대한 마지막 타격은 4세기 후반에 가해졌다. 투르의 성 마르틴St. Martin of Tours을 비롯한 관용적인 정통 기독교인들의 탄원에도 불구하고 사나운 박해의 파도가 아빌라의 프리스킬리안을 따르던 추종자들을 삼켜버린 것이다. 이때부터, 보통 마니교도라는 잘못된 이름으로 불린 영지주의자들에 대한 끈질긴 탄압이 이어지면서 영지주의는 명맥을 유지하기 힘들었다. 12, 13세기 카타르 파가 등장하면서 비로소 서유럽에 영지주의가 다시 모습을 드러내게 되었다.

기독교적 성격이 강함에도 불구하고 영지주의는 이슬람교, 특히 수피즘(이슬람교의 신비주의 사상. 신에 대한 사랑과 합일을 역설한다—옮긴이)과 이스마일 파(이슬람교 시아 파의 한 분파로, 일자 또는 신과의 합일을 중시한다—옮긴이) 같은 신비주의 학파에 결정적인 영향을 미쳤다. 예언자 무함마드Muhammad 또한 영지주의의 일부 사상에 대해 잘 알고 있었던 것 같은데, 이는 이미 그 당시에 수많은 영지주의적 종교 집단이 있었던데다 거기에 속한 사람들이 이슬람교로 개종하는 일이 잦았기 때문일 것이다. 무함마드는 기독교인들이 예수의 참된 복음을 파괴하고 그 대신 타락한 복음을 가져다놓았다고 말한 것으로 알려져 있다. 예수의 참된 복음이란 영지주의적 복음을 언급한 것일까? 가능한 일이다. 위대한 수피 스승 수흐라와르디Suhrawardi는 《계몽의 철학Philosophy of Illumination》(1186)에서 자신의 깨달음에 영향을 준 플라톤적 원천과 영지주의적 원천을 인정한 바 있다. 오늘날 수피즘 속에 영지주의적 요소가 존재한다는 것은 모두가 아는 사실이다.

그노시스와 종교 개혁

프로테스탄트 종교 개혁은 희박하나마 영지주의와 관련이 있다. 루터는 개인의 영적 체험에 관한 (본질적으로) 영지주의적인 관심이 당시 가톨릭교에서 거의 사라졌다는 사실을 알고 있었고, 그래서 그것을 회복하길 바랐다. 하지만 그의 의도는 실패로 끝났다. 권력에 굶주린 독일 제후들과 생각 없는 루터교 성직자들의 부정한 결탁으로 인해 프로테스탄트의 심장부에서 꿈틀거리던 영지주의적 움직임은 이내 질식당하고 말았다. 영지주의적인 혹은 그보다 온건한 신비주의적인 사상과 예식이 개혁 신앙에서 사라지면서, 영지주의적 성격이 적지 않은 비교적 종파들이 독일 국교國敎 밖에서 생겨나기 시작했다.

그 당시 독일 영지주의의 중요 인물로는 괴를리츠 지방의 구두 수선공 야콥 뵈메Jacob Boehme(1575~1624)가 있다. 지방의 루터교 성직자들로부터 무자비한 시달림을 당하면서도, 풍부한 영감을 지닌 이 시골 학자는 여러 권의 신비주의 저서를 썼다. 그 책들은 유럽 전역에서 비교적 성향을 지닌 사람들에게 읽혀졌다. 뵈메의 철학이 자신의 신비 체험에서 영감을 받은 것이긴 하지만, 그의 책을 보면 그가 다른 신비 전통도 두루 섭렵하고 있다는 사실을 알게 된다. 이 시기는 헤르메스주의와 카발라의 지혜가 부활함과 동시에 르네상스가 발생하고 이로써 연금술이 촉진되던 때였다. 뵈메는 이 모든 비교적 가르침들을 잘 알고 있었으며, 그래서 자신의 그노시스 체계에 그것들을 전부 통합해 냈다. 그는 인간의 영이 하느님의 본질에서 솟아나온 신성한 불이라고 가르쳤다. 어둠에 갇혀 있으면서 엄청난 고통과 슬픔을 경험하는 이 영은 신성한 존재의 원초적 빛과 다시 결합하도록 운명지어졌다. 인간의 영이 신적 근원에 도달하도록 끌어주는 이 결합의 힘은 다름 아닌 사랑의 불꽃이다. 분명한 영지주의적 특성을 보여주는 뵈메의 가르침은 프랑스 신비가 생-마르탱Saint-Martin과 퀘이커 파를 창시한 조지 폭스George Fox, 신지학자 블라바츠키가 그랬듯이 다양한 개인들에게 커다란 영향을 미쳤다.

후기 종교 개혁 시대에 발전한 가장 낭만적이고 신비적인 것 중 하나는 장미십자단의 전설과 관련이 있다. 1614년 독일의 카젤에서 조그마한 책 한 권이 출판되었다. 그 책의 긴 제목은 짧게 《파마 프라테르니타티스Fama Fraternitatis》(형제애에 관하여) 또는 《파마》라고 알려졌다. 누구인지 알 수 없는 이 책의 저자는 유럽의 식자들에게 영적 지침에 따라 보편적 지식을 개혁하기 위한 연대 조직을 만들라고 촉구하는 한편, 그때까지 알려져 있지 않던 장미십자단Rosicrucian Order이라는 형제단이 이 과업을 수행할 수 있도록 도움을 주고 있다.

이런 요청의 배경을 설명하기 위해, 《파마》는 1378년에 태어나 1484년까지 살았다고 전해지는 독일의 귀족 크리스티안 로젠크로이츠(장미 십자가Rosy Cross라는 뜻)에 관한 낭만적인 이야기를 장황하게 들려준다. 청년 로젠크로이츠는 모로코로 여행을 떠났으며 그곳에서 신비 수련에 정통한 숙련자들을 만나 가르침을 전수받았다. 유럽으로 돌아온 후 같은 뜻을 지닌 사람들을 모아 작은 회합을 갖고 장미십자단을 결성했다. 그가 죽은 뒤 장미십자단은 100년 동안 비밀스럽게 존속했다. 그 후 창설자의 근본 가르침에 따라 장미십자단원들은 로젠크로이츠의 무덤으로 들어가, 그곳에서 부패하지 않은 채로 있는 창설자의 몸과 다수의 신비로운 물건, 문서를 발견했다. 이에 용기를 얻은 단원들은 비밀스러운 태도를 버리고 조직을 적극적으로 재탄생시키게 되었다. 이때가 바로 장미십자단이 공개적으로 다시 알려진 시기이다.

《파마》가 출판된 지 1년이 지난 후《장미십자단의 고백 Confession of the Rosicrucian Fraternity》이라는 또 한 권의 저서가 출판되었다. 그러나 이런 책들의 출판에도 불구하고, 비밀 형제단으로 알려진 사람들은 조직을 비밀리에 유지시키기로 결심했음에 분명하다. 사람들은 장미십자단원들을 찾으려 했지만 아무도 찾아내지 못했다. 의심을 가진 자들은 이 모든 것을 거짓이라고 단정하기도 했지만, 계속해서 그들을 찾으려는 사람들도 있었다. 18세기 들어 계몽주의의 자극을 받은 장미십자단은 새롭고 대중적인 프리메이슨 운동과 연대하면서 더욱 적극적으로 움직이기 시작했다. 부활한 장미십자단은 프로이센의 한 왕을 포함해 독일 사회의 엘리트들을 단원으로 끌어들였다. 장미십자단의 전설에 매력을 느끼고 들어온 좀더 혁명적인 성향의 사람들은 조직의 정치색이 보수적인 데 불만을 갖기도 했다. 그러나《파마》는 사회의 혁명적인 전환보다는 지식의 보편적인 개혁을 요구했다.

최초 형태의 장미십자단이 여전히 존재하는지는 분명치가 않다. 하지만 장미십자단의 신화가 비교적 사상의 중요한 원형적 모티브가 되었음은 의심의 여지가 없다. 바로 이 지점에서 영지주의와 장미십자단의 공통점이 발견될 수 있다. 장미십자단의 문서들을 보면 분명히 연금술적인 토대가 보인다. 그런 문서 중 하나인 《크리스티안 로젠크로이츠의 화학적 결혼The Chemical Marriage of Christian Rosencreutz》은 연금술적 결합의 과정을 묘사한다. 융이 밝혀냈듯이 연금술은 영지주의와 깊은 관련성을 갖고 있다. 더군다나 신비의 인물 크리스티안 로젠크로이츠는 새로운 형식으로 영지주의 전통을 확립하고 싶어한 독일 내의 카타르 파였을 가능성이 높다. 프랑스 인으로 20세기 카타르 파 연구의 선구자로 꼽히는 모리스 마그르Maurice Magre는 《마술사들의 복귀The Return of the Magi》에서 이렇게 적고 있다.

> 잘려나가거나 재로 변해버린 위대한 알비 파의 숲에서, 그 가르침을 변형시켜 영원히 존재케 할 오직 한 사람이 살아남았다.…… 14세기 중엽, 크리스티안 로젠크로이츠라는 상징적 이름으로 알려지고 독일 게르미스하우젠(또는 게르멜스하우젠) 家의 마지막 후손인 이 현자는 알비 파 출신이었다. 씌어진 책도 없거니와 역사적 증거도 없다. 어떻게 그런 것들이 존재할 수 있었겠는가?

마그르는 프랑스의 비교적 전통에 깊이 몰두한 인물로 일반 사람들에게는 알려지지 않은 채 구전되어 온 전통에 비밀리 관계했을 것이다. 아무튼 장미십자단의 다양한 부흥 운동과 영지주의 전통 사이의 연합은 계속되어 왔으며, 이것은 그 자체로 의미가 있다.

계몽과 혁명의 영지주의적 씨앗들

영지주의자들이 추구한 계몽은 18세기 계몽주의의 이상이나 목표

몽세귀르에서 발견된 카타르 파의 메달. 여섯 개의 꽃잎을 가진 별 형상은 고대 영지주의 부적에서 발견된 문양들과 상당히 닮아 있다. 상하좌우 사방이 대칭인 원형 십자가는 궁극적 충만과 조화를 상징한다.

하고는 달랐다. 영지주의의 계몽, 곧 그노시스는 해방을 위한 영적 통찰로 이해된다. 볼테르와 동시대의 계몽 사상가들이 추구한 계몽은 중세 교회의 몽매주의와 독단주의를 몰아내는 것이었다. 하지만 두 사상은 그 기원과 근본 방향에서는 일치한다. 계몽주의 속의 영지주의적 요소를 이해하기 위해서는 그보다 앞선 중세 후기를 살펴보지 않으면 안 된다.

아름다운 프랑스 땅 어디를 여행하든 템플 기사단의 자취를 만나게 된다. 몰타 기사단Malta Knights, 독일 기사단Teutonic Knights과 함께 십자군의 3대 기사단 중 하나인 템플 기사단Temple Knights은 항상 프랑스 인을 위주로 구성되었다. 그들이 남긴 건축물과 교회를 보면 전사이자 수도승이었던 이 기사단이 한때 얼마나 막대한 부와 영향력을 누렸는지 알 수 있다.

12세기, 성지 팔레스타인에서 창설된 템플 기사단은 성지를 찾아온 순례자들을 지키고 보호하는 일에 전념했다. 기사단을 창설한 핵심 기사들 중에는 비교적 영성에 기울어 있는 이들이 있었던 것으로

묘비로 사용된 것으로 보이는 카타르 파의 석주 石柱. 열두 개의 꽃잎을 피운 나무를 묘사하고 있다. 12궁도를 상징하는 것으로 보인다.

보이며, 그런 경향은 기사단이 비극적인 결말을 맞이할 때까지 이어졌다. 최초의 템플 기사단 지도자인 위고 드 파이앙Huges de Payens은 이단 카타르 파에 관심을 가진 인물로, 랑그독 출신의 동료 기사 조프로이 드 생-아데마르Geoffroy de Saint-Adhemar(때로 생-오메르Saint-Omer라고 잘못 기록되기도 한다)로부터 카타르 파의 가르침을 전해들은 바 있었다. 또 '산의 노인'이라 불리는 전설적인 구루guru가 이끈 이스마일 파의 비밀 암살 결사단(이슬람교인으로 구성되어 십자군 지도자 등을 암살했다—옮긴이)의 교리에 대해서도 초기 템플 기사단은 잘 알고 있었던 것 같다. 가장 중요한 사실은 초기 템플 기사단이 성지 팔레스타인 및 그 주변 지역에서 세례자 요한의 신비 사상을 따르는 영지주의 집단—아마도 만다교 공동체—과 접촉을 가진 것처럼 보인다는 것이다. 템플 기사단은 이런 원천들로부터 가르침을 받아 이를 유럽, 특히 고국인 프랑스에 비밀리에 전했다.

템플 기사단의 창설자들에게는 정통 가톨릭교도 중 클레르보의 성 베르나르(시토회 수도사—옮긴이)라고 하는 든든한 후원자가 있었다. 〈아가서〉의 불가사의한 여인과 관련된 그의 신비로운 가르침 자체가 비교적 색채를 띠고 있다. 베르나르의 도움으로 템플 기사단은 조직도 잘 꾸리게 되었고 교황 외에는 누구의 심판도 받지 않게 되었다. 그러나 그들의 부가 커지면서 프랑스 군주들의 질투도 그만큼 커져갔다.

템플 기사단이 카타르 파에 맞선 십자군에 참여하기를 거절하면서 프랑스 왕가와 기사단의 관계는 더욱 악화되었다. 그로부터 반세기가 지난 1307년 10월 13일, 프랑스 왕과 교황(프랑스 왕에게 빚지고 있던 프랑스 인 교황)의 결탁으로 마침내 기사단은 해체되고 지도자들은 체포되었다. 곧이어 수많은 지도급 기사들과 그랜드 마스터 자크 드 몰레이Jacques de Molay가 이단이란 죄목으로 화형에 처해졌으며, 기사들에 대한 잔인한 박해가 뒤따랐다. 살아남은 자는 외국에 있던 몇 안 되는 기사들뿐이었다. 위대한 기사단은 그렇게 사라졌다.

템플 기사단의 해체와 박해는 랑그독의 파괴와 카타르 파 영지주의자들에 대한 학살의 기억이 채 가시기도 전에 발생했다. 하지만 랑그독에서의 끔찍한 사건이 그 당시 대다수 프랑스 인에게는 낯선, 조그만 변방의 사건이었다면, 템플 기사단에 대한 살육은 전 프랑스 인과 관련된 사건이었다. 왕과 교황에 대한 반감은 엄청났고 세월이 지나도 결코 사그라지지 않았다. 교회가 카타르 파와의 전쟁에서 스스로 잔인하고 야만스런 조직임을 드러냈듯이, 이번에는 왕이 자신에게 가장 큰 공을 바친 신하들을 죽인 망은忘恩의 폭군임을 드러냈다. 이렇게 왕과 교회에 대한 철저한 불신의 씨앗들이 프랑스에 뿌려졌다.

이 씨앗들이 열매를 맺기까지는 400년이라는 긴 시간이 걸렸다.

먼저, 프랑스의 지식 계급이 교회와 부르몽 왕가의 권력을 무너뜨리기로 결심하기에 이르렀다. 이를 실현하기 위해 그들이 사용한 무기는 칼이 아니라 펜이었다. 그들이 쓴 글들은 교회에 대해 비판적이고 왕가에 대해서도 어느 정도 비판적인 사상의 봇물을 열었다. 두 번째 단계는 프랑스 혁명의 발발과 함께 진행되었다. 단두대로 끌려가던 루이 16세는 "이것은 자크 드 몰레이의 복수다"라고 말했다고 한다.

프랑스 역사에 대한 이러한 해석이 물론 일반적인 것은 아니라 해도, 프랑스와 여타 유럽 지역의 비교적 단체들 사이에서 전해지고 있는 것도 틀림없는 사실이다. 역사학자 중 카타르 파에 대해 선구적인 글을 써온 조이 올덴버그Zoe Oldenbourg는 《몽세귀르에서의 대학살》이라는 책에서 이 같은 해석과 거의 일치하는 몇 가지 사실을 진술한다.

계몽주의 시대의 영지주의자

마니교에 대해 감히 호의적인 말을 하던 사람들이 사라지고 난 지 천여 년의 시간이 흐른 뒤인 18세기, 처음으로 다시 그런 행동을 취한 사람은 다름 아닌 볼테르였다. 《캉디드Candide》에서 볼테르는 "가능한 세계들 중에서 가장 훌륭한 이 세계에서는 모든 것이 최고다"라는 격언을 믿는 경박한 낙천주의자에 맞서 훌륭히 논쟁을 벌이는 늙은 떠돌이 학자, 마르탱이라는 마니교인을 묘사한다. 또 〈플라톤의 꿈〉이라는 단편에서는 호의적인 어조로 영지주의 가르침들에 관한 상당한 지식을 보여준다.

계몽주의 시대의 걸출한 인물 중 한 사람은, 독일어 권역에서 오늘날까지 왕들의 시인이요 시인들의 왕으로 불리는 요한 볼프강 폰 괴테Johann Wolfgang von Goethe이다. 볼테르와 달리 괴테는 비교적 수련들, 특히 연금술을 공개적으로 행했다. 그는 카타르 파를 지칭해 "아버지를 아는 자들이 있었다. 그들에게 어떤 일이 벌어졌는가? 오, 저들이 그들을 잡아 불태웠다!"라는 유명한 시를 쓰기도 했다. 괴테의 주저는 《파우스트Faust》이다. 8장에서 살펴보았듯이, 파우스트는 초기 영지주의 교사 시몬 마구스의 모습에서 영감을 받아 설정한 인물이다. 시몬에게 경의를 표하는 이름 중 하나가 파우스투스Faustus였던 것이다. 그보다 이른 16세기, 고대 영지주의 마술사를 묘사한 유일한 작품인 크리스토퍼 말로Christopher Marlowe의 희곡에서는, 그때가 전통적인 기독교 신학의 관점이 팽배하던 시기였던 만큼, 파우스트는 영원한 저주를 받는다. 하지만 괴테의 파우스트는 그런 운명으로 고통받는 대신 불멸의 여성Eternal Feminine—영지주의의 소피아를 넌지시 암시하는 것 같은—을 통해 구원받는다.

모든 면에서 볼 때 영미 문학에서 괴테에 필적하는 작가는 윌리엄 블레이크William Blake이다. 블레이크의 친구 헨리 크랩 로빈슨Henry Crabb Robinson은 블레이크가 종종 "영지주의자들의 교리를 반복했다"고 기록했다. 다른 사람들도 블레이크의 작품에 나타나는 영지주의적 특징을 논평하고 있다. 블레이크 자신의 설명(로빈슨 이외의 사람들이 기록한)에서도 동일한 특징이 지적되고 있다. 블레이크는 뉴턴의 깔끔히 정돈되고 시계처럼 정확한 우주를 인정하지 않았다.(혼돈 이론과 여타 탈현대 이론들이 고전 과학 체계에 제기하는 도전들에 대해 블레이크가 어떻게 반응했을지 궁금하다.) 블레이크는 "자연은 악마의 작품이다"라고 말했다. 그에게 '자연'이란 창조물 전체를 의미했다.

블레이크의 시 중 가장 어린애답고 가장 잘 알려진 〈호랑이The Tyger〉의 두 번째 연구聯句에서 그는 가장 영지주의적인 방식으로 이렇게 묻는다. "어떤 불멸의 손이나 눈이／ 감히 너의 그 소름끼치는 균형을 짜맞추었느냐?" 무언의 대답에 따르면, 그것은 블레이크의 작품에 어토나Urthona(지구의 주인), 옛적부터 항상 계신 이the Ancient of Days, 그 밖의 다른 이름으로 거듭해서 등장하는 데미우르고스이다. 자신들의 창조물 속에 갇혀버린 저급한 존재들의 저급한 창조물인 세상에 대해 블레이크는 아주 분명히 이렇게 진술한다. "이 세상을 감각적인 것으로 만들고 이제는 노예가 되어 그 세상 속에 사는 것처럼 보이는 거인들은 진실로 세상적인 삶의 원인이요 모든 창조성의 원천이다."(《천국과 지옥의 결혼The Marriage of Heaven and Hell》에서)

블레이크는 카르포크라테스 파와 그 밖의 이른바 도덕률의 폐기를 주장하는 영지주의자들과 상당한 공통점을 지닌 것으로 보인다.《천국과 지옥의 결혼》에 수록된 〈지옥의 잠언Proverbs of Hell〉에서 블레이크는, 영지주의자들이 그랬듯이 경건한 도덕적 감수성을 지닌 자들에게 충격을 안겨준다. "지나침의 길이 지혜의 궁전으로 이끈다. 감옥은 법의 석재石材로, 사창가는 종교의 벽돌로 지어진다."《예루살렘》에서 블레이크가 "자신의 위대한 과제"라고 정의한 것이 지금껏 그노시스에 대해 내려진 가장 완벽한 시적인 정의일 것이다. "(나는 나의 위대한 과제 곧) 영원의 세계들을 여는 일, 관념의 세계들 속으로, 하느님의 가슴 곧 인간의 상상 속에서 언제나 팽창하고 있는 영원 속으로 인간의 불멸의 눈을 뜨게 하는 일(을 쉬지 않는다.)"(괄호 안의 글은 옮긴이가 블레이크의 원문을 그대로 실은 것이다.―옮긴이)

오랜 시간 끝없이 반복된 교부들의 허위 선전으로 영지주의자들에게 덧입혀진 추한 상을 제거하고 그들의 명예를 회복시킨 위대한 계몽주의 선각자들의 의식적인 노력을, 괴테와 블레이크는 물려받았다. 그들은 볼테르의 저작뿐만 아니라, 더욱 중요하게는, 그보다 앞선 피에르 벨Pierre Bayle의 《역사적이며 비평적인 사전The Historical and Critical Dictionary》 또한 잘 알고 있었다. 그 책은 18세기에 가장 보편적인 백과사전적 저작이었다. 모든 학파의 영지주의자들은 벨의 저서에서 설득력 있고 박식한 변증자를 발견할 수 있었다.

계몽주의에 깊은 영향을 받은 위대한 문학가는 허먼 멜빌Herman Melville이었다. 그의 소설 《백경Moby Dick》에 나타난 영지주의 사상은 여러 작가(예컨대 스튜어트 홀로이드Stuart Holroyd와 에드워드 에딩거Edward Edinger)들에 의해 지적되었고, 따라서 여기서 반복할 필요는 없겠다. 동시대인들의 합리적인 눈에는 선장 에이허브가 미친 사람으로 보일지 모르지만 그가 하는 말의 상당 부분은 고대 영지주의 문서에서 가져온 것들이었다. 예를 들어 작품의 마지막 부분에서 에이허브는 조물주 하느님을 이렇게 공격한다.

> 당신은 당신이 어떻게 생겨났는지 모르고, 그래서 당신 자신을 태어나지 않은 자라고 부릅니다. 분명히 당신의 시작을 알지 못하고, 그래서 당신 자신을 시작이 없는 자라고 부릅니다. 나는 나에 대해 압니다, 오, 전능한 당신이 당신 자신에 대해 모르는 것을. 모든 영원성은 오직 시간적인 것일 뿐이며 모든 창조성은 기계적인 것일 뿐인 당신, 그런 당신 너머에는 가리어지지 않는 뭔가가 있습니다.

계몽주의는 분명 영지주의자 및 그들의 신념에 관련된 문화를 선도先導한 많은 천재들의 관점에 엄청난 변화를 가져다주었다. 이렇게 해서 영지주의적인 사상의 문은 낭만주의자들에게 열리게 되고, 나아가 19세기 오컬트의 부흥으로 이어지기에 이른다.

낭만주의에서 오컬트 그노시스로

계몽주의의 정신을 직접 건네받은 사조 중 하나가 낭만주의였다. 다양한 방향으로 전개된 이 운동은 하나의 핵심적인 세계관에 의해서보다는 이 세상 너머의 환상으로 자주 치닫는 강렬한 감정에 의해서 특징지어진다. 셸리Shelley, 바이런Byron과 같은 일부 낭만주의자들은 신이나 종교의 냄새가 나는 것에는 조금도 관심이 없었고, 워즈워스Wordsworth 같은 이들은 영지주의자가 달가워하지 않을 자연 신비주의를 장려했다. 하지만 낭만주의를 대표하는 다른 이들의 작품에는 분명 영지주의의 중심 사상이 들어 있다. 낭만주의자들은 습관적으로 현세를 경멸하며 숭고의 이상을 동경했다. 그들은 영지주의자와 신플라톤주의자, 그리고 수피가 들었다면 호감을 느꼈을 정도로 인간의 상상력을 찬양했다. 그들이 보여준, 무미건조한 삶에 대한 '성스러운 불만족'과 의식의 비일상적 상태에 대한 의도적인 추구 또한 일부 영지주의자들에게 사랑을 받았음직하다. 간단히 말해, 비록 일정한 틀을 갖춘 것은 아닐지라도 낭만주의자들에게는 어느 정도의 그노시스가 있었다.

19세기는 서구 문화의 정치·산업·과학적 생활에서뿐만 아니라 영적 생활에서도 크나큰 변화와 긴장이 이어진 시기였다. 뉴턴의 우주관에서 맛보던 기쁨의 환호는 더욱 복잡하고 때론 더욱 심오한 개념에 대한 관심으로 자리를 양보했다. 다윈과 그의 생물학적 진화론은 창조에 관한 전통 기독교 교리에 문제를 제기했다. 수많은 불확실성이 제기되고, 미답의 사상과 깨달음에 대한 열광적인 탐구가 진행되었다. 이런 가운데서도 영지주의자들은 잊혀지지 않았다. 독일의 니콜라우스 레나우Nikolaus Lenau가 쓴 서사시적 작품《알비 파 교도들Die Albigenser》은 순교한 카타르 파 사람들의 모험적인 사건을 상기시켰고, 독일과 프랑스의 성서학자들은 영국과 유럽의 도서관과 문서 보관소에서 자취를 드러낸 수없이 많은 영지주의 문서 연구에 착수했던 것이다.

영성의 경험적 측면이라 불릴 만한 것에 근거해 심령주의spiritualism라는 신新샤머니즘 현상도 유행하기 시작했다. 백악관과 나폴레옹 3세의 궁정, 상류 사회의 수많은 성에서 심령술 집회가 열렸으며, 그보다 초라한 곳들에는 일반 대중이 영매를 만나기 위해 들락거렸다. 경건한 언어로 포장된 죽음 이후 삶에 관한 교회의 단정 따위는 필요 없다고 수백만 명의 사람들이 확신하게 되었다. 그들은 자신들이 영지주의의 핵심과 공명하는 신념을 직접 알 수 있다고 느꼈다.

19세기 중반의 중요한 인물은 프랑스의 카발라주의자요 의식儀式 마술의 연구가인 엘리파스 레비Eliphas Levi였다. 그가 쓴 책들은 오컬트주의자라고 자처하는 사람들이 선호하는 책이 되었다. 레비는 영지주의자가 아니었다. 아니, 최소한 공개적으로는 영지주의를 지지하지 않았다. 하지만 그는 실제로 영지주의에 관련한 모든 주제가 빛을 보도록 만든 사람이었다. 그 덕분에 유대교 영지주의인 카발라가 비유대교 오컬트주의자들 사이에서 아주 흥미로운 주제의 하나가 되었다. 오컬트 부흥에 있어 가장 위대한 인물인 헬레나 페트로브나 블라바츠키(친구와 제자 들은 그녀를 H.P.B.라는 별칭으로 불렀다)가 역사의 무대에 등장하게 된 것도 그의 이와 같은 선구자적인 업적의 결과 안에서였다. 블라바츠키는 19세기와 20세기에 걸쳐 대안 영성 운동의 핵심 인물이 되었다.

영지주의자 블라바츠키

1831년 러시아에서 태어난 H.P. 블라바츠키는 오늘날 우리가 경험하고 있는 영지주의의 부활에 이루 다 헤아릴 수 없을 만큼 큰 기여를 했다. 이 비범한 여인은 관심의 폭이 아주 넓은 사람이었다. 그녀는 자신의 사상 체계를, 신플라톤주의자 암모니우스 사카스Ammonius Saccas(신플라톤주의의 창시자로 알려진 플로티누스의 스승. 플로티누스는 무려 11년 동안 그와 함께 살면서 배웠다고 한다—옮긴이)가 사용한 고대어를 부활시켜 '신지학theosophy'이라 불렀다. 영지주의자는 신플라톤주의자가 있는 곳에서 그다지 멀지 않은 곳에 있다. 블라바츠키는 영지주의에 깊은 관심을 가졌으며, 영지주의 전통에 관해 수많은 언급을 했다.(그녀가 기록한 영지주의 관련 자료들을 모으면 270쪽 이상에 달한다.) 영지주의를 연구하기 위해 나그함마디 문서에 접근하는 현대 학자들은, 영지주의에 대한 블라바츠키의 상상을 뛰어넘는 통찰에 완전히 위압당하거나, 아니면 적어도 큰 감명을 받지 않을 수 없을 것이다.

블라바츠키는 고대 영지주의를 부흥시키는 것에는 관심을 두지 않았다. 그녀는 자신의 사상 체계인 신지학으로 보편성을 추구했으며, 그러한 보편성을 통해 불교와 힌두교의 비교적 성격이 서구의 대안적 영성 속에 나타나는 그와 유사한 것들과 하나로 결합될 수 있기를

러시아 태생으로 세계 여행가이자 서구의 대안 영성 전통을 부활시킨 헬레나 페트로브나 블라바츠키(1831~1891). 그녀는 영지주의 사상에 크게 공감했으며, 자신의 저서 중 무려 300쪽을 영지주의와 관련한 주제에 할애했다. 블라바츠키는 1875년 조직된 신지학회의 주요 창설자 중 한 사람이다.

바랐다. '카르마karma' (業), '환생' 같은 대중적이고 실제적인 개념들이 그렇듯이 그녀가 사용한 용어들은 상당수 산스크리트 어에서 온 것들이다. 더욱이 영지주의는 그녀가 자신의 저서들, 특히 《비교 Secret Doctrine》에서 종합하고자 노력한 전통들 안에 포함되는 영예를 얻는다. 블라바츠키의 전체적인 가르침에 정통하고 공감하는 사람이라면 누구라도 영지주의를 무시하거나 부정적으로 생각하기가 어려울 것이다.

마치 영지주의가 특정 시대의 흔적을 간직하고 있듯이, 블라바츠키의 신지학 체계도 필연적으로 19세기 후기의 흔적과 정신을 간직하고 있다. 19세기 후기는 낙천적인 정신이 지배하던 시기였다. 더 나은 세계로 영혼이 영광스럽게 복귀한다는 일종의 궁극적 낙관주의에 의해 이른바 현세 부정적인 영지주의의 염세주의가 완화된다고는 해

영지주의 경전의 탁월한 번역가 조지 로버트 스토우 미드George Robert Stowe Mead. 그의 작품은 1977년 나그함마디 문서가 출판되기 전까지 대중이 접근할 수 있는 영지주의 가르침의 가장 완벽한 원천이었다. 미드의 연구는 수많은 영지주의 연구가들에게 크게 인정받았다. 융은 그의 공로에 감사하려고 직접 런던으로 특별 여행을 하기도 했다.

도, 그와 같은 염세주의는 19세기의 낙관적이고 진취적이며 진보적인 분위기와는 여전히 썩 조화를 이루지 못했다. 따라서 블라바츠키는, 자신이 많은 영지주의 가르침에 동의한다고 말하긴 했어도 영지주의의 이러한 염세주의적인 성격에는 크게 관심을 기울이지 않았다.

영지주의의 하느님 개념에 관한 한 블라바츠키는 분명히 진정한 영지주의자였다. 그녀는 자신의 저서들에서 전통적인 유일신 개념을 맹렬히 공격하고 그 대신 완전히 초월적이고 비인격적인 근본 하느님Godhead—영지주의의 궁극적인 하느님alethes theos 혹은 참 하느님True God과 비슷한—신앙을 변호했다. "구약 성서의 하느님은 데미우르고스"라는 영지주의의 개념은 블라바츠키에 의해서도 확인되었다. 예컨대 "여호와Yehovah는 사탄이다!"라고 대담하게 선언하는 일부 진술들에서 그녀는 "영지주의자를 넘어선다." 다른 곳에서 그녀는 우주는 불완전한 영적 존재들에 의해 만들어졌다고 말하기도 한다. 간단히 말해, 블라바츠키는 언제나 영지주의자를 높여 말했으며, 안전이 보장되는 곳에서는 자신이 영지주의 가르침에 동의한다고 과감히 밝히기도 했다. 사실, 어떤 면에서 그녀는 영지주의를 하나의 변형된 모습이라 할, 조금 은밀하고 목소리를 낮춘 모습으로 바꾸어서 가르쳤다. 루돌프 슈타이너Rudolf Steiner의 인지학Anthroposophy(신지학의 변형)과 블라바츠키의 신지학은 둘 다 힌두교의 옷을 걸친 순수한 영지주의라는 융의 진술은 상당한 진실을 담고 있다.

영지주의자들에 대한 블라바츠키의 호의적이고 통찰력 있는 태도 덕분에, 창조적이며 영적인 모험을 즐기는 많은 사람들이 영지주의에 관심을 갖게 되었다. 그녀의 마지막 개인 비서요 1891년 브라이튼에서 거행된 그녀의 장례식에서 추도사를 낭독한 헌신적인 제자 G.R.S. 미드는 그녀에게 고무되어 영지주의와 헤르메스주의 문서의 번역가가 되었다. 영지주의 관점에서 볼 때, 미드의 연구가 이룬 공헌은 그가 영지주의자들을 알고 그들 경전의 의미를 이해하는 친구로서 영지주의자들에 대한 글을 썼다는 데 있었다. 미드는 학문 영역 밖에 있는 지적인 대중들이 영지주의에 접근할 수 있도록 해주었으며, 이로써 영지주의 부흥의 물결들이 퍼져나갈 수 있는 통로를 마련한 셈이었다.

융과 영지주의적 심리학

H.P. 블라바츠키가 신지학회를 창설한 해인 1875년, 블라바츠키와는 다소 상이한 방식으로 영지주의 부흥을 촉진시킨 칼 구스타프

융이 태어났다. 융은 지그문트 프로이트Sigmund Freud, 알프레드 아들러Alfred Adler와 더불어 위대한 정신분석학자 세 사람 중 한 사람이었다. 하지만 그의 공헌은 심리학의 영역을 넘어 신화, 문화인류학, 문학, 종교학과 같은 분야에까지 미쳤다. 영지주의에 대한 인식과 이해를 촉진시킨 것이 그에게 있어 가장 중요한 업적임은 최근에 밝혀진 대로이다.

융은 어린 시절부터 종교에 지대한 관심을 가지고 있었다. 개신교 목사였던 아버지를 통해 기독교를 전해 받았지만 융은 주류 기독교 전통에 깊이 만족하지 못했다. 마침내 그는 영지주의 문헌들로 돌아섰다. 그 당시 영지주의 문헌이란 지독한 편견으로 얼룩진 교부들의 저서들이었다. 그들이 남긴 파편적이고 적대적이기까지 한 저서들을 통해 과거 영지주의의 그림을 아주 정확하게 복원해 낼 수 있었던 것은 융의 탁월한 능력 덕분이었다. 거기에 그는 영지주의자들에 대한 친근하고 호의적인 정서를 발전시켰다. 제자인 바바라 한나Barbara Hannah가 기록한 바에 따르면, 융은 영지주의자들과 처음 만난 순간부터 마치 오랜 친구들 사이에 있는 것처럼 느꼈다고 말했다고 한다.

융은 심리학자로서 심층심리학의 개척자인 프로이트의 동료가 되었다. 프로이트와 교제하던 초기부터 융은 영지주의자들에 관해 종종 언급하곤 했다. 예를 들어 1912년 8월 12일 프로이트에게 보낸 편지에서 그는 소피아라는 영지주의 개념이 정신분석학을 통해 곧 서구 사상에 재도입되리라고 느낀다는 이야기를 하고 있다. 그러나 영지주의 사상에 대한 그의 심취는 프로이트에게는 아무런 공명도 일으키지 못했다. 사실, 융으로 하여금 자신만의 길을 걸어 프로이트와는 다른 심리학파를 세우게 만든 것은 바로 영지주의적인 영감 때

심층심리학의 주요 창설자 중 한 사람인 칼 구스타프 융(1875~1961). 그는 영지주의자들을 자기 학설의 영적 선조로 여겼다. 그의 모든 저서에는 그가 일생 동안 영지주의에 보인 지극히 호의적인 관심이 고스란히 남아 있다. 그는 처음으로 영지주의 문서와 마주친 때를 회상하며 "마침내 나를 이해해 주는 친구들을 발견한 듯한 느낌을 받았다"고 말했다.

문이었다. 융은, 스스로를 영지주의자라고 밝힌 필레몬Philemon이라는 이름의 영적 인물과 관련된 일련의 환상을 경험했다. 융은 필레몬이 전해준, 상징의 의미에 관한 가르침을 책 속에 담아냈으며, 이 책 때문에 융에 대한 프로이트의 마지막 불만은 폭발하고 말았다.

프로이트와 결별한 직후, 그러니까 자신의 이력을 쌓기 시작한 아주 초기부터 융은 일종의 영지주의적 '복음서'를 저술했다. 발렌티누스 학파의 영지주의자들—하지만 자신들만의 복음서를 썼다는 이유로 이레네우스에게 맹렬하게 비난받은—처럼, 융은 영감을 받아 고대 영지주의 문서의 형식을 그대로 본떠서 한 권의 책을 저술했다. 《죽은 자를 위한 일곱 가지 설교》라고 제목을 단 이 책에 대해 융은 "동양과 서양이 만나는 도시 알렉산드리아의 바실리데스가 쓴, 죽은 자를 위한 일곱 가지 설교"라는 설명을 붙였다. 융은 자신의 심리학적 이론과 통찰 대부분이 이 책에 수록된 '초기의 환각들' 속에 종자의 형태로 존재했다고 고백했다.(C.G. 융,《회상, 꿈, 그리고 사상Memories, Dreams, Reflections》) 따라서 융의 과학적인 연구 너머에 영지주의적 영감이 있었음은 너무도 자명하다.

융은 확실히 영지주의 지혜의 상당 부분을 부활시키고 영지주의 개념과 신화, 이미지를 분석심리학에 훌륭하게 적용시켰다. 이탈리아 학자 G. 필로라모는《영지주의 역사》에서 융과 영지주의의 관계를 다음과 같이 적절하게 요약한다.

> 영지주의자들을 '심층심리학의 실질적인 발견자'라고 인정할 정도로 융의 생각은 오랫동안 고대 영지주의자들의 사상에 깊이 몰입해 있었다.…… 심층심리학은 존재론적 자기에 대한 연구를 필요로 하는바, '개성화'라는 현대적 방법에 선행하는 인지적 기술로서의 고대 그노시스는, 비록 보편 종교의 형식을 취하긴 하지만, 융의 영적 치료법의 특징을 앞서 보여줄 뿐만 아니라 그것을 더욱 명확히 드러낼 수 있도록 도움을 주었다.

융은 영지주의에 관심을 갖는다는 이유로 몇 차례 비난을 받았다.《신의 일식Eclipse of God》에서 마르틴 부버Martin Buber는 융을 영지주의자라고 고발했는데, 이는 융이 비난받아 마땅한 이단자란 뜻이었다. 그보다 최근에, 리차드 놀Richard Noll은 융이 비교적인, 특히 영지주의적인 관심을 보인 것이야말로 그가 좋은 학자도 선한 사람도 아니라는 증거라면서 극히 거친 비난을 퍼부었다. 또 종교학자 로버트 시걸Robert Segal은 융이 영지주의 운동의 방향을 바꿈으로써 부적당한 방법으로 영지주의를 전유專有했다고 비난했다. 시걸은 영지주의자들이 오로지 이 세상에서 벗어나는 것에만 관심을 가졌고, 따라서 대립자들의 화해라든지 그림자의 통합 같은 융의 심리학적 이론들은 영지주의 사상과 아무 관계가 없다고 주장한다.

이와 같은 비판들은 융 자신이 하는 말이나 영지주의 경전의 내용을 볼 때 대부분 그릇된 것임이 판명된다. 융은 영지주의를 심리학으로 바꾸기 위해 그것을 전유한 적이 없었다. 융의 저술을 보면, 영지주의 안에 어떤 다른 의미가 숨어 있든지 간에 그와는 별도로 자신은 심리학자로서 거기에서 심리학적 의미들을 읽어낼 수 있다고 생각했음이 분명히 드러난다. 더욱이 나그함마디 문서에는 자기 지식에 대한 언급, 온전함의 필요성에 대한 언급이 수없이 많다. 그러니만큼 융 심리학의 중심 개념인 '개성화'와 영지주의자들의 관심사가 무관하다는 주장은 설 자리가 없다. 반면 조금만 생각해 보면, 융이야말로 고대 신화와 가르침을 현대적 관점에서 제시하고 영지주의에 주목할 만한 공헌을 남긴 현대의 영지주의 대가라는 사실을 깨달을 수 있다. 특히 융의 책 《욥의 응답 *Answer to Job*》에 수록된 신화는 독창적이고 창조적인 방법으로 데미우르고스에 관한 고대 영지주의의 가르침을 확장시킨다.

융은 마지막 영지주의자라고 불린다. 이런 말은 영지주의 전통이 끝났다고 암시하는 듯하다. 하지만 영지주의가 사라졌다고 선언된 것이 수차례지만 그런 선언은 늘 성급한 것으로 드러났다. 우리에게 그 이유를 가르쳐준 사람 중 하나가 바로 융이다.

12
동서양의 영지주의:
진정한 영지주의자가 생길 것인가

　마빈 마이어Marvin Meyer의 〈도마복음〉 번역서의 발문을 부탁받은 헤럴드 블룸은 "공개적으로 영지주의 교회라고 말하는 교회는 아무도 세우지 않을 것이며, 그런 교회는 결코 비과세 혜택을 받지 못할 것이다"라고 썼다. 유감스럽게 내 의견은 다르다. 영지주의 교회는 19세기 후반 이후 유럽에 존재했으며, 20세기에 이르러 미국에서도 모습을 드러냈다.
　영지주의 교회와 같은 것이 본래적으로 존재할 수 없는 것은 아니다. 앞서 보았듯이 교회 직제와 성례전, 그리고 권위와 계승의 계보를 갖춘 상당한 규모의 영지주의 교회들이 마니교와 보고밀 파, 카타르 파 사이에서 번창했으며, 만다교에는 지금도 그런 교회가 남아 있다. 독실한 주류 교인들은 이런 종교와 종파를 이단적인 적들의 교회로 여기겠지만, 그것은 분명 다른 문제이다. 영지주의 전통이 독특하고 다양한 특징을 가지고 있다 하더라도 그것은 하나의 제도로 구체화될 수 있다. 좋은 환경만 주어진다면 그렇게 번성하지 못할 이유가 없다.

부활한 영지주의 교회

현대 교회의 영지주의를 이해하기 위해, 우리는 로마 가톨릭의 분위기가 지배적인 가운데서도 수세기 동안 다양한 영지주의 전통들이 죽지 않고 살아남았던 프랑스로 다시 한 번 돌아가야 한다. 180년 무렵, 갈리아(지금의 프랑스 지방)에는 이미 수많은 영지주의자들이 있었다. 리옹의 주교였던 이레네우스가 자신의 교구에서 발렌티누스 추종자들에 대해 거친 말로 불만을 토로했을 정도이다. 사실, 프랑스는 늘 가톨릭 교회와 애증 관계에 있었던 것으로 보인다. 프랑스 정부에 대한 가톨릭 교회의 영향력이 약해질 때마다 숨어 있던 영지주의 집단들이 모습을 드러내긴 했으나, 결국 가톨릭 교회의 영향력 아래 있던 정부에 의해 탄압받을 수밖에 없었다. 우리는 이미 프랑스 변방에서 생겨난 카타르 파, 표면상 가톨릭 조직이었던 템플 기사단 내의 비밀 그노시스에 대해 살펴보았다. 18세기 이후 프리메이슨 등의 입문 형제단 대부분은 비교적이고 영지주의적인 가르침에 심취했으며 당대의 역사에서 중요한 역할을 했다.

이러한 분위기 아래 있던 19세기 후반 프랑스에서 고대 영지주의 전통이 되살아났다. 카타르 파 관련 자료를 심혈을 기울여 연구한 학자이자 비교주의자인 쥘-베누와 두아넬 뒤 발 미셸Jules-Benoit Doinel Du Val Michel은 1890년 신비 체험을 한 뒤 고대 영지주의 교회를 부활시킬 영적 권능을 얻었다. 그는 파리에 자리 잡은, 포말의 여공작이자 케이스네스의 여백작의 저택에 딸린 아름다운 예배당에서 이를 경험했다고 한다. 이 주목할 만한 귀부인은 블라바츠키 여사의 친구로서 비교 운동의 후원자이자 초기 신지학 회원이기도 했다.(신지학 및 그

프랑스 영지주의 교회의 성직자들이 입었던 의복. 19세기 후반 프랑스의 두아넬 감독이 부활시킨 영지주의 교회의 남자 집사, 감독, 사제, 여자 집사의 모습을 보여주는 그림이다.

와 관련된 운동들과 심령주의 사이의 관계를 사람들이 혼동했기 때문에, 두아넬이 심령주의자 집회에서 신비 체험을 했다는 엉뚱한 소문이 나돌았다.)

　두아넬은 신자들을 모아 성례전 지침에 맞춰 영지주의 교회를 조직·설립했다. 새로운 교회의 가르침은 철저하게 영지주의적이었다. 두아넬은 발렌티누스에게 존경을 표하는 의미로 자신의 성직 칭호를 총대주교 타우 발렌틴Tau Valentin 2세라고 하였다. 그가 취한 가장 진보적인 행동은 여성을 사제와 감독으로 안수하고 카타르 파를 연상시키는 콘솔라멘툼을 제정한 것이었다.

　이 새로운 영지주의 교회는 곧 프랑스의 유명한 비교주의자 파푸스Papus(Dr. 제라르 앙코스Gerard Encausse)가 재조직한 마르탱 단Martinist Order(18세기 프랑스의 신비가인 루이스 드 생 마르탱의 정신과 이름을 따라 조직된 단체—옮긴이)과 연합했다. 파푸스는 두아넬로부터 직접 영지주의 감독으로 안수를 받았다. 두아넬이 오직 영적인 성직 임명권만 가졌던 반면, 그의 계승자인 장 브리코Jean Bricaud는 영지주의 교회의 사도적 계승을 위한 공식 계보를 확립하게 되었다.

성직과 감독제, 성례전, 그리고 사도적 계승을 갖춘 영지주의 교회의 설립은 로마 가톨릭 교회에서 파면당한 프리메이슨 단과 프랑스의 수많은 비교주의자들에게 큰 힘이 되었다. 그들은 영지주의 교회에서 전통 방식으로 진행되는 성례전에 참여할 수 있게 되었다. 예배는 프리메이슨 성전에서 행해지는 때도 많았다. 그 결과 영지주의 교회는 '입교자들의 교회church of the initiates'로 알려지게 되었다.

20세기 초까지 영지주의 교회는 프랑스와 독일, 벨기에, 영국 등 유럽 국가에 존재했다. 그러나 20세기 후반에 이르러서는 서인도 제도의 아이티 인들이 미국에 이주하면서 미국에도 영지주의 교회가 세워졌다. 프랑스와 문화적 유대 관계를 유지해 오던 아이티에는 한동안 영지주의 교회들이 존재했었다. 현재 미국에는 두 계보—프랑스와 영국—의 영지주의 교회가 있으며, 두 교회는 서로 친밀한 관계를 유지하고 있다.

영지주의와 동양 종교

영지주의와 동양의 몇몇 위대한 종교 사이에 유사성이 있다는 사실은 오래 전부터 인정되어 왔다. 그노시스gnosis라는 단어는 '지식', 특히 영적인 지식을 뜻하는 산스크리트 어 즈나나jñana와 동일한 의미를 지닌다. 주요한 요가 전통 중에 즈나나 요가가 있는데, 이는 '지식을 통해 하나가 되는 길'이라는 뜻이다. 영적 실재에 대한 직접적 지식의 전수는 수준 높은 요가에서는 일반화된 수행으로서 인도에서는 널리 알려져 있다. 실제로 이 점에서 영지주의는 힌두교라고 알려진 인도의 고대 종교와 아주 유사하다. 힌두교는 여러 종파들의 집합체로, 서구에서 이해하는 의미의 종교와는 다르다. 힌두교에는 엄청난 다양성이 존재하며, 심지어는 서로 공통점이 거의 없는 종파들도 있다. 예컨대 사변적인 베다 교는 신앙적인 비슈누 교나 비교적인 탄트라 교와는 아무런 공통점도 갖지 않는 것처럼 보인다. 그러나 그들 사이에는 공통된 전통이 있다. 영지주의 전통의 다양성도 확실히 이와 유사하다.

영지주의와 힌두교를 하나로 묶는 몇 가지 분명한 특징이 있다. 첫째로, 인간의 영 안에 깃들어 있는 신성한 존재에 관한 가르침이다. 아트만Atman은 브라만Brahman과 동일한 본성을 지니는데, 이는 우주적 신성이 모든 인간 속에 축소된 형태로 현존하고 있음을 뜻한다. 이와 비슷하게, 영지주의에서 프뉴마(영)는 신의 화염flame에서 방출된 불꽃이며, 영지주의자는 프뉴마를 알게 됨으로써 그것이 나온 영적 근원을 저절로 깨닫게 된다. 힌두교인과 영지주의자는 자신의 가장 깊은 자기를 아는 것이 곧 하느님을 아는 것이라는 데 동의할 것이다.

둘째로, 영지주의와 힌두교는 궁극적 차원과 물질적 차원 사이의 중간 세계에 수많은 신적 존재들이 있다는 사실을 인정한다. 힌두교는 현대 세계의 대표적인 다신론 종교인 반면, 영지주의는 유일신론을 그 모체로 하고 있다. 하지만 영지주의가 순수한 유일신교라고 간단히 말하기는 힘들다. 더욱이 인드라Indra 신이나 프라자파티Prajapati 신 같은 힌두교의 베다 신들은 영지주의의 데미우르고스와 비슷한 특징을 지니고 있다.

셋째로, 힌두교에는 이원론적인 특성과 비非이원론적 특성을 함께 언급하는 수많은 가르침이 있다. 영지주의를 종종 이원론적이라고 말하는 학자들이 있기는 하지만, 영지주의 관점은 힌두교의 이 두 가지 특징에 정확히 상응한다. 그러므로 힌두교에서 마야maya(幻影)라고 부르는 세계에서는 이원론이 지배적이며 빛과 어둠의 투쟁이 벌어지지만, 궁극적인 실재의 세계에서는, 비교컨대 영지주의자들에게 플레로마로 알려진, 그와 같은 존재의 충만이 있다.

또한 영지주의는 동양의 또 하나의 위대한 종교인 불교와도 유사성을 갖는다. 무엇보다도, 불교의 최종 목표―영지주의의 궁극 목표에 정확히 상응하는―는 몸을 입은 존재로부터 벗어남으로써 미래의 모든 고통으로부터 자유로워지는 해탈liberation에 있다.(보살이라는 이상과 그 밖의 가르침들은 이 근본 가르침을 더욱 세분해 놓은 것일 뿐이다.) 유명한 불교 학자 에드워드 콘즈Edward Conze에 따르면 영지주의와 불교―특히 대승 불교―는 다음과 같은 공통점을 보인다.

- 구원은 그노시스(즈나나)를 통해 얻어진다. 현실 존재들이 의존적으로 발생한다는 것을 통찰하는 것이 곧 해방이다.
- 무지가 악의 진짜 뿌리이다. 영지주의에서는 아그노시스agnosis, 불교에서는 아비디아avidya라고 말한다.
- 영지주의자의 지식과 불교인의 지식은 평상의 방편에 의해서가 아니라 내적 계시의 결과로서 얻어진다.
- 어리석은 물질주의자hyletic의 상태로부터 깨달은pneumatic(영적인) 현자의 상태에까지 이르는 영적 성숙의 단계가 있다.
- 영지주의와 불교에서는 지혜의 여성적 원리(각각 소피아와 프라즈나

Prajña)가 중요한 역할을 맡는다. 콘즈는 《헤바즈라 탄트라*Hevajra Tantra*(大悲空智金剛)》를 인용하여 "프라즈나는 세상을 낳기 때문에 어머니라고 불린다"라고 말한다. 불교에는 소피아에 필적하는 다라多羅보살, 관음보살 같은 다른 신적 존재들도 있다.

• 영지주의와 불교는 사실보다 신화를 선호한다. 붓다와 그리스도는 단순한 역사적 인물이라기보다는 원형적 존재로 제시된다.

• 도덕률 폐기론의 경향(규율과 계명에 대한 경시)이 두 종교 체계 속에 내재해 있다. 영적 사다리의 낮은 단계에서는 행동의 법칙들이 중요한 것으로 때로는 결정적인 것으로 고려되지만, 높은 영적 상태에서는 그런 법칙들의 중요성이 상대적인 것으로 변한다.

• 두 종교 체계는 값싼 대중성을 혐오한다. 이들의 가르침은 영적 엘리트를 목표로 한다. 숨겨진 의미와 신비한 가르침을 일반적인 특징으로 삼는다.

• 영지주의와 불교는 모두 형이상학적인 일원론을 취한다. 이는 이 두 종교가 현실 존재들의 다양성을 초월하여 궁극의 합일 상태에 이르기를 열망한다는 것을 의미한다.

이러한 유사성이, 대승 불교에 속하는 티베트 불교(Vajrayana, 金剛乘)가 오늘날 서구에서 대중적인 인기를 누리게 되는 데 특히 중요한 역할을 했을 것이다.

영지주의 정의의 어려움

대개 영지주의는 의식意識의 비일상적 상태에 대한 경험에 근거하는데다 곧잘 그 경험에 의해 수정되고, 그런 만큼 신학적인 엄격성을 거부하는 사고 체계이기 때문에, 영지주의를 정의하기는 늘 어려운 일이었다. 더욱이 영지주의를 연구하는 학자들 대부분이 종교를 가진 사람들이었던 탓에 각자의 종교적 기반에 따라 영지주의도 달리 해석되었다. 하지만 영지주의는 결코 서구의, 특히 기독교의 신학과 비교될 수 있는 종교 체계가 아니었다. 영지주의는 깃털이 다른—또는 생활 방식이 다른—새였다.

오늘날 영지주의에 관한 독특한 정의는 수도 없이 많다. 거기에는 이성적으로 납득할 만한 정의도 몇 가지 있지만, 예컨대 영지주의가 워낙 다양하므로 실제로 영지주의란 없다고 주장하는 동떨어진 목소리(Michael Allen Williams, *Rethinking Gnosticism*)도 있다. 더욱 염려스러운 바는, 현대의 다양한 해석들이 영지주의를 정의함에 있어 혼란을 부추기고 있으며, 그로 인해 영지주의의 의미와 정확성이 희석되어 버리는 것처럼 보인다는 것이다. 요안 쿨리아누Ioan Culianu(이 분야에서 가장 믿음직한 학자 중 한 사람이나 애석하게도 생을 달리했다)는 유럽의 한 출판물에 이런 글을 남겼다.

> 나는 한때 영지주의가 고대 후기의 종교 역사에 속하는, 정의가 잘 내려진 현상이라고 믿었다. 물론 고대 그노시스가 다양한 형태로 발생한다는 이론, 그리고 시대에 따라 독특한 모습의 영지주의가 거듭 생겨날 수 있는 바탕이 되는 세계관이 자연스럽게 발달한다는 이론까지 받아들일 준비가 되어 있었다.
>
> 하지만 내 생각이 짧았다는 사실을 곧 알게 되었다. 그노시스만이 영지주의적일 뿐 아니라 가톨릭 저술들 또한 영지주의적이고, 더 나아가

신플라톤주의, 종교 개혁, 공산주의, 나치즘, 자유주의, 실존주의, 정신분석학, 현대 생물학, 블레이크, 예이츠, 카프카도 영지주의적이었다.…… 게다가 과학도 영지주의적이고 미신도 영지주의적이며…… 헤겔도, 마르크스도 영지주의적이며, 나아가 모든 것들 또 그 모든 것들의 상대마저 똑같이 영지주의적이란 사실을 알게 되었다.(야콥 타우베스Jacob Taubes 편, 《그노시스와 정치Gnosis und Politik》, 290쪽)

이런 진술에 부합하는 한 가지 중요한 분위기가 미국에서 폭넓게 관찰되고 있다. 유럽에서 그노시스와 영지주의는 거의 언제나 바꿔 쓸 수가 있다. 그노시스라는 용어는 의식의 상태를 묘사할 때 쓰고, 영지주의는 영지주의적 체계를 나타낼 때 써야 한다는 생각에 매여 본 적이 없다. 힐레스 퀴스펠, 쿠르트 루돌프, G. 필로라모와 같은 최근 학자들을 포함한 유럽의 학자들은 영지주의에 대한 고전적인 정의를 그대로 사용하고 있다. 로버트 맥라클란Robert McLachlan 같은 사람이 두 용어를 구별하자고 제안했으나 아직 유럽 학자들은 이 제안을 받아들이지 않고 있다. 그러나 이렇게 분별없이 사용한다면 이 두 용어는 본래의 의미를 잃어버리고 말 것이다. 통찰력 있는 저자 찰스 콜롬브Charles Coulombe가 이런 상황에 절망하는 것도 놀라운 일이 아니다.

사실, '영지주의'는 '프로테스탄티즘'과 마찬가지로 본래의 의미를 대부분 잃어버린 단어가 되었다. 한 '프로테스탄트' 저자를 올바로 평가하기 위해 그가 칼뱅주의자인지, 루터주의자인지, 재세례파인지 등을 알아야 하는 것처럼, 영지주의자 또한 그렇게 정확히 확인되어야 한

다.(New Oxford Review, 1991년 11월, 28~29쪽)

정치학자들의 혼란, 전통주의자의 몽상, 학문적 애매성

영지주의에 대한 가장 혼란스러운 목소리 중 하나는 정치학 쪽에서 흘러나온다. 망명한 학자 에릭 보에글린Eric Voegelin은 1951년 시카고 대학교의 월그린Walgreen 강연에서, 자신이 '영지주의의 성장'이라고 파악한 것에 반대되는 것으로서 스스로 '고전적인 기독교 전통'이라고 이름 붙인 것을 방어하고 나섰다. 이렇게 포문을 연 보에글린은 《새로운 정치 과학The New Science of Politics》, 《질서와 역사 Order and History》 시리즈, 《과학과 정치, 그리고 영지주의Science, Politics, and Gnosticism》 등 몇 권의 책을 출간하면서 영지주의가 사악한 역할을 하는 새로운 역사 이론의 예언자가 되었다. 보에글린은 현대의 모든 전체주의 이데올로기는 어떤 식으로든 영적으로 영지주의와 관련이 있다고 말한다. 마르크스주의자와 나치주의자처럼, 이 훌륭한 교수(보에글린)에 의해 비난할 만한 점이 발견된 사람은 누구나, 사실상 사회를 지상 천국으로 변화시킴으로써 "종말을 내재화하는 일"에 참여한 영지주의자들이다. 천국과 지옥이라는 기독교의 전통적인 종말론을 받아들이지 않는다는 점에서 영지주의자들은 틀림없이 지상에서의 삶을 천년왕국의 그것으로 변혁시키는 일에 참여한다고 보에글린은 결론 내린다. 하지만 동시에 그는 영지주의자들이 지상 세계를 치유 불가능한 결함을 지닌 세계로 간주한다는 점을 인정하지 않으면 안 된다. 어떻게 그런 지상 세계가 지상의 유토피아로 바뀔 수 있는지 의아할 뿐이다. 보에글린이 상상해 낸 영지주의자들은 역사적 영지주의에 대한 지식도 없거니와 역사적 영지주의와 일치하지도 않는다. 하지만 이 점이 그를 곤욕스럽게 하지는 않았다. 그들은 영지주의자이다. 그것이 전부였다.

보에글린이 야기한 혼란은 주로 가톨릭 쪽과 연관된 수많은 보수 정치 사상가들에 의해 더욱 악화되었다. 토마스 몰나Thomas Molnar, 틸로 샤베르트Tilo Schabert, 그리고 스티븐 A. 맥나이트Steven A. McKnight는 뻔히 보이는 모순에도 불구하고 보에글린의 이론을 따랐다. 몰나에 따르면, 영지주의자들은 현대의 모든 유토피아적 경향뿐만 아니라 과학과 기술에 대한 현대인들의 과도한 집착에도 책임을 져야 한다. 이들 보수 정치 사상가들은 과학적 세계관이 곧 영지주의적 세계관이며, 따라서 인간을 기계처럼 다루고 사회를 기계적인 공동체로 바꾸어버린 데 대한 책임이 영지주의 쪽에 있다고 주장한다.

영지주의에 대한 정치화된 관점을 따르는 사람들이 계속 존재하고 있기는 하지만, 이들을 양산해 내는 것은 비정상의 극단론이다. 프리메이슨 단과 사탄주의자들 같은 세상의 페스트들의 정체를 "폭로한다는" 뒷골목의 음모단이 만들어내는 팸플릿과 싸구려 잡지에서, 영지주의자는 여전히 위험한 파괴분자로 그려진다. 한편, 존경할 만한 보수적 사상가들은 더 이상 그와 같은 영지주의적 주제를 다루지 않는다. 학자이며 미국의 상원의원을 지낸 바 있는 S.I. 하야카와Hayakawa는 보에글린과 그의 이론을 신랄하게 비판하고 냉소를 보냈다.

혼란을 야기하는 또 다른 목소리는, 현존하는 세계 종교들 안에는 초기 기독교 시대의 '이단적인' 영지주의와는 다른 그노시스의 비밀 전통들이 존재한다는 사실을 입증하기 위해 노력하는 저자들한테서 나온다. 올더스 헉슬리Aldous Huxley는 1947년 《영원한 철학The Perennial Philosophy》이라는 책에서, 그노시스란 사실상 역사의 새벽에 모습을 드러내 엘리트를 위해 보존된 신비로서, 공식 교리들의 표면적인 불일치에도 불구하고 다양한 종교 전통들을 통해 전해져 왔다고 주장했다. 헉슬리의 관점은 르네 귀에농René Guénon과 프리초프 슈온Frithjof Schuon과 같은 전통주의자들이 지지하는 한층 더 급진적인 입장에 가깝다.(제자들이 감추려고 하는 귀에농의 배경에는 그가 프랑스 영지주의 교회의 감독으로서, 그리고 주요한 프리메이슨 단원이자 비교주의자로서 보냈던 시간이 있다. 수니파 이슬람교인으로 개종하면서 그는 영지주의와 기독교에서 등을 돌렸다.)

헉슬리는 스스로를 영지주의자라고 부르는 사람에 대해 결코 어떤 판결도 내리지 않는다. 그러나 귀에농의 제자들은 이레네우스 같은 고대 논쟁자들을 떠오르게 할 정도로 그들과 비슷한 방식으로 초기 영지주의 교사들을 깎아내린다. 전통주의자들은 초기 영지주의자들을 '거짓 영지주의자'와 '참 영지주의자'로 구분하지만 그 구분의 기준은 독단적이라서 아무 짝에도 쓸모가 없다. 최근 연구에 따르면 3, 4세기까지는 진정한 정통도 이단도 없었다. 오히려 영지주의를 비롯한 수많은 종교적 가르침들이 나란히 융성했다. 서로 간에 일치하지 않는 점이 있기는 했지만, 그렇다고 해서 이처럼 논쟁의 여지가 큰 진위의 기준을 독단적으로 세우는 것은 바람직해 보이지 않는다.

1988년판 《나그함마디 문서》에는 〈영지주의의 현대적 관련성〉이라는 제목을 단 긴 후기가 실려 있다. 글쓴이인 리처드 스미스Richard Smith는 서양 문화에서 영지주의와 관련 있어 보이는 다양한 역사적 소산들을 개관한다. 사람들은 이 글에서 영지주의에 대한 올바른 정의와 영지주의를 이끌어가는 현대 사상가들의 목록을 발견하게 되길 바라겠지만, 불행히도 이 글은 그런 언급을 하지 않는다.

　스미스는 18세기 이래 영지주의에 호의적인 중요 사상가들의 목록을 길게 제시한다. 하지만 대부분의 사상가들이 영지주의에 대한 올바른 정의를 내리지 못했고, 그래서 영지주의란 용어를 대체로 잘못 사용했다고 스미스는 주장하는 것 같다. 예를 들어 그는 영지주의자들에게 경의를 표하려는 의도에서 "해로운 거짓말"을 했다며 18세기 역사학자 에드워드 기번Edward Gibbon을 비난한다.(교부들이 영지주의자들을 경멸한 것에 기번이 동의하지 않은 것은 사실이지만 그로 인해 그가 거짓말쟁이가 되는가?) 그리고 영지주의자와 마니교인에게 볼테르가 호감을 보인 것이 오직 교회의 권위에 대한 반발에서 비롯한 것인 양 설명한다. 하지만 이 위대한 철학자는 자신의 관점을 뒷받침할 다른 이유들을 가지고 있지 않았겠는가? 볼테르가 열렬한 프리메이슨 단원이었음은 잘 알려져 있는 사실이다. 그는 당대의 비밀 단체들 속에 흐르는 비교적 가르침을 통해 영지주의자들에 호의적인 정보를 모았을 것이다. 어쩌면 볼테르는 스미스가 알지 못하는 지식에 비밀리에 관여하고 있었을지도 모른다. 동일한 맥락에서 스미스는 "융이 순전히 이원론적인 신화를 받아들여 이를 심리 속에 위치시켰다"고 썼는데, 이는 융이 영지주의를 가져다가 심리학적 이론으로 변형시켰다고 암시하는 말이다.

　이러한 비난들에 대해서는 이미 1장에서 비판적으로 분석했다. 그런데 이상하게도, 스미스는 볼테르와 융 같은 이들을 비판하면서도 자신이 생각하는 올바른 영지주의가 무엇인지 정의를 내놓지 않는다. 기번도 잘못했고, 볼테르와 융 또한 잘못했다면 옳은 사람은 누구란 말인가? 우리는 이런 질문에 대해서는 답을 얻지 못한다.

다행히도 영지주의에 관한 글을 쓴 저자들 중에는 공정하고 정확한 목소리를 가진 이들도 많이 있다. 이탈리아 학자 G. 필로라모(《영지주의 역사》)는 나그함마디 문서가 폭넓은 대중에게 호의적으로 받아들여졌다는 사실에 유념할 필요가 있다고 말한다. 그 부분적인 이유는 "특정한 문화적 배경을 간직한 지역의 사람들은 어떤 방식으로든 자신들이 그 보존에 기여한 현상을 다루는 문서에 특별한 감수성을 나타내기" 때문이라는 것이다.

영지주의적 현상이 살아남을 수 있도록 노력한 사람 중에는 융의 가까운 동료로서 영지주의 학자인 힐레스 퀴스펠이 있다. 그는 발렌티누스 등의 고대 그노시스를 심층심리학의 현대 그노시스와 관련시키기 위해 오랜 동안 심혈을 기울였다. 그는 영지주의적 노력이 존재론적인 자기self를 깊이 통찰할 것을 요구한다는 점에서 심층심리학의 핵심과 닿아 있다고 보았다. 이 주제를 다룬 퀴스펠의 《세계 종교로서의 그노시스Gnosis als Weltreligion》(1972)는 융의 모델과 영지주의 가르침 사이의 관계를 상세히 밝힌 책이다. 융과 마찬가지로 퀴스펠도 영지주의의 가르침을 심층심리학으로 귀결시키지 않았으며, 오히려 심층심리학을 영지주의를 이해하는 하나의 열쇠라고 지적했다.

고대 영지주의를 재평가함에 있어 중요한 또 다른 인물은 한스 요나스이다. 1930년대의 실존주의 철학자 마르틴 하이데거의 제자인 요나스는 영지주의자들의 지혜에 관심을 기울이다가 그들 가운데서 실존주의 철학과 비슷한 사상을 발견해 냈다. 현세의 삶에 대한 염세적 경향, 이론이 아닌 경험에 대한 높은 평가 같은 실존주의 철학의 선조 혹은 가족뻘 되는 사상을 만나게 된 것이다. 영지주의자들의

'허무주의'에는 비판적이었지만, 요나스는 융과 더불어 영지주의 가르침을 오늘날의 관점으로 해석해 낸 아주 중요한 인물의 한 사람이었다. 그의 책《영지주의 종교》는 이 분야에서 탁월한 고전으로 남아 있다.

퀴스펠과 요나스 이후 과거 영지주의와 현대 철학 사이에 다리를 놓는 일은 아주 중요한 작업이 되었으며, 그 덕분에 그노시스와 영지주의에 생명력 넘치는 정의를 내리는 데 훨씬 가까이 다가서게 되었다. 고대 영지주의자들이 제기한—그리고 답한—물음들은 그들을 사고 방식이 괴팍한 사람들로 보이게 하는 것이 아니라, 오히려 그들이 프로이트와 융, 키르케고르 같은 수많은 현대 사상가들이 다룬 주제를 훨씬 일찍 고찰한 사람들임을 깨닫게 해준다.

영지주의에 대한 정의

정의를 내리기란 쉽지 않다. 특히나 사회과학에서는 더 그렇다. 사회과학에서는 믿음과 행위가 펼쳐진 역사의 맥락에 훨씬 더 주의를 기울여야 한다. 상황의 미묘함, 어감, 어투 속에 담긴 결정적인 차이 혹은 유사성이 융통성 없는 정의보다 중요하다. 영지주의를 둘러싼 논쟁은 이런 섬세한 특징들에 의해 결정될 것이며, 정의에 의해서 해결될 수 있는 문제는 그다지 많지 않을 것이다. 그럼에도 불구하고 현재 영지주의의 정의를 둘러싼 혼란이 심한 만큼 그 시도는 해볼 만하다.

한스 요나스는 영지주의를 이해하기 위해서는 예컨대 일종의 음악을 감상할 수 있는 귀와 같은 것이 반드시 필요하다고 쓴 바 있다. 사실 이러한 내적인 감수성이 그 어떤 정의보다도 중요하다. 하지만 에고에 얽힌 우리의 마음은 본질적으로 정의를 필요로 하며 정의가 없는 상태를 잘 견뎌내지 못한다. 물론 참된 그노시스는 정의와 관계가 없다. 오직 영지주의적 경험의 충격이 시들어버릴 때만 이런 작업을 고려하는 것이다. G.R.S. 미드는 이 점을, "깨달은 영혼, 그러니까 무한한 빛 속에 몸을 담그기 위해 자신의 감옥을 버린 영혼이 지상으로 다시 되돌아오는 바로 그 순간에 찬란한 환상의 섬광들을 회상할 수 있는 것"(《시몬 마구스》, 49쪽)이라고 멋지게 표현하고 있다. 따라서 다음과 같이 항목별로 정리된 영지주의 개념들은, 틀에 박힌 종교적 교리에 대한 진술이라기보다는 바로 "찬란한 환상의 섬광들"에 대한 개요라고 이해되어야 한다.

1. 근원적이고 초월적인 하나의 영적 통일체가 있고 그로부터 수많은 발현물이 방출되어 나왔다.
2. 물질과 마음mind으로 구성된 지금의 우주는 근원적인 영적 통일체에 의해서가 아니라 열등한 권능자들을 거느린 영적 존재들에 의해 창조되었다.
3. 이 조물주들의 목적 중 하나는 통일체(하느님)로부터 인간을 영원히 분리시키는 것이다.
4. 인간은 복합체이므로 내면은 궁극의 신적 통일체로부터 떨어져 나온 불꽃이지만 외면은 열등한 조물주들의 작품이다.
5. 물질과 마음의 힘에 의해 자기 인식self-awareness이 무감각해진 까닭에 초월적인 신성을 지닌 불꽃들은 자신들의 물질적·심적 감옥 속에 잠들어 있다.

6. 잠들어 있는 불꽃들은 궁극의 통일체에 의해 버려진 것이 아니다. 오히려 깨달음과 해방을 향한 한결같은 노력은 이 통일체로부터 나온다.

7. 인간 안에 깊숙이 자리 잡은 신적 본질에 대한 자각은 '그노시스'라고 불리는 구원의 지식을 통해 얻어진다.

8. 그노시스는 믿음이나 고결한 행위나 계명에 대한 순종을 통해 얻어지지 않는다. 그런 것들은 기껏해야 해방의 지식을 위해 인간이 준비되도록 도와줄 뿐이다.

9. 잠들어 있는 불꽃들을 돕는 존재들 가운데 특히 영예롭고 중요한 자리는 통일체의 여성적 방출물인 소피아(지혜)가 차지한다. 소피아는 세계의 창조에 관여했고, 그때부터 지금까지, 고아 신세가 된 인간 자녀들의 안내자로 남아 있다.

10. 태초부터 지금까지 인간의 영혼 속에서 그노시스를 촉진시키기 위해 빛의 사자들이 궁극적 통일체로부터 보내지고 있다.

11. 인간의 역사적·지리적 환경에서 볼 때 이 사자들 가운데 가장 위대한 분은 예수 그리스도로 하강한, 하느님의 로고스(말씀)였다.

12. 예수는 이중의 사역을 담당했다. 교사로서 그노시스를 얻는 방법을 가르쳐주었고, 사제로서 신비 의식을 전해주었다.

13. 예수가 전해준 신비 의식(성례전으로 알려진)은 그노시스로 가는 강력한 수단이다. 그는 자신의 제자들과 계승자들에게 그것을 위임했다.

14. 신비 의식의 영적 수행과 그노시스를 향한 단호하고 비타협적인 노력을 통해 인간은 물질이나 그 밖의 모든 구속으로부터 점점 더 자유로워질 수 있다. 해방으로 나아가는 이 과정의 최종 목표는 구원

의 지식을 성취하는 것이고, 그 지식을 통해 물질적인 상태로부터 자유로워져 궁극의 통일체에게로 되돌아가는 것이다.

저명한 사회학자 막스 베버는 《프로테스탄트 윤리와 자본주의 정신 The Protestant Ethic and the Spirit of Capitalism》에서 "완벽한 개념적 정의는 처음부터 제시될 수 없다. 연구의 마지막까지 남겨두어야 한다"고 적고 있다. 그러므로 이 연구의 마지막쯤에서 영지주의의 정의를 숙고해 보는 것이 바람직할 법하다. 앞에 제시된 특징들이 베버가 말한 '완벽한 개념적 정의'를 만족시킬 수 있을지는 의문스럽지만, 그렇다 해도 역사적 정확성과 용어상의 명확성을 지니는 것은 물론이고 오늘날의 문헌들(학문적이건 대중적이건)이 제공하는 정보의 수준 또한 훨씬 넘어선다. '정통 그노시스'와 '사도적apostolic 그노시스' 같은 구분이나 '거짓 영지주의자'와 '참 영지주의자' 같은 분류는 여기서 하지 않는다. 그런 판단은 영지주의 혹은 영지주의자와 아무런 관계도 없는 정통파들의 입장을 근거로 나온 것이다.

분명, 여기에 제시된 열네 가지 특징은 모두 영지주의 전통의 일부이며 시대를 달리하며 영지주의자들이 믿었던 것들이다. 이 중 앞의 열 가지 특징은, 심지어 비기독교적 영지주의자들한테까지도, 온전하게 믿어졌던 것들이다. 만일 이 열 가지 가운데 하나라도 믿지 않는 사람이 있다면 그 사람은 영지주의자가 되기에 부적합한 사람일 것이다. 자신의 정체성을 영지주의자라고 밝히고 싶은 사람이라면 이러한 교의教義 대부분에 동의해야 할 것이다. 하지만 그것들에 대한 해석을 문자적으로 하느냐, 심리학적으로 하느냐, 철학적으로 하느냐, 혹은 다른 어떤 식으로 하느냐 하는 문제는 순전히 개개인에게

달려 있다.

아무튼, 이제 우리는 더 이상 영지주의의 정의와 관련해 《이상한 나라 앨리스》를 인용할 필요가 없을 것 같다.

"내가 어떤 단어를 사용할 때…… 그 단어는 단지 내가 그걸로 의미하고 싶은 딱 그것만을 의미할 뿐이야. 더도 덜도 아니지." 달걀 인형 험프티 덤프티가 말했다.

"문제는, 네가 단어들을 가지고 수없이 많은 다른 의미를 갖게 할 수 있다는 데 있지." 앨리스가 대답했다.

13
영지주의 문학: 신화, 진실, 설화

종교는 언제나 창조성과 상상력의 근원이었다. 종교적 경험과 계시를 설명해 주는 심리학적 그리고/혹은 형이상학적 힘들은 시나 드라마, 혹은 여타 대중 문학이 흘러나오는 원천과 깊은 관련을 맺고 있다. 수많은 예술 작품이 기독교 성서에서 영감을 얻기도 했지만, 그와 동시에 경전 그대로의 문자주의와 사실주의를 고집한 기독교 정통주의로 인해 종교적 창조성과 예술적 창조성이 결합하는 데 방해를 받기도 했다.

기독교 내에서 진행된, 풍부한 창조성에 대한 억압은 대체로 영지주의에 대한 박해와 맞물려 있다. 영지주의자들은 자신들의 문학적 작품 속에서 상징주의, 알레고리, 은유, 신화, 창조적 다의성 등을 맘껏 구사한 탁월한 문학가들이었다. 앞서 지적했듯이, 이런 작품들 대부분은 영지주의 현자들이 경험한 비일상적인 의식 상태에 의해 얻어진 결과였다. 수많은 학자들이 이 같은 의식 상태에서 얻은 경험들이 신화와 시, 그리고 상징과 유사성을 지닌다고 지적한 바 있다. 이와는 대조적으로, 훨씬 산문적인 특징을 보이는 정통 기독교의 관점에서 본다면, 선한 기독교인이라면 단지 믿어야 할 교리와 복종해야 할 계명만을 가져야 한다. 영지주의자들이 사용한 것과 같은 세련된 문학적 기법들이나 환상 문학은 정통 기독교의 목적에 그다지 부합하지 않는다. 잘 알려졌다시피, 종교 개혁 시대의 개혁가들은 이 점에 있어 초기의 정통 교부들을 무색케 할 정도로 성서에서 가장 시적 부분을 제거하여 외경으로 선언하는 데 앞장섰다.(루터는 상징적이고 환상적인 특징을 지니고 있다는 이유로 〈요한계시록〉을 성서에서 제외시키기를 바랄 정도였다.)

물론, 신화와 은유는 그리스와 로마의 이교 문학에도 존재했다.(대다수 정통 기독교인들이 신화에 꽤 적대적인 태도를 보인 것은 주로 이교도의 사고방식에 대한 거부감 때문이었다.) 그런데 그 위대함에도 불구하고 호메로스의 신화 문학에는 영지주의자들의 작품에 존재하는 그 무엇인가가 빠져 있다. 줄리안 제인스Julian Jaynes는 고대 그리스의 수많은 신화 문학에는 주체적 자각과 자기 성찰이 결여되어 있다고 지적한다. 가장 탁월한 통찰력을 지닌 현대의 신화학자 중 한 사람인 칼 케레니Karl Kerényi는, 신플라톤주의자들과 영지주의자들의 신화가 호메로스의 신화보다 신비적 경험에 훨씬 가까이 있을 뿐 아니라 그 경험에 관한 내용도 훨씬 풍부하다고 진술한다.(《신화학에 대하여Essays on a Science of Mythology》) 우리는 이런 인식을 통하여 신화가 모두 다 똑같지 않다는 것, 다른 신화에 비해 더 계시적인 신화가 존재한다는 것을 알게 된다.

영지주의 문학은 서구 사상에 신비 사상의 진면목 외에도 몇 가지 주제를 더 안겨주었다. 그 중에는 인간의 절망감, 향수병, 소외, 폭압적인 우주 체계 속의 구속, 그리고 궁극적인 자유의 가능성(정치적·경제적 혹은 이데올로기적 억압뿐만 아니라 인간의 실존 상태 그 자체로부터의) 등이 있다. 이런 주제들은 서구의 사상과 문학에 등장한 바로 그 순간부터 서구 전통 유산의 본질의 일부가 되었으며 결코 잊힐 수 없는 것이 되었다.

영지주의 문서의 단편들

G.R.S. 미드는 (이단 연구가로 활동한) 교부들이 남긴 영지주의 관련 기록들을 모아 거기에 〈적들이 말하는 그노시스The Gnosis, according to Its Foes〉라는 제목을 붙였다.(《잃어버린 믿음의 단편들》 중의 한 장) 그들이 남긴 기록은 독자들에게 수많은 도전—주로 골치 아픈—을 안겨주었다. 수세기 동안 그들의 기록은 영지주의 관련 정보를 제공하는 유일한 출처였다. 이들 중 세 사람(리옹의 이레네우스, 로마의 히폴리투스, 살라미의 에피파니우스)은 극단적인 반영지주의 관점을 가진 것으로 유명했다. 세 사람은 모두 성인으로 추대되었고, 따라서 그들의 저서는 그 허위와 신학적 분노를 씻을 기회를 한 번도 얻지 못했다. 그들의 글은 의심을 가지고 신중히 읽을 필요가 있다. 특히나 논쟁적 의도가 짙어질 때는 더 말할 나위가 없다.

그러나 그들의 저서는 영지주의 가르침에 대한 인용과 요약이 기록되어 있다는 점에서 가치가 있다. 이런 인용과 요약이 실제와 얼마나 부합하는지에 대해서는 크게 의심하지 않는 편이다. 하지만 동시에 우리는 이 글들이 스스로 영지주의에 반대한다고 공공연히 자처한 이들에 의해 기록되었다는 사실을 기억해야 한다. 자신들의 연구

주제인 영지주의를 그릇된 것, 기만적인 것, 사탄의 산물 그 자체라고 공개적으로 떠들어댔던 저자들에게 공정성을 기대하기란 어려운 일이다. 이들과 달리 훨씬 정직한 입장에서 영지주의 관련 기록을 남긴 초기 기독교 신학자로, 영지주의와 꽤 가까운 사상을 지니기도 했던 알렉산드리아의 클레멘트와 오리게네스가 있다. 특히 클레멘트는 그노시스라는 단어를 자주 사용하고 그것을 단순한 믿음보다 상위의 신앙으로 가는 방편으로 여겼다.

이른바 '사도들의 행전Apostolic Acts'(신약 성서의 〈사도행전〉과는 다름. 8장 참조—옮긴이)은 다른 문학 장르에 속하는데, 그것들 대부분은 거의 영지주의 저자들, 특히 레우시우스 차리누스에 의해 쓰여졌다. 이 책들은 초기 기독교 시대에 대중들 사이에서 널리 읽혀졌을 뿐더러 그중 어느 것도 이단적인 작품이라고 간주되지 않았다. 영지주의 관점에서 볼 때 이들 행전 중 가장 중요한 작품은 〈요한행전〉과 〈도마행전〉으로, 거기에는 아직까지도 영지주의적 요소들이 아주 분명하게 남아 있다.

영지주의의 상징적 알레고리 가운데 가장 훌륭한 예를 보여주는 것 중 하나는 〈도마행전〉의 일부인 〈진주의 찬미〉 혹은 〈영광의 예복의 찬미〉라고 일컬어지는 작품이다. 이것은 시적 형식의 일인칭 서사로서 사도 도마가 썼다고 전해지며, 미드가 전문가다운 솜씨로 번역한 것 외에도 여러 번역이 있다. 이 시는 영지주의의 단일 신화(충만에서 출발, 지상으로 내려와 다시 충만으로 되돌아가는 인간의 영靈의 여행)를 알레고리적 형식으로 묘사한다. 글의 형식이 훨씬 더 시적이고 내용은 한층 원형에 가깝지만, 여러 가지 면에서 이 작품은 성서의 탕자 이야기를 상기시킨다. 의미가 다층적이기 때문에 그노시스의 수준이 다른 독자들이라도 이 글을 통해 얻는 바가 있을 것이다. 진주(영지주의적 빛의 보물에 대한 분명한 상징—어쩌면 지상에 구속되어 있는 신적인 불꽃들)를 해방시키고 되찾기 위해 지상에 내려오며 이를 위해 스스로 망각과 소외의 희생자가 된다는 점에서, 주인공은 현대 신화학자들이 '구원받은 구원자redeemed redeemer'라고 부르는 인물의 범주에 딱 들어맞는다. 충만으로부터 온 편지를 받고 깨어난 주인공은 구원 사역을 계속하여 마침내 하늘에 있는 부모의 세계로 되돌아간다.

〈요한행전〉에는 십자가 처형 직전의 예수 행적과 십자가 처형 자체에 관해 쓴 놀라운 장章들이 있다. 일반적으로 〈예수의 송가〉라고 번역되는 부분이 특별히 인상적이다. 7장에서 살펴보았듯이, 이 송가는 성목요일 밤에 신비의 춤을 추면서 예수와 사도들이 부른 노래로서, 그 내용은 의심할 여지 없이 영지주의적인 것이다. 성스러운 춤은 기독교 의식儀式을 담고 있지 않다는 점이 특이한데, 정통 기독교인에게는 춤을 추는 예수의 이미지가, 심지어 오늘날에조차도 신성을 더럽히는 것으로 여겨질지 모른다. 하지만 에티오피아의 콥트 교회에서는 성만찬을 행할 때 지금도 여전히 성스러운 춤을 추고 있다. 이 춤이 〈예수의 송가〉에 묘사된 춤과 비슷했던 과거 콥트 교회의 영지주의 의식의 유산이 아니라고 누가 장담할 수 있겠는가?

18세기 후반, 영국과 유럽의 여러 곳에서 원래의 영지주의 작품들을 모아놓은 문서 세 권이 모습을 드러냈다. 이 문서들이 약 1,600년이나 감추어져 있다가 갑자기 모습을 드러낸 것은 역사의 신비 중 하나가 아닐 수 없다. 1784년, 애스큐Askew라는 한 영국인 의사의 소장품 가운데서 346쪽에 달하는 고문서가 발견되었다. 이것은 영국박물관에 소장되어 애스큐 사본Askew Codex이라고 이름 붙여졌다. 본문은 콥트 어의 사히딕 방언으로 씌어졌는데, 이런 사실로부터 이 사본이 20세기 들어 그 유명한 나그함마디 문서가 발견된 이집트 남부에서 흘러나왔음을 짐작할 수 있다. 애스큐 사본에서 중요한 텍스트인《피스티스 소피아》는 영지주의적 지혜를 지닌 여성적 인물에 대한 이야기를 들려준다. 화자는 예수 자신이다. 오늘날까지 이 작품은 소피아의 하강과 구원에 대한 이야기의 중요한 원천이 되고 있다.(4장 참조)

이 사본에 대한 번역과 주석 작업은 더디게 진행되다가, 19세기 후반 이것에 매료된 미드가 처음으로 이해하기 쉽고 정확한 산문체 영어로《피스티스 소피아》의 번역본을 내놓았다. 자신의 제자인 미드가 이 작업을 할 수 있도록 이끌었던 블라바츠키 여사는 죽기 직전 이 책에 논평을 썼다. 논평문에는 독자의 이해를 돕기 위해 그녀가 손수 그린 도해가 포함되어 있다. 미드의《피스티스 소피아》번역본은 지금까지 번역된 것 중 가장 쉽게 접할 수 있을 뿐더러 또 가장 훌륭하게 옮겨진 것으로서, 융을 비롯한 수많은 사람들에 의해 높이 평가받았다.

스코틀랜드 여행가 제임스 브루스가 중동 지역에서 발견해서 옥스퍼드의 보드리안 도서관에 소장된 브루스 사본Bruce Codex은 내용도 훨씬 복잡할 뿐 아니라 관심도 훨씬 크게 받고 있다. 이 사본은 두 부분으로 나뉘는데, 그 중 더 두꺼운 쪽은 〈보이지 않는 하느님의 그노시스Gnosis of the Invisible God〉 혹은 〈예우의 서Books of Jeu〉이고, 얇은 쪽은 〈표제 없는 묵시Untitled Apocalypse〉이다. 7장에서 보았듯이, 전자는 예수가 제자들을 내면의 세계로 데리고 가 그들에게 영적 입교식을 치르게끔 하는 놀라운 환상 여행에 관한 이야기이다. 본문은,

어떤 알려지지 않은 말 속에 들어 있는, 혹은 '이언異言'(종교적 방언)의 예들을 보여주는 말소리 공식들verbal formulas과 함께 다양한 마술적 주문과 도해로 가득하다. 과거 학자들은 도저히 이 문서의 의미를 이해할 수 없어서 때로 냉소적으로 마술적인 것이라고 일컫기도 했다. 다행히도 최근 들어 전에 비해서 더욱 적극적인 관심이 이 문서에 모아지고 있다. 그러나 유감스러운 점은 이 문서에 대한 영문판 번역이 아직 없고, 그 도안들(주문과 도해)을 정확하게 옮겨놓은 것도 없다는 점이다.

〈표제 없는 묵시〉는 〈예우의 서〉보다는 학자들의 번역과 주석 작업이 더 많이 이루어졌다. 〈빛의 그노시스Gnosis of the Light〉라고 불리기도 하는 이 문서는, 점점 더 분명하게 드러나는 신성의 전개 및 세상에 머물러 있는 신성한 빛의 불꽃의 사명을 묘사한, 지극히 웅장하고 아름다운 신비의 작품이다.

세 가지 영지주의 사본 중 19세기에 모습을 드러낸 마지막 세 번째 사본은, 이 사본이 발견된 이집트의 지명을 따라 아크밈 사본Akhmim Codex이라고도 불리는 베를린 사본이다. 독일의 저명한 학자 칼 슈미트Carl Schmidt가 이 사본의 일부에 대한 번역을 준비하긴 했으나 오랫동안 그 내용은 출판되지 않았다. 이 사본은 세 가지 문서로 구성되어 있는데, 그 중 가장 유명한 문서는 예수의 신비한 행동과 가르침에 관해 막달라 마리아가 들려주는 〈마리아복음Gospel of Mary〉이다. 영문으로 번역된 〈마리아복음〉이 나그함마디 문서의 마지막 부분에 포함되어 출판되었기 때문에 쉽게 찾아 읽을 수 있다. 막달라 마리아에 관련된 중요한 영지주의 작품 중 하나인 이 문서에는 현대적인 연구와 비평을 자극하는 신비스런 어조와 때론 성적이기도 한 미묘한 상징적 표현들이 들어 있다. 〈베드로행전〉과 〈예수 그리스도의 지혜Wisdom of Jesus Christ〉(한때 이 제목으로 불리기도 했지만, 〈예수 그리스도의 소피아Sophia of Jesus Christ〉라는 제목으로 더 잘 알려져 있다—옮긴이) 같은 다른 문서들에 대한 연구는 더 진척되어야 한다.

영지주의 문서들의 원문이 등장함에 따라 19세기 후반과 20세기 초반 영지주의에 대한 학문적 연구와 대중적 관심은 모두 변화되었다. 특히 《피스티아 소피아》는 비교적 영성 집단에 적잖은 흥분을 불러일으켰다. 그 시기 영지주의의 부활은 이런 영지주의 문서의 발견이 없었더라면 상상할 수도 없는 일이었을 것이다. 20세기로 들어선 이후 영지주의는 이따금씩 일반 대중들한테서까지 관심의 대상이 되기 시작했다. 영지주의와 관련된 소설과 시, 특히 신지학적 또는 여타 비교적인 저술도 갈수록 더 늘어났다. 루돌프 슈타이너와 게오르기 이바노비치 구르지예프, P.D. 우스펜스키Ouspensky 같은 비교적 교사들은 영지주의 사상을 적극 활용했다. 당시의 이런 모습은, 20세기 중반 가장 중요한 영지주의 문서, 다름 아닌 나그함마디 문서의 발견으로 세상에 알려질, 영지주의 지혜의 위대한 출현을 위한 준비였다.

옛 동굴에서 비친 새로운 빛, 나그함마디 경전

제2차 세계대전이 끝날 때까지 영지주의 문서는, 앞서 언급한 교부들의 손에서 요약되고 수정된 영지주의 가르침과 방금 살펴본 세 가지 영지주의 원문의 사본으로 제한되어 있었다. 이렇게 빈약한 자료에도 불구하고 꽤 정확한 영지주의 그림이 그려질 수 있었던 것은,

미드와 융처럼 영지주의 전통을 연구하는 학자들의 통찰력 덕택이다. 현대의 많은 영지주의자들은 자신들의 그노시스를 더해 이들 자료를 읽음으로써 미로처럼 얽힌 문서들의 의미를 제대로 이해할 수 있었다. 이는 영지주의 문서를 이해하려면 우리도 영지주의자가 되어야 함을 뜻하는 것이다. 미드와 융 같은 저자들은, 말하자면 자신들의 내면으로부터 영지주의에 관한 저술을 해나간 사람들이다. 이 사실은 영지주의에 대한 그들의 이해력이 비범했음을 보여준다.

1945년, 영지주의 연구의 국면을 영원히 변화시킬 놀라운 사건이 발생했다. 그해 12월 이집트의 한 농부가 남부 이집트의 한 계곡에서 비료를 파내다가 사본들로 가득 찬 점토 항아리 하나를 발견한 것이다. 그것이 발견된 정확한 위치는 여전히 추측으로 남아 있다. 어떤 학자들은 이 항아리가 나그함마디 계곡이 내려다보이는 산 속의 수많은 동굴 가운데 하나에서 발견된 것이 아닌가 생각한다. 기독교 수도원 운동의 창시자인 콥트 교회의 수도사 파코미우스Pachomius가 거대한 수도원 공동체를 설립한 곳이 바로 이 지역이기 때문이다. 나그함마디 문서라고 불리게 될 열세 권의 파피루스 사본은 아마도 이 수도원 수도사들이 읽었던 덜 정통적인 문서들의 일부였을 것으로 여겨진다. 4세기, 종교 박해의 물결이 이집트 전역을 휩쓸 때 불안해진 수도사들이 자신들이 갖고 있던 이단적 저서들을 땅에 묻기로 결정하지 않았을까? 그들은 자신들의 문서가 1,600년 동안이나 땅속에 묻혀 있으리라고는 상상도 하지 못했을 것이다.

여러 해가 지나, 나그함마디 문서를 발견했던 농부는 커다란 점토 항아리 속에 정령精靈이 들어 있을지도 모른다는 두려움 때문에 한동안 그 항아리를 열어보지조차 않았다고 말했다. 마침내 나무망치로

붉은 항아리를 깨뜨렸을 때 노란 먼지 구름이 풀썩 일어나 사막의 공기 속으로 흩어졌다. 어쩌면 정말로 그 순간 한 '요정'이 단지에서 나와 이후 몇 해에 걸쳐 전개될 예기치 못한 사태를 불러냈는지도 모른다.

나그함마디 문서의 번역과 출판은 수많은 학문적·정치적 논쟁과 맞물려 전개되었다. 이집트의 정치적 격변은 서양 학자들의 추방으로 이어졌고, 문서의 발견은 흐지부지되었다. 하지만 사본 하나―거기에는 발렌티누스가 썼다고 여겨지는 유명한 〈진리복음〉이 포함되어 있었다―가 이집트 밖으로 반출되었으며, 융의 친구이자 영지주의 전문가인 퀴스펠이 한 서점에서 우연히 그 사본을 발견했다. 융의 동료들은 돈을 모아 그 사본을 구입, 여든 번째 생일을 맞은 융에게 선물했다. 선물에 크게 감동한 취리히의 이 나이든 영지주의 대가는 문서의 나머지 부분이 번역·출간되는 것에 매우 큰 관심을 보였다.

(필자는 나그함마디 문서의 출판에 있어 융이 한 역할을 과장했다는 이유로 비난받는다. 물론 발견된 문서들을 구하고 본문을 번역하는 실제적인 사업은 주로 캘리포니아 클레어몬트에 있는 '고대 및 기독교 연구소Institute of Antiquity and Christianity'의 소장 제임스 로빈슨James Robinson의 책임 아래 진행되었지만, 그 출판을 촉진케 만든 심리적인 요인은 영지주의 문서에 보인 융의 지대한 관심이었다. 이 문서들의 중요성에 대한 융의 보증이 있었기에 출판 계획이 널리 호응을 얻을 수 있었던 것이다. 내면으로부터 영지주의를 이해했던 융과 같은 사람의 영향력을 높이 평가하는 것은 결코 지나친 일이 아니다.)

'나그함마디 문서Nag Hammadi Library'는 이름 그대로 하나의 문고

library이다. 정전正典의 모음이 아니라, 영지주의와 관련된 다양한 읽을거리를 포함하고 있는 문고라는 말이다. 〈조스트리아노스Zostrianos〉와 플라톤의 〈국가Republic〉 일부, 그리고 헤르메스주의적 입교식을 이야기하는 〈여덟 번째 세계가 아홉 번째 세계를 드러내다〉 같은 몇몇 작품은 엄격히 말하면 영지주의적 성격에서 벗어나 있지만 나머지는 모두 영지주의와 관련된다. 나머지 자료들은 여섯 가지 범주로 분류될 수 있다. 첫 번째는 창조와 구원에 관한 신화로서, 세계 창조, 아담과 이브, 그리고 구원의 로고스 곧 예수의 하강에 관해 이야기한다. 3장에서 인용한 대부분의 본문이 여기에 속한다. 두 번째 범주는 영혼의 본질, 영적 구원, 세상과 영혼의 관계 같은 다양한 영지주의 주제에 대한 설명과 해설이다. 여기에 속하는 작품 중 가장 주목할 만한 것이 융 사본Jung Codex에 속하는 〈진리복음〉이다. 〈진리복음〉은 구원자의 사명과 그의 영적 메시지의 역할을 아름답게 들려준다. 세 번째 범주는 예배와 입교식에 관한 문서들로서, 가장 매력적인 작품은 〈여덟 번째 세계가 아홉 번째 세계를 드러내다〉이다. 네 번째 범주는 여성성을 지닌 신적 존재, 특히 소피아에 관한 문서들이다. 다섯 번째는 사도들에 관한 문서들이고, 여섯 번째는 예수의 말씀과 그의 삶에서 벌어진 사건에 관한 문서들이다.

나그함마디 문서에서 '복음서Gospel'라는 제목을 단 경전은 오직 네 개(〈도마복음〉, 〈빌립복음〉, 〈진리복음〉, 〈이집트인 복음〉)뿐이다. 이 중 가장 접하기 쉽고 대중적인 것은 〈도마복음〉이다. 성서의 4복음서와 달리 〈도마복음〉은 예수의 생애를 묘사하지 않는다. 오히려 예수의 말씀을 모아놓고 있다. 말씀의 일부는 4복음서의 내용과 거의 일치하지만, 다른 많은 부분은 분명하게 영지주의적 특징을 띤다. 그러한 특징은 첫머리에 실린 말씀에서부터 분명히 나타난다.

> 이것들은 살아계신 예수가 전한 비밀스러운 말씀들이다. 누구든지 이 말씀의 참뜻을 발견한 자는 죽음을 맛보지 않을 것이다.
>
> 그리고 그[예수]가 말씀하셨다. "찾는 자는 발견할 때까지 찾기를 멈추지 말라. 발견하면 그는 근심케 될 것이요, 근심케 되면 놀랄 것이요, 놀라게 되면 모든 것을 다스리게 될 것이다.(서언과 말씀 1)

믿음을 권고하는 내용도, "믿으면 구원받는다"는 진술도 없다는 사실에 유념하라. 그 대신 읽는 이는 참뜻을 발견하고, 찾고, 모든 것을 다스리는 주인이 되도록 초대된다. 이것은 정통주의적 구원이라기보다는 영지주의적 구원을 위한 처방전이다. 자기 앎으로서의 그노시스가 분명하게 강조된다.

> 너희가 너희 자신을 알게 될 때 너희는 알려지고 "너희가 살아계신 아버지의 자녀"임을 알게 될 것이다. 그러나 너희가 너희 자신을 알지 못하면 너희는 빈곤케 되고 너희 자신이 곧 빈곤이 될 것이다.(말씀 3)

현대의 어떤 심층심리학자가 아래의 말씀에 반대할 수 있겠는가?

> 만일 너희가 너희 안에 있는 것을 낳으면 너희가 낳은 것이 너희를 구원할 것이요, 너희가 너희 안에 있는 것을 낳지 못하면 너희가 낳지 못한 것이 너희를 죽일 것이다.(말씀 70)

나그함마디 문서 중 일부는 엄청난 비난의 대상이 되는 영지주의자들의 '엘리트주의'를 명백히 암시하고 있다. 〈베드로묵시Apocalypse of Peter〉라는 제목의 문서는 예수가 십자가 처형을 받을 때 웃으며 기뻐했다(〈요한행전〉의 이야기에서처럼)는 흥미로운 본문을 담고 있다. 베드로는 군중이 예수의 십자가 처형의 참된 본질을 알지 못하는 데 낙담하여 예수에게 말한다. "주님, 아무도 당신을 쳐다보지 않습니다." 이에 예수가 대답한다. '내가 전에 너에게 '눈먼 자들을 그냥 내버려 두어라' 하지 않았느냐?" 대부분의 군중은 항상 눈이 멀어 있다는 것이다. 눈먼 자들에게 그들이 애당초 볼 수 없는 것을 설명하려고 시도하는 것은 시간과 노력의 낭비이다. 드러난 일과 가르침, 그리고 삶의 숨겨진 의미는 오직 소수에게만 알려진다. 이런 말씀들은 예수가 모든 것을 드러냈다고 말하는 정통 기독교의 주장과 뚜렷하게 대조된다. 헨드릭 입센Hendrik Ibsen의 《민중의 적 The Enemy of the people》이라는 멋진 희곡에서 주인공은 이렇게 외친다. "대다수? 대다수는 결코 옳을 수 없어!" 영지주의자라면 이 말에 동의할 것이다.

1970년대 한 종교학 교수가 자신의 권유로 〈도마복음〉을 읽은 학생이 수업 시간에 "예수는 선불교의 붓다예요"라고 했다는 글을 쓴 적이 있다. 실제로 영지주의 경전에서 발견되는 예수의 말씀 중 상당 부분은 그 의도가 선禪의 공안公案과 비슷해 보인다. 그것들은 지식을 전하기 위해서라기보다는 제자들의 영적 변화를 자극하기 위해 의도된 것이다.

영지주의 복음서에는 성서의 4복음서에서 발견되는, 사랑에 대한 강조가 부족하다는 지적이 가끔씩 제기된다. 비판가들은, 영지주의 복음서에 등장하는 예수는 사람들에게 연민을 느껴 죽은 자를 일으키고 아픈 자를 치료하며 눈먼 자를 뜨게 하는, 그와 같은 기적을 일으키는 존재가 아니라고 생각한다. 하지만 이것은 잘못된 생각이다. 〈도마복음〉이나 이와 비슷한 경전에 나오는 예수는 자격 있는 자에게 그노시스를 전수하는 영적 교사이자 영혼의 안내자이다. 자신보다 앞선 고타마 붓다처럼, 예수도 고통의 근본 뿌리는 마음과 가슴에 있기 때문에 육체적 고통의 완화만으로는 충분하지 않다는 사실을 알았다. 4복음서에서처럼 영지주의 복음서에서도 예수는 제자들에게 서로를 사랑하라고 가르친다.

> 너희 형제를 너희 영혼처럼 사랑하고 너희 눈동자같이 그를 지켜라.(말씀 25)

모든 영지주의자에게 있어, 그리고 예수에게 있어 가장 위대한 사랑의 행위는 모든 육체적·심적 고통을 멈추게 하는 영적인 해방이다. 그런 까닭에 영지주의 복음서의 예수는 해방 신학자들에게 결코 적절한 인물이 될 수 없다. 예수가 가져다주는 해방은 정치적·경제적인 해방이 아니라 영적인 해방이다. 왜냐하면 해방은 세상 안에서의 해방이라기보다는 세상으로부터의 해방이요 그것이 또한 궁극의 해방이기 때문이다. 이것이야말로 결코 잊어서는 안 될 것이다.

나그함마디 경전 어디에서나 우리는 자기self와 초월적 비자기transcendental nonself, 곧 내재하는 영과 에온들 너머에 있는 근본 하느님 사이의 전형적인 영지주의적 결합을 발견한다. 신성한 존재에게 가는 길은 자신을 통해야 한다. 나그함마디 문서의 하나인 〈실바누스의 가르침Teachings of Silvanus〉은 이 사실을 분명히 표현하고 있다.

네 마음을 비추어라.…… 네 안의 등불을 밝혀라. 문을 두드리듯이 네 자신을 두드리고, 곧은 길 위를 걷듯이 네 자신 위를 걸어라. 만일 네가 그 길을 걸으면 길 잃을 일이 없다.…… 네 자신을 위해 그 문을 열어라, 그리하여 네가 그것이 무엇인지를 알 수 있도록.

나그함마디 문서는 영지주의 지혜의 어마어마한 보고寶庫이다. 그것은 지금껏 발견된 영지주의 사본 중 가장 방대한 사본집일 뿐만 아니라, 이 문서의 발견을 통해 우리에게 필요한 영지주의 지혜의 양이 아주 풍부해지게 되었다. "영지주의에 대한 기독교 시대의 판단을 재평가하는 것이 바람직하다"라고 이 시대의 지혜로운 사람들을 설득하기에 충분한 영지주의 자료가 2천 년 만에 처음으로 갖추어진 것이다. 우리가 오랫동안 익숙해 온 초기 기독교 시대에 관한 그림에 심각한 결함이 있음을 알 수 있다. 단일한 어떤 '위대한 교회'도 없었고, 이른바 '영지주의적 이단'이 일부러 또 고집스럽게 분리해 나온, 그 원뿌리 되는 정통 기독교 제도도 존재하지 않았다. 오히려 기독교는 처음부터 분리되어 있었다. 초기 기독교는 다양한 종류의 신앙과 해석, 그리고 다양한 종류의 그노시스의 집합체였다. 비非영지주의 기독교가 다시 수백 개의 분파로 쪼개지고 있는 지금, 또다시 그릇된 비난과 외면을 당하는 '이단자', 곧 영지주의자가 생겨날지도 모른다. 그림은 변하고 있고, 변화의 힘은 사막의 모래에서, 조그만 노란 먼지 구름보다 더 위대한 무언가를 뿜어낸 오래된 붉은 점토 항아리에서 우리에게로 왔다.

수많은 학자들의 성실하고 헌신적인 노력의 결과로, 1977년부터 나그함마디 문서 전체를 쉬운 산문체 영어로 읽을 수 있게 되었다.

영지주의 가르침을 연구하고 이해하는 데 있어 역사 이래 이렇게 자원이 풍부한 적은 한 번도 없었다. 일찍이 영지주의 경전을 연구한 가장 위대한 학자 중 한 사람인 미드는 거의 100년 전 시간의 한계를 뛰어넘은 영원의 감수성을 가지고 이렇게 적었다.

> 사실, 오늘날 우리는 영지주의자들이 상징과 신화로 포장해 놓은 수많은 것을 드러내놓고 말하고 있다. 그러나 그런 주제들에 대해 우리가 실제로 알고 있는 것은, 다들 상상하겠지만, 위대한 그노시스 교사들에 비해 그다지 진보하지 못했다. 그 옛날처럼 지금도 영지주의 교사들이 기록한 것을 진실로 아는 자는 소수에 불과하고, 나머지 사람들은 모방하고 비교하고 개조하고 숙고할 뿐이다.……
> 　어느 누가 자신의 지성으로, 자신의 동료들을 위해, 이 모든 고상한 주제들에 대답을 해줄 만큼 충분히 알고 있는가? 각자 자신이 보는 그대로의 빛을 따르자―모두에게 돌아갈 만큼 빛은 충분하다―그리하여 마침내 "만물이 빛―감미롭고 기쁨에 찬 빛―으로 변하는 것"을 볼 수 있도록.(《잃어버린 믿음의 단편들》, 592쪽 및 606~607쪽)

14
영지주의와 탈현대 사상

영지주의는 아주 먼 고대의 것이면서 동시에 살아있는 현재의 것이라는 느낌이 든다. 부분적으로 이런 느낌은 고대 영지주의와 오늘날의 탈현대 사상이 처한 역사적 배경이 유사한 데서 기인할 것이다. 초기 기독교 시대와, 20세기 및 21세기의 환경은 우리가 생각하는 것만큼 다르지 않다. 두 시대는 모두 극도의 물질적 진보를 자랑한다. 팍스 로마나Pax Romana처럼, 팍스 아메리카나Pax Americana는 안정과 안전, 번영을 그 결과로서 제공한다.(2세기 알렉산드리아의 시장은 우리 시대의 쇼핑 센터와 유사한 목적으로 기능했다.) 하지만 동시에 두 시대는 잔혹과 불안, 슬픔으로 가득하기도 하다. 로마는 노예 노동과 전쟁 포로의 피 위에 세워졌고, 현대와 탈현대 시대는 학살 수용소와 전체주의 폭군, 그리고 테러리스트의 공격이 극성을 부린다. 고대와 현대의 영지주의자들 및 영적인 면에서 그들의 친족쯤 되는 이들은 삶의 위대한 비밀은 이 세상에서 발견될 수 없으며, 따라서 한층 깊고 덜 세속적인 근원에서 찾아야 한다는 결론에 이르렀다.

로마 공화국 당시의 소박하면서도 고상한 문화적 분위기는 로마제국에 이르러서 다문화적이며 거대한 허무주의적인 길로 빠지게 되었다. 마찬가지로, 근대 서구 사회의 낙천적 · 현세적 · 이성적 · 진보적 토대 또한 지금 흔들리고 있다. 불과 얼마 전까지만 해도 우리는 누구나 이성을 통해 '자연 법칙'을 발견할 것이며 이러한 법칙의 적용을 통해 모든 것이 점점 더 나아질 것이라고 믿었다. 오늘날 이런 가정은 심하게 도전받고 있다. 이성을 통한 진보라는 약속을 진지하게 받아들이는 사람은 많지 않다.

영지주의자들의 시대에, 올림피아 신전의 나이든 고전적인 신들은 사라졌다. 오늘날 우리는 현대의 신들—정치적 이데올로기, 과학, 사회학, 의학을 바탕으로 한 심리학, 그리고 가장 최근의 환경 보호주의environmentalism—의 황혼을 보고 있다. 여전히 우리 문화는 18세기 계몽주의의 이성주의적 인본주의를 바탕으로 삼고 있는 것처럼 보이지만, 그런 철학에 대한 확신은 점점 더 줄어들고 있다. 새록새록 불거지는 의심들이 지난 300년 동안 지속되어 온 세속의 신념을 잠식시키고 있다. 한때 본래부터 질서정연한 것으로 이해되던 자연이, 상상했던 것보다 훨씬 더 무질서한 것이라는 사실이 일부 과학자들에 의해 관찰되고 있다. 인간의 역사 또한 더 이상 합리적인 인간이 자신의 기호에 맞게 통제할 수 있는 것으로 생각되지 않는다. 역사의 과정은 인간의 이성과 목적에 따라 조작할 수 있는 어떤 것이 아니라 자체적인 힘에 의해 움직인다는 사실 또한 점점 더 밝혀지고 있다. 혼돈 이론의 등장으로, 만물을 에워싸고 있는 세계universe는 예전의 조화로운 우주cosmos(cosmos는 질서와 조화를 갖춘 우주를 일컫는다—옮긴이)가 아니라, 놀라운 사태들이 언제 어떻게 발생할지 전혀 예상할 수 없는 끝없는 유출과 유동의 현상으로 받아들여진다. 새로운 이론들에 대한 전문 분석가이자 국제적으로 유명한 환경사학자인 도널드 워스터Donald Worster는 "우리가 살고 있는 시대는 단단해 보이는 모든 것(너무도 자명해 보이는 진리들—옮긴이)이 대기 중으로 사라지는, 탈현대적·탈구조주의적 시대"라고 말한다.

이런 상황을 좀더 실감나게 설명하기 위해, 영화 속에서 이와 같은 문화적 특징들이 어떻게 변화되어 나타나는지 살펴보자. 몇몇 예외가 있기는 하지만, 1950년대 대부분의 영화는 과학의 노력을 통해 이 세계가 행복한 방향으로 발전해 가는 모습을 보여준다. 40년 후 영화 〈쥬라기 공원〉은, 무책임하고 이해타산적인 과학을 등에 업은, 아무런 거칠 것이 없어진 사람들에 의해 유린당한 자연의 끔찍한 모습을 소개한다. 이러한 차이가 우연히 생긴 것일까? 예리한 관찰자들이라면 그렇게 생각하지 않을 것이다. 이런 차이점의 발생이 인간 행위와 도덕 가치에 대해 염려스런 질문이 점점 느는 것과 관계 있다는 것을 그들은 알아챈다.

순탄한 진보를 오랫동안 믿어 의심치 않아온 사람들에게는 아주 파괴적으로 보이는 이런 탈현대적 경향이 처음 싹튼 곳은 다름 아닌 과학이었다. 혼돈 이론은 오랜 기간 우주와 자연의 예측 불가능성—1920년대 발표된 하이젠베르크의 '불확정성 원리'(원자와 같이 지극히 작은 물체들은 예측할 수 없는 방향으로 끊임없이 움직이기 때문에 그것들의 위치와 속도를 동시에 정확하게 측정하는 것은 불가능하다는 법칙—옮긴이)가 그 시작을 알렸다—을 연구해 온 학자들의 통찰을 더욱 확장시켰다. 간단히 말해, 이 이론에 따르면 (날씨 또는 우주 자체와 같은) 체계의 장기적인 움직임은 확실하게 예측할 수 없다. 정확하게 예측하려면 그 체계의 최초 조건을 완벽하게 알아야 한다. 하지만 이것이 불가능함은 너무도 자명하다. 그래서 임의 사건의 원리the principle of random events가 예측 가능성의 원리보다 널리 인정받고 있는 것이다. 과학적 사고의 이런 극적인 전환은 궁극적으로 그보다 외연이 큰 문화의 근본적인 전환을 의미한다. 과학의 요새만이 아니라 문학, 연극, 시각 예술, 사회과학의 요새 또한 해체주의의 구심력에 의해 공격당하고 있다. 문학은 정치적·사회적 궤도를 따라 해체되고 있으며, 그 결과 전통적으로 중시되어 왔던 문학적 유산이 붕괴되고 있다.

혼돈 이론이 실재를 바라보는 관점에서 영지주의적 세계관과 유사하다는 점에서, 고대 영지주의자는 아마도 혼돈 이론을 흥미로운 소식으로 접할 듯하다. 데미우르고스의 작품인 우주는 의심스러운 면이 한두 가지가 아니다. ―그 중에서도 우주가 대부분 모조된 것이라는 점이 중요하다. 예컨대 영지주의 경전에 따르면 데미우르고스는 무시간적인 영원을 잘못 모방하여 시간의 주기를 만들어냈다. 우주의 질서와 법칙과 장엄함은 대부분 위조된 것이다. 불변하는 질서와 인과율이라는 덮개 아래 있는 우주는 무질서하고 임의적임에 틀림없다. "하느님은 주사위 놀이를 하지 않는다"는 아인슈타인의 유명한 진술에 대해, 영지주의자는 "오, 지금도 하지 않는가?"라며 반어적으로 대답할지도 모른다. 데미우르고스의 가장 일반적인 이름 중 하나인 얄다바오트IALDABAOTH는 '유치한 신'이라는 뜻이다. 자신이 조립한 우주를 가지고 주사위 놀이를 하는 것은 그와 같은 존재의 특징에 딱 들어맞는다.

물론 영지주의자들은 우주를 만든―주사위 놀이를 아주 잘할 것 같은―하느님과, 만물과 체계 너머에 있는 초월적인 근본 하느님을 구별한다. 초월적인 하느님은 주사위 놀이를 할 것 같지 않다. 게다가 영지주의 사고방식에서 단언적 진술은 그다지 적절하지가 못하다. 몇몇 영지주의 경전은 지고의 근본 하느님의 모습들aspects이 데미우르고스의 영역을 은밀히 관통하고 있다고 분명히 암시한다. 내재적·초월적인 요소가 우주의 거짓 질서 아래 놓여 있다.─그래서 또한 혼돈 아래 놓여 있다. 여기서 핵심 개념은 의식意識, 더 정확히는 그노시스와 관련이 있다. 우주는 해체될 때 자신을 혼돈으로 드러낸다. 하지만 그노시스라고 알려진 달라진 의식에 의해 관통되면 혼돈은 본래의 질서를 지닌 내재적 실재를 드러낸다. 이 질서는 데미우르고스의 세계를 지배하는 거짓 질서와 확연히 다르다. 따라서 우주의 거죽 밑에 있는 혼돈을 인식하는 것이 그노시스로 가는 첫걸음이다. 물론 더 내딛어야 할 걸음이 남아 있다. 혼돈 이론이 합리적·과학적 방법으로 발견된다면, 초월적 질서는 오직 그노시스에 의해서만 발견된다. 질서 너머에 있는 이 질서는 오직 비일상적인 고양된 의식의 상태에서만 모습을 드러낸다. 이 실재를 드러낼 수 있는 것은 수학적 계산과 문학적 해체가 아니라 그노시스이다.

그노시스와 허무주의

혼돈 이론과 그것이 함축한 의미는 많은 관찰자의 간담을 서늘하게 했다. 도널드 워스터는 한 인터뷰에서 이렇게 물었다. "혼돈의 우주 안에 사랑하거나 보호해야 할 것이 무엇이 있겠는가? 이런 우주 속에서 인간은 어떻게 행동해야 하는가? 우리가 살고 있는 우주가 그런 곳이라면, 뭔가 누구에게 해를 입힐지도 모른다는 두려움에서 벗어나 자신의 모든 개인적인 야망을 품고 앞으로 전진하는 게 어떠한가?"

거의 2천 년 전에도 비판가들은 영지주의자들에게 이와 유사한 질문을 던졌다. 그 당시 분쟁의 원인은 영지주의자들이 모세의 율법과 여타의 종교적 규범을 구원에, 더 정확히는 그노시스에 필수적인 것으로 인정하기를 거부한 데 있었다. 물론 영지주의자들은 종교적으로 또는 세속적으로 인정된 규율이 사회에 무익하다고 주장하지는 않았다. 그들은 이 세상에서 '바르게 행동함'으로써 구원과 천복天福의 권리를 살 수 있다는 개념에 반대했다. 하지만 도덕률 폐기론(법을 반대하는 것)의 책임이 계속해서 영지주의자들에게 돌려졌다. 그 뒤에는 영지주의자를 향한 비난이 허무주의, 주로 도덕적 허무주의에 대한 고발로 바뀌었다.

시간이 지나면서, 서구 문화는 모세의 율법보다는 우주의 질서와 법칙에 더 큰 관심을 기울이게 되었다. 모세의 계명을 비판하는 것이 비난받을 만한 일은 아니며, 그 대신 질서정연한 우주에서 법을 지키며 살아가는 것이 인간의 의무라는 생각이 받아들여지게 되었을 법하다. 문화에 대한 세속적이고 합리적인 신념이 붕괴될 위기에 놓이면, 도덕적 허무주의의 두려움이 명분을 얻게 마련이다. 한 문화 속에서 철학적 공허함이 입을 벌리기 시작할 때, 사람들은 갖가지 방법으로 그것을 채우려고 한다. 이기주의자와 탐욕가, 호색가―영지주이 가르침에서 보자면 물질적인 자―는 자신들의 목적을 달성하기 위해 그 기회를 이용할 것이다. 어떤 이들―영지주의자들이 심적인 자psychics라고 부를 법한―은 근본주의라는 '낡은 종교'에서 피난처를 찾고 종교적 규율의 요새 안에 숨을 것이다. 그리고 나머지의 극소수—영적인 자, 곧 영의 사람—만이 내면을 향해, 곧 해방의 그 노시스를 향해 돌아설 것이다. 로마 시대에도 그러했듯이 오늘날에도 이는 마찬가지일 것이다.

그런데 영지주의자들에게 쏟아진 허무주의에 대한 비난은 어떤 것인가? 이 비난은, 그 허무주의를 비난한 것 말고는 영지주의 사상에 공감하고 1950년대 이후의 영지주의 연구에 대변화를 불러일으킨 한스 요나스에 의해서 다시 강한 생명력을 얻게 되었다. 유대교의 핵심 가르침인—조로아스터교와 이슬람교, 기독교에서는 그 정도까지는 아니다—윤리적 유일신론에서는 늘 사회적 규범에 신적인 권위를 부여하는 데 지대한 관심을 기울여왔다. 법은 하느님이 주신 것이기 때문에 반드시 따라야 하며, 그렇지 않으면 하느님이 다양한 방법으로 우리를 벌한다는 것이 그들의 주장이었다.

고대는 물론 현대의 영지주의자들도 윤리적 유일신론에 동의할 수 없으며 동의하지도 않을 것이다. 이유는 다양하다. 신화적으로 말하면 법의 근원은 데미우르고스이다.—줄잡아 말해도, 이 사실이 법의 권위를 떨어뜨린다. 역사적으로 말하면 최후의 가장 위대한 사자使者인 예수는 모세의 옛 율법을 폐기하고 그 자리에 영지주의자들이 사랑의 법이라고 부르는 자신의 율법을 세웠다.("율법을 성취하기" 위해 왔다는 예수의 말씀을, 영지주의자들은 율법을 '완성하는 것' 또는 '마무리 짓는 것'으로 해석한다.) 마지막으로 영지주의자들은 사회의 법을 이차적인 실재, 곧 영적 실재의 위조품 정도로 여긴다. 영적 통찰을 갖춘 수준에 오르기를 원치 않는 사람들은, 사회의 법을 신성시하여 '신의 법'이라는 권위를 부여하면서 자신들의 규율과 제도가 초월적 실재인 양 투사한다. 법이 종교의 최우선 목표가 되게 함으로써 인간은 그노시스의 가능성으로부터 스스로를 단절시킨다. 한편 영지주의자는 영을 추구하려고 애쓴다. 영에 대해서는 "그것은 불고 싶은 대로 분다"(《요한복음》 3장 8절. '그것'을 가리키는 단어 '프뉴마'는 영 또는 바람을 뜻한다—옮긴이)라고 쓰어 있다. 가장 위대한 카발라주의자와 기독교 신비가, 그리고 수피를 포함한 대부분의 신비가들도 종교적 규율을 경시한 영지주의자들의 태도를 따르고 있다.

영지주의자는 어떤 점에서 허무주의자와 다른가

최근 영지주의를 도덕적 허무주의라고 비판하는 자들은 영지주의자를 실존주의와 니체 철학, 심지어는 독일 나치즘과 관련짓는다. 그런 비판 뒤에는, 모세의 율법을 따르지 않는 자는 온갖 그릇된 행위를 용인하기 쉽다는 생각, 더욱이 이 세계를 무가치하다고 느끼는 자는 반드시 삶의 의미를 잃어버리게 되어 있다는 생각이 깔려 있다. 이와 유사한 주장은 대부분의 탈현대 사상에 대해서도 제기될 수 있다.

그러나 유사함이 동일함을 뜻하지는 않는다. 실존주의와, 혼돈 이론을 포함한 현대 및 탈현대의 다른 사상들은 단지 부분적으로만 영지주의와 유사하다. 현대와 탈현대의 사상은 어느 정도 영지주의적인 방법으로 소외, 절망, 영혼의 세상에로의 추락—영혼의 구속, 불안, 실존적 공포—따위의 주제를 역설한다. 하지만 이런 인식은 실재에 대한 영지주의 개념의 전반 정도만 투박하게 보여줄 뿐이다. 실존주의와 그와 유사한 사상 어디에서도 우리는 소외되어 불안해하는 절망한 영혼이 찾아갈, 이 세계 너머의 절대적 실재에 대한 확실한 보증을 찾을 수 없다. 현대와 탈현대의 인간은 구원받지 못한 채 절망

속에 내버려져 있는 데 반해 영지주의자는 구원의 희망으로 가득 차 있다. 게다가 영지주의는 일반적으로 전통을 이루는 데 필요한 특징(가르침과 경전, 영적 예식)을 모두 갖추고 있는 하나의 전통이다. 대체로 전통을 신뢰하지 않는 우리 시대는 자연스레 영지주의의 비전통적 측면을 강조하는 경향이 있다. 하지만 대부분의 현대와 탈현대 사상과는 달리, 영지주의의 전통적인 측면은 사람들에게 삶의 목표에 이르는 길을 제시해 준다. 영지주의자는 인간이 영원에서 기원했다는 것, 그리고 또한 영원이 인간의 목표라는 사실을 안다. 이것이 현대와 탈현대 사상과 영지주의를 완전히 다른 것으로 만든다!

영지주의를 도덕적 허무주의라고 비난하는 인간적 측면은 무엇인가? 고대 영지주의자들이 주류 기독교인에 비해 법을 잘 지키지 않았다는 기록은 없다. 영지주의자들이 과도한 성행위를 했다는, 정치적 동기에서 비롯된 비난과 비방을 우리가 신뢰하지 않는다면, 영지주의자를 범죄자나 심지어 부도덕주의자와 관련시킬 근거는 사실 아무것도 없다. 마니교 영지주의자가 지독하리만치 금욕적 순결을 지켰다는 사실은 잘 알려져 있으며, 중세의 카타르 파도 그런 순결을 유지했다. 신학적으로 카타르 파를 적대시했던 클레르보의 성 베르나르는 "그들의 도덕성은 순결 그 자체였다"고 말했다.

확실히 신비주의적인 삶은, 그것이 영지주의적인 것이든 혹은 다른 종교의 것이든 간에, 그것이 보증하는 것만큼이나 위험이 따르고, 그 위험의 일부는 신비가의 행위와 관계가 있다. 신비주의는 때때로, 기독교 십자군과 종교 재판, 그리고 이란의 이슬람 혁명 조치 같은 현상이 증명해 보이듯이, 광신주의로 귀결되기도 한다. 수많은 십자군 수도사들이나 종교 재판관들은 나름의 신비가로 분류될 수도 있겠지만 동시에 오늘날의 다소 잔인한 율법학자로 분류되기도 한다. 영지주의 전통을 따르던 자들은 이런 함정에 빠지지 않았다는 점에서 뛰어난 사람들이었다.

문화에 대한 틀에 박힌 관념들을 부정하는 것이 허무주의를 뜻한다면 영지주의자는 떳떳하게 자신의 죄를 인정할 것이다. 영지주의자들은 이 세상의 삶에 대한 기본적인 정직성을 늘 유지해 왔다. 그들은 어떤 사회—로마나 페르시아 제국, 또는 자신들이 '짐승'이라고 말한 중세 가톨릭 교회라 하더라도—를 향해서도, 제도를 숭배하는 자들이 즐겨 바치곤 하는 무조건적인 찬양을 바치지 않았다. 그러나 순교당하는 것을 두려워하지도 않았다. 영지주의자들에 대한 교부들의 비난 중 하나가, 영지주의자들이 기독교인에 대한 로마의 박해를 피해 달아났다는 것이다. 그 용기를 누구도 의심하지 않는 카타르 파 사람들조차도 종교 재판관들의 손에서 죽기를 원치 않았다. 하지만 더 이상 피할 수 없는 시간이 되자 그들은 자신들의 운명을 당당히 받아들이고 찬양을 부르며 화염 속으로 걸어 들어갔다. 영지주의의 〈빌립복음〉은, 하느님이 인간을 창조한 것과 똑같이 인간도 자신이 찬양할 자신의 신들을 창조하는 방법으로 화답했다고 반어적으로 말한다. 그런 신들은 인간을 예배함이 마땅하다(!)고, 〈빌립복음〉은 기록한다. 이것이 의미하는 바는 분명하다. 대부분의 인간이 만들어내는 생각, 투사, 집착 따위가 틀에 박힌 죽은 관념들이라는 것이다. 그것들을 찬양하는 것은 전혀 무가치한 행위이다.

모든 시대는 저마다 선호하는 우상을 가진다. 중세 시대에는 교황과 주교가 해석한 기독교의 이상理想이 신성불가침의 것이었으며, 그것에 대해서는 황제마저도 복종해야 했다. 과학과 인본주의 시대에는 인간의 진보라는 복음이 그 문화의 신성한 우상이 되었다. 오늘날 진보라는 우상 또한 자신의 토대 위에서 비틀거리고 있는데, 이는 주로 역사의 서글픈 교훈과 탈현대 사상들 때문이다. 만일 인간 역사가 진보하고 있다면 왜 우리는 피로 얼룩진 가장 참혹한 역사를 20세기에 경험해야 했는가? 히틀러와 스탈린, 마오쩌둥은 정말 진보의 산물인가? 히로시마의 희생자들은 원자폭탄의 모습으로 자신들에게 찾아온 진보의 축복 앞에 감사해야 하는가? 생물학자 데이비드 에렌펠드David Ehrenfeld는 《인본주의의 오만The Arrogance of Humanism》이라는 책에서 진보주의와 인본주의의 지나친 오만을 이렇게 고발한다. "진보 사상은 우리 시대의 질병이다. 진실로 우리가 우리의 미래를 만들어내고 있는 것이 아니다. 우리는, 결과를 예상할 수 없을 뿐더러 비참하게 끝을 맺는 경우도 많은 그런 변화들의 조종간을 붙잡고 있는 한갓 엔지니어일 뿐이다." 영지주의자는 틀림없이 이 말에 동의할 것이다.

만일 진보가 저절로 이루어지지 않는다면 혁명을 일으키는 것이 더 나은가? 만일 제도들이 변화를 거부하면 그 제도들을 변화시키는 데 우리의 지성과 열정과 삶을 바쳐야 하는가? 이 세상의 바스티유 감옥들을 끊임없이 습격하며 매번 각각의 전투와 혁명, 전쟁이 마지막이 되기를 희망해야 하는가? 영지주의자들이 자진해서 전쟁이나 혁명을 일으켰다는 기록은 어디에도 없다. 랑그독에서 카타르 파에 동정적인 자들이 칼을 쥔 것도 자기 방어를 위해 마지못해 그렇게 한 것이었다. 영지주의자들은 세상을 초월하는 데에 관심했지 세상을 변화시키는 데에 관심하지 않았다.

현대 문화의 이상들과 우상들 대부분을 해체하기 위해 탈현대 시대가 혼돈 이론 등을 통해 이 세계에 허무주의를 확산시키려고 할 수도 있을 것이다. 하지만 허무주의라는 말은 '무無'를 뜻하는 라틴 어에서 왔다. 모든 것이 해체될 때 남아 있을 법한 것이 바로 무이다. 그렇지 않은가? 만일 그런 변화의 한가운데서 영지주의의 희망이 생겨난다고 한다면, 세속의 구조물이 소멸하고 난 뒤에는 영이 충만으로 복귀하는 일이 이어질 것이다. 일시적인 것이 손상을 입을 때 영원한 것이 자신의 진실을 드러내는 일이 종종 있다. 인간이 망상에서 깨어날 때―망상이 떨어져나갈 때―인간은 참 진실을 발견한다. 이런 점에서 사실 영지주의자는 낙관주의자다. 그노시스가 세상의 깊은 잠에서 깨어난 이들에게 찾아오리라고 영지주의자는 확신한다.

정보화 시대에 대한 영지주의적 관점

 탈현대성은 정보화 시대의 개념 및 실재와 구분하기 어려울 정도로 얽혀 있다. 산술적 추론에 의해 혼돈이 질서보다 실재에 더 가까운 모습이라고 결론내린 과학자들과, 문학과 사회과학을 해체하는 일에 바쁜 지식인 및 비평가들은 대개 자신들의 컴퓨터 화면에 나타난 정보에 의지하여 작업한다. 영지주의에 대해 알고 있는 오늘날의 지식인에게 그노시스는 정보로 이해되기 쉽다. 상상 문학에서 가장 창조적인 작가 중 한 사람으로 몇몇 작품에 영지주의를 열성적으로 끌어들인 필립 딕Philip K. Dick은 그노시스를 단순한 '정보'로만 해석했다. 하지만 정말 그노시스가 한갓 정보에 지나지 않는가? 우리 사회가 정보에 높은 가치를 부여하게 된 것은 정보의 최우선 도구가 된 컴퓨터의 영향 때문이다. 막대한 정보와 그에 버금가는 막대한 거짓 정보가 컴퓨터 화면을 통해 매일같이 무수한 사람들의 머릿속에 주입된다. 우리의 가장 새로운 신들은, 존재하고 존재할 수 있는 모든 것과 우리를 연결시켜 준다고 약속하는, 컴퓨터 화면 위에 마술같이 나타나는 데이터이다.

정보가 자기의 출처에 충실하다는 사실은 누구나 다 아는 진실인 반면, 정보가 또 자기를 받아들이는 사람에게 충실하다는 사실은 그다지 알려지지 않았다. 우리 문화 속에 이미 깊이 뿌리박힌 지적 오만에 대한 유혹이 정보화 시대에는 점점 더 강해진다. 지적 오만이란, 자기가 정보에 접근할 수 있기 때문에 자기는 참되고 유익한 것을 알고 있으며, 따라서 자기한테는 자각하는 에고와 그 공급원이 되는 데이터를 제외한 전통이나 영감의 근원 따위는 필요치 않다고 으스대는 것이라고 말할 수 있을 것이다. 영적인 문제에 있어서 그런 오만은 참으로 비참한 것일 수 있다. 누군가는 천국에 이르는 자신만의 독특한 계단을 조립하기 위해 이른바 영적 본질에 관한 정보를 고르고 선택하려고 할지도 모를 일이다. 컴퓨터 화면 등 정보의 원천은 '뷔페식'으로 에고를 마음껏 먹일 수 있는 아이디어 식당에 차려진 커다란 식탁과 같다.

정보화 시대의 우리는 자주 과장된 발언을 접하곤 한다. "난 나에게 뭐가 가장 좋은지 알아! 나만의 특별한 요구를 만족시켜 주는 걸 택할 거야." 이것은 환자가 전문의에게 "내 몸을 알아요. 당신의 전문 의학 지식에 상관없이 내 스스로 치료법을 택할 거예요"라고 말하는 것과 같다. 더 간단히 말하면, 음식점에 가서 "난 그저 맛이 좋은 걸 먹을 거예요" 하고 말하는 어린애와 같다고 하겠다.

불교인들은 이런 자만에 효과적으로 대처하는 법을 안다. 불교인들은, 자신들이 주는 것은 깨달음이요 깨달음에 관해 묻는 자는 깨닫지 못하여 묻는 것이므로 그는 무엇보다도 먼저 자신의 무지를 알아차려야 한다고 말한다. 깨닫지 못한 자는 망상에 빠져 있고, 그래서 자신의 망상에 근거하여 선택을 한다고 불교인은 말한다. 따라서 먼저 망상을 줄이고 마침내 그것을 없애려면 통찰력 있는 스승과 믿음이 가는 수행법을 가진 올바른 전통이 필요하다.

그노시스의 수레인 영지주의에도 정보가 없는 것은 아니지만, 그렇다고 그노시스가 정보와 같은 것은 아니다. 하지만 이렇게 말하면서도 주의를 기울여야 한다. 영지주의의 정보라 해도 대부분의 정보와는 확연히 다르다. 거기에는 신화, 환상적 통찰, 심리영성적 자극, 마술적 변화와 같은 것이 있다. 이런 자료들을 단순한 데이터의 목록처럼 다루다보면 비참한 결과를 초래할지도 모른다. 영지주의적 관념과 언어와 깨달음에 훈련되지 않은 자가 이런 정보를 잘 받아들일 수 있도록 도움을 주는 영지주의 전통도 있다. 자기 고유의 전략을 갖고 있고, 실재를 바라보는 자기 고유의 방법을 갖고 있으며, 자기 고유의 영적 수행법을 가지고 있는 전통을 거부하는 것은 무익하고 어리석은 짓이다.

우리 사회는 정보의 포화 상태에 이르러 있지만 사람들은 여전히 더 많은 정보를 갈망한다. 정보를 많이 수집하면 할수록 삶은 점점 덜 실재적으로 되는 것처럼 보일 때가 있다. 현대인은 자신이 의지하고 있는 과학 기술에 의해, 그리고 그 과학 기술을 통해 얻은 정보에 의해 혼란스러워한다. 정보화 시대의 노예가 된 우리는 다른 종류의 지식이 있다는 사실을, 그리고 그 지식의 세계에서는 말수가 적은 것이 더러 더 많이 아는 것을 뜻하고 환상의 황홀경이 사실들을 향한 욕망을 대신한다는 사실을 자주 잊어버린다. 그노시스는 사실이나 이론은 거의 제공하지 않고 언제나 경험을 제공했다. 정보가 몇 시간 만에 쓸모없어져 버리는 세상에서, 가장 절실하게 요구되는 것은 바로 이런 유익한 통찰일 것이다.

에필로그
한낮에서 한밤으로

　이 책을 시작하면서 나는 밤하늘을 지상의 어둠과 대조되는 그노시스의 빛을 상징하는 은유로 사용하였다. 이 책의 결론 부분에 도달한 지금, 이 은유를 확장시켜 낮의 하늘과 밤하늘을 대조해 보는 것도 유익할 것 같다. 한낮의 빛 속에서 물질적 대상들은 아주 분명하게 모습을 드러낸다. 세속적인 삶의 활동은 그 정도의 분명한 시력을 요한다. 하지만 민감하고 훨씬 먼 곳까지 바라볼 수 있는 우리의 밤의 시력은 낮의 밝음에 압도되고 만다. 하늘의 발광체들은, 비록 존재하긴 하지만, 낮의 밝은 빛에 가려 보이지 않는다. 낮에는 별빛은 완전히 가려지고 아주 가끔 달의 윤곽을 볼 수 있을 뿐이다. 눈부신 태양 빛이 사라지고 밤하늘이 다시 나타나면, 몇 광년 떨어져 있는 별들의 빛이 다시 우리의 눈에 와 부딪치고 가까이 있는 지상의 사물들은 그림자처럼 어렴풋해진다.
　밤하늘을 볼 수 있는 능력을 부정하고 오직 햇빛만 있을 뿐이라고 주장하는 세상, 그런 현실을 상상해 보라. 별을 볼 수 있는 능력으로부터 단절된 사람들은 오직 한낮의 세계, 그리고 근본적으로 물질적인 것을 의미하는 세속 세계의 뚜렷한 대조물들만 경험하게 될 것이다. 더욱 비참한 것은, 별빛을 통해 전해지는 상상력의 자극이 사라지리라는 것이다. 아무도 검은 베일 위의 천공穿孔들이 보증하는 무한한 빛의 세계를 상상하지 못할 것이다.

우리는 이렇게 밤하늘을 부정하는 세상에 살고 있다. 르네상스 이래 인류의 문명은 물질적 데이터라는 한낮의 세계에 근거한, 그리고 그 데이터로부터 추론해 낸 합리적 이론에 근거한 세계관에 점점 자신을 내어맡기고 있다. 우리는 한낮의 햇빛에 적나라하게 드러난 현란한 의식의 세계에 갇혀 있다. 그 세계에서 우리는 더욱더 많은 사실들을 수집하고 있지만, 역설적이게도 아직껏 더 큰 행복을 얻지는 못했다. 우리는 갈수록 더 작은 것들에 관해 더 많은 것을 배우고 있지만, 신비로운 빛을 품고 있는 밤하늘을 볼 줄 아는 영지주의적 시력을 빼앗긴 상태에서는 경험의 비물질적인 측면을 이해하는 데 한계가 있다. 우리는 중요한 조화와 귀결을 알아보지 못하는 영적 근시를 앓고 있으며, 그래서 마치 바로 눈앞에 보이는 시공간에 묶여 있는 것처럼 보인다.

실패한 신들

이 세상 너머에서 비쳐오는 빛을 부정하는 문화 속에 살고 있는 사람들은 이 세상적인 구원의 수단을 고안하기에 이른다. 19세와 20세기 초, 우리는 사회 경제적인 진보설이 인간 역사의 영광스러운 대단원을 가져다줄 것이라고 믿었다. 칼 마르크스는 정치경제학을 통해 세계를 구원하려고 시도했지만 스탈린과 마오쩌둥, 폴 포트 같은 그의 추종자들은 동료 인간을 역사상 가장 잔인하게 몰살했다. 히틀러는 인종주의와 영토 확장을 통한 구원을 강구하며 자국민을 포함해 약 5천만 민중에게 고통과 죽음을 안겼다. 21세기의 문턱을 넘어선 지금, 적어도 지난 200년 동안 약속과 달리 지상천국 대신 고통만 안겨준 정치 이론가들에게 속고 이용당해 왔다는 사실을 점점 수긍하게 되었다. 정치적 구원의 신은 실패한 신으로 판명되고 있는 것이다.

세속적 구원의 또 다른 길이자 어떤 의미에서 우리를 실망시킨 또 하나의 신은 과학이다. 과학이 물질 세계에 대한 우리의 지식을 확장시키고 그 세계를 지배할 도구를 우리에게 선사하기는 했지만, 결코 실존적 곤경에서 우리를 구원해 주지는 않았다. 과학science이라는 단어는 '지식knowledge'을 의미하는 라틴 어 '시엔티아scientia'에서 유래했다. 그것은 그노시스라는 단어가 뜻하는 것과는 다른 의미의 지식이다. 근본적으로 그노시스에는 과학적이거나 이성적이라는 의미가 없다. 그리스 어에서는 상당히 정확하게 과학적 지식("그가 화학을 안다"에서처럼)과 경험으로부터 온 지식인 그노시스("그녀가 나를 안다"에서처럼)를 구별한다.

우리를 실망시키고 있는 또 다른 신은 환경 보호주의라는 신이다. 과학 기술의 계속적인 발달에 놀란 우리는 자연 세계―혹은 우리가 역설적인 이름을 붙인 '환경'―를 걱정하는 보호자가 되었다. '환경'이라는 말은 자연 세계를 인간을 둘러싼 무언가로 규정한다는 점에서 인간 중심적 용어이다. 하지만 자연 혹은 지구를 구한다고 하는 애매한 범신론적 태도를 취하는 것이 우리의 영혼과 영을 구하는 것과 동일시될 수는 없다. 우리 내면의 영적 존재가 오염되어 있다면,

우리의 의식이 불충분한 상태로 남아 있다면, 아무리 환경이 깨끗하다 한들 우리를 우둔함과 실존적 불안에서 구원하겠는가? 사람들이 곧 닥치리라 예언하는 생태적 위기를 해결한다고 해서 마음과 가슴의 위기를 해결할 수 있는가? 아니 완화시키기라도 할 수 있는가?

서구 문명은, 특히 18세기와 19세기 이후, 우리를 둘러싼 세계에 대해 엄청나게 많은 정보를 알아냈다. 동시에 우리는 내면 세계와 우리 너머의 세계에 대해서는 완전한 무지 속에 있다. 이 두 세계는 때때로 의식consciousness이라는 용어로 표현된다. 의식은 과학이 강점을 보이는 부분이 아니라고들 말하기도 하는데, 정말 그렇다. 20세기에 두각을 보인 심리학, 심지어 심층심리학조차도 진정 과학과 효과적인 다리를 놓는 데는 실패했다. 프로이트는 정신분석학이 '새로운 과학'으로 인정받는 것 외에는 아무것도 바라지 않았다. 그로부터 한 세기가 지났지만 지금도 그의 바람은 실현되지 않은 채로 남아 있다.

'의식 연구consciousness studies'라는 이름의 학문 분야는 있지만 의식 과학science of consciousness은 없다. 근본적으로 의식은 과학적 원리인 반복 실험에 제대로 반응하지 않기 때문에 과학적 절차와 방법으로 조사되기 어렵다. 실패 직전에 놓인 초심리학parapsychology 분야가 아주 그럴듯한 예가 될 듯하다. 텔레파시와 그와 관련된 ESP(초감각적 지각) 능력에 대한 실험 결과는 실험이 반복될수록 점점 확신할 수 없는 것이 된다.

우리는 의식이 존재한다는 사실을 어떻게 아는가? 반복 실험에는 덜 의존적인 반면 의식에 접근할 수 있는 특정 상태의 지각을 끌어올리는 데는 더 의존적인, 일종의 개인적 경험을 통해서만 우리는 그 사실을 안다. 간단히 말해, 의식을 다룰 때 우리는 그노시스의 영역을 다루고 있는 것이다. 이것이 바로 융이 알아낸 것이었고, 이런 인식을 통해 융은 그노시스와 영지주의를 심리학과 연결시키는 천재성을 발휘했다. 융이 생각한 대로, 고대 영지주의자들은 의식의 영역에서 비범한 것들을 발견했다. 그들이 그렇게 할 수 있었던 것은 에고 및 그것의 합리적·외향적 성향이라는 기준에 붙잡히지 않은 지각의 방식을 사용했기 때문이었다.

과학이 점점 자신 너머로, 심지어 의식에까지 눈을 돌리는 경향을 보이고 있다는 사실은 마땅히 지적해야겠다. 특히 이론 물리학은 물리학적이라기보다는 사실상 형이상학적인 영역으로 과감히 나아가고 있다. 하지만 얼마 안 되는 정식 과학자들만이 자신들이 연구하는 분야의 형이상학적인 차원을 진지하게 붙들고 있을 뿐이다. 물리학이나 과학의 다른 분야에서 일종의 도道의 존재를 증명해 보이는 사람들은 대부분 과학계에서 무시당하는 대중 과학자들이다. 지금까지도 일반 대중은, 심지어 교육받은 교양인들조차도, 뉴턴과 다윈의 세계 속에 살고 있다. 그 세계에는 아인슈타인이나 플랑크Planck 같은 학자는 존재하지 않는다. 응용 과학은 형이상학적인 의미가 담긴 이론에 근거하고 있지만, 그런 의미는 훨씬 더 정교한 과학 기술의 축복을 추구하는 사람들에게 거의 관심의 대상이 되지 못한다. 인정하기가 고통스럽기는 하지만, 의식, 곧 그노시스의 관점에서 보면 과학은 실패한 또 다른 신이라는 결론에 이르게 된다.

여기서 언급한 실패한 신들의 목록은 구원의 능력을 자부하는 수없이 많은 신들의 일부에 지나지 않는다. 세속적 구원이라는 개념 자체가 결함을 지니고 있기 때문에 모든 신은 실패하게 되어 있다. 진짜 잘못된 것은 형식과 방법 따위의 개별적인 결함이 아니다. 우리는 자신의 본질적이고 영구적인 욕구가 단순히 지상적이고 인간적인 자원만으로는 충족되지 않는다는 점을 깨달아야 한다. 세속적 사고와 같은 한낮의 빛은 구원에 전혀 적합하지 않다. 우리에게 필요한 것은 이 세상 너머에서 비쳐오는 다른 빛이다.

영지주의자와의 마주침

영지주의자들은 이 세상에 우리를 가두어두는 근본적인 곤경 앞에 늘 깨어 있으며, 그 곤경을 그노시스의 부재와 동일시한다. 구약 성서에서 영지주의적인 인물에 꽤 가까운 예언자 호세아는 인간만이 아니라 모든 창조물의 비참함이 신적인 그노시스(하느님에 대한 지식)의 부재에 있다고 꾸짖는다.

> 이 땅에는 진실도 없고, 사랑도 없고, 하느님을 아는 지식도 없다.······ 그렇기 때문에 땅은 탄식하고, 주민은 쇠약해질 것이다. 들짐승과 하늘을 나는 새들도 다 야위고, 바다 속의 물고기들도 씨가 마를 것이다.(《호세아》 4: 2~3)

이런 영지주의 관점은 하느님과 인간과 자연 세계의 관계를 바라보는 우리 문화의 두 가지 입장과 철저하게 대조된다. 첫 번째 입장에 따르면, 인간이 모든 가치의 근원이고 자연 세계는 단지 인간의 목적을 위한 도구일 뿐이며, 하느님은, 적어도 존재한다면, 부적절한 존재이다.(이런 입장은 아마 프랜시스 베이컨에 의해 맨 처음 조심스럽게 제시된 것 같고, 계몽주의 시대에 널리 퍼졌다.) 두 번째 이보다 최근의 입장에 따르면, 자연 세계가 모든 가치의 근원이고 인간은 우주 생태계의 침입자이며 하느님은, 적어도 존재한다면, 자연 속에 내재하며 사실 자연과 구별할 수 없다. 영지주의 관점에서 볼 때, 인간과 자연 질서는 참된 가치가 있는 하느님으로부터 철저하게 멀어졌기 때문에 어느 것도 모든 가치의 근원이 될 수 없다. 오직 인간의 의식이 분리의 심연 너머로 뻗어 올라 하느님과 맞닿을 때만 참된 가치가 파악될 수 있다.

하느님과의 이런 소외를 극복한 영과 혼을 가진 영지주의자는 이 세상과 다른 사람들에게 이방인이다. 참 영지주의자와 마주치는 것은 이방인과 만나는 것이다. 어쩌면 우리는 영지주의 경전을 읽고 간접적으로 그런 사람을 만나거나, 현대 영지주의자와의 만남을 통해 그런 이방인과 직접 만날지도 모른다. 두 가지 경우를 통해 우리는 낯선 사상을 전해주는 이방인과 만나왔다. 하지만 우리가 이런 이방인과의 창조적인 사귐을 갖는다면, 그 이방인은 우리가 파악하지 못한 영적인 문제들에 관해 의지할 수 있는 통찰력 있는 친구가 될 수 있다. 먼 나라까지 이르는 길을 우리보다 앞서 여행한 자는 우리의 안내자가 될 자격이 있다. 그러므로 이 만남은 성공을 보장할 것이다.

또한—마니와 붓다가 사용한 비유를 빌리면—영지주의자들은, 우리를 만나서 우리가 강 건너편으로 갈 수 있도록 도움을 주기 위해 노를 젓는 뱃사공과 같다. 영지주의자는 자신이 강 건너편 지역에 밝다고 말할 것이고, 그곳에 우리를 기다리고 있는 놀라운 경이들이 숨어 있다고 우리를 확신시킬 것이다. 그는 또 자신의 나룻배를 타기 위해서는 현재 머물고 있는 대지를 떠나야 한다고 우리를 일깨울 것이다. 우리가 머물고 있는 대지는 개인마다 다르다. 세속의 회의론자들은 영적인 헌신을 외면하고 누려온 안락함을 버려야 할 것이고, 독실한 신자들은 종교적 이상, 특히 하느님에 대한 개념을 재평가해야 할 것이며, 소심한 자들은 실존적 용기를 불러내 위대한 모험을 떠나야 할 것이다. 그리고 어쩌면 무엇보다도 중요하게, 뉴 에이지 영성 가게의 단골손님들은 주변의 값싼 천박함을 버리고 큰 노력을 필요로 하는, 전혀 다른 세계관과 접목된 의식적 자기 개발의 과정을 밟겠다고 다짐해야 할 것이다.

 영지주의 경전은 인간의 곤경을 무지와 잠, 만취, 그리고 망각과 동일시한다. 그런 것들은 우리의 비참한 상황 속에서 다양한 모습으로 변장하고 다가온다. 우리는 그런 곤경에 갇혀 사는 삶에 너무 익숙한 나머지 문이 열려도 우리cage를 떠나기를 거부하는 짐승과 같다. 그노시스가 가져다주는 자유보다는 차라리 잠자며 혼수 상태에 빠져 있는 지금의 삶의 방식을 더 좋아하는 것처럼 보인다. 우리 문화 안에서 합의된 세계관이나 종교적 도그마에 대해서는 거의 문제시하지 않고 오히려 영지주의적 통찰에서 나온 가르침을 문제삼는 것이다. 물론, 이런 의문 중에 더러는 유익한 것도 있다. 하지만 영지주의자와 그들의 가르침만이 아니라 질문하는 자에 대해서도 우리는 의문을 가져야 한다. 우리는 영지주의의 원리가 대다수의 생각과 모순된다는 이유로 그것을 깊이 숙고하기를 꺼려하고 있지 않는가? 영지주의의 사상을 기꺼이 받아들이지 못하도록 가로막는 뿌리 깊은 신념들 가운데 얼마나 많은 것들이 이 사회가 강요한, 검증되지도 않은 가설들에 불과한가?

 2천 년 전이나 지금이나 거의 대다수의 사람들에게 영지주의는 혼란을 불러일으키고 때론 분개를 촉발시키기까지 한다. 영지주의는 대다수의 사람들이 믿고 따라온 것들에 대한 도전의 상징이다. 이 세상을 본래 그 자체보다 더 가치 있는 것으로 믿기로 결심한 사람들은 영지주의에 의해, 그리고 세속적인 구원이 불가능하다는 영지주의의 참된 인식에 의해 겁에 질린다. 이 세상은 자력에 의해서는, 아무리 그 힘이 정치적·경제적·과학적·생태학적 혹은 그 무엇으로 그려지든지 간에, 나아질 수 없다. 세상이 필요로 하는 것은 세상 밖에 있는 무엇—지혜, 곧 지구와 우주의 한계를 초월해 있는 내면의 지식—이다. 사회적 진보라는 가치에 사로잡혀 있는 현대 혹은 탈현대의 사람들에게 그런 입장은 다른 세상에서 온 기괴한 것처럼 보일 것이다. 사회의 현상 유지를 지지하는 자들 또한 편견을 가지고 영지주의자를 바라보기는 마찬가지이다. 조물주에게 부정한 이름을 붙이고 창조와 관련된 모든 것에서 결함을 인식하며 종교의 계명이나 사회의 규율을 구원에 도움이 되지 않는 것으로 여기는 자가 사회의 안정을 해치는 자가 아니라면 무엇이겠는가?

하지만 삶을 비극적인 것으로 인식하고, 자신들의 무력함 속에서 의식의 절망과 소외를 느끼는 사람은 영지주의 메시지에 응답할 가능성이 훨씬 높다. 현세적 삶에서 충분히 고통당하고, 다행히 그 고통으로 인해 의식을 최대한 일깨우며, 그 결과 올곧은 의지와 성실성을 지니게 된 자들이 고대의 낯선 목소리—현대의 새로워진 힘을 더한—로 자신들을 부르는 영지주의자에게 응답하기가 더 쉽다. 이런 자들의 영혼과 정신이 합리성과 외향성의 현란한 한낮으로부터 그노시스의 빛이 발견될 수 있는 밤하늘의 신비로운 발광체로 시선을 돌리기가 쉬운 것이다. 영지주의 가르침에 마주치는 것이 그런 이들에게는 유익한 일이다. 오랫동안 한낮의 빛에 가리어졌던 별빛이 다시 나타나고, 한낮의 빛에 의해 드리워진 어둠의 그림자가 물러간다. 그리고 별빛 한가운데서 고대의 입교자(영지주의자―옮긴이)들이 보았던 신비로운 한밤의 태양이 반갑게 얼굴을 내민다.

부록 1
영지주의 관련 참고 문헌

이것은 영지주의에 관한 저서들의 종합적인 참고 문헌이 아니라 읽을 만한 책을 찾는 독자를 위해 마련한 간단한 길잡이 정도다. 여기 소개된 대부분의 책은 출판된 것들이다. 하지만 여기에 언급된 중요한 책 몇 권은 절판되었고, 그 중 어떤 것은 훌륭한 도서관에도 없는 경우가 있다.

개론적인 읽을거리

Holroyd, Stuart, *The Elements of Gnosticism* (Shaftesbury, Dorset, Eng., and Rockport, Mass.: Element Books, 1994).
영지주의의 가르침과 역사, 문헌에 대한 짧고 훌륭한 개론서. 저자는 영지주의의 가르침에 공감하며 현대와 영지주의의 관련성을 강조한다.

Pagels, Elaine, *The Gnostic Gospels* (New York: Random House, 1978).
역사적 배경에 대한 유익한 설명이 담겨 있는 책으로, 나그함마디 문서와 영지주의에 관한 대중적인 권위서. 영지주의를 이단으로 보는 편견에서 벗어난 최초의 주요 저서.

Seymour-Smith, Martin, *Gnosticism: The Path of Inner Knowledge* (San Francisco: Harper San Francisco, 1996).
컬러 삽화가 아름답게 수록되어 있는, 영지주의에 조심스럽게 공감하는 소책자. 작지만 유익하다.

Singer, June, *Knowledge of the Heart: Gnostic Secrets of Inner Wisdom* (Rockport, Mass.: Element, 1999).

그노시스에 대한 애정을 가진 융 학파의 분석심리학자가 쓴 노작. 수도원에서처럼 요일별로 정해진 시간에 따라 거룩한 영지주의 본문을 읽을 수 있도록 구성되어 있다. 본문에는 융 학파적·영지주의적인 통찰이 담긴 해설이 뒤따른다. 우리의 그노시스를 더 깊게 하는 도구와 같은 책. 이전에 출판된 제목은 *A Gnostic Book of Hours: Keys to Inner Wisdom* (San Francisco: Harper San Francisco, 1992).

기본적인 읽을거리

Churton, Tobias, *The Gnostics* (London: Weidenfeld and Nicolson, 1987).
영지주의 가르침과 문헌을 종합적으로 아우르면서 철저히 조사한 객관적인 연구서. 유익한 연대기를 수록하고 있다. 이 책은 〈The Gnostics〉라는 주제 아래 방영된 텔레비전 다큐멘터리를 위해 저술된 것이기도 하다. 이 프로그램은 1987년 영국 보더Boarder 텔레비전에서 방영되었다.

Dart, John, *The Laughing Savior: The Discovery and Significance of the Nag Hammadi Gnostic Library* (New York: Harper & Row, 1976).
나그함마디 경전의 배경을 이해하는 데 도움이 되는 간단한 정보를 수록한 책으로, 나그함마디 경전을 신문 기사처럼 다소 표면적으로 정리하였다.

Doresse, Jean, *The Secret Books of the Egyptian Gnostic: An Introduction to the Gnostic Coptic Manuscripts Discovered at Chenoboskion* (New York: Viking, 1960).
나그함마디 경전의 발견자 중 한 사람인 저자가 쓴 개인적인 기록. 초기 〈도마복음〉 번역이 수록되어 있다. 저자는 반영지주의적인 편견을 보인다.

Grant, Robert M., *Gnosticism and Early Christianity* (New York: Harper Torchbooks, 1966).
이단 연구학적 편견에 뿌리를 둔 저자의 부정적인 태도로 인해 주제가 훼손되긴 했지만 다소 유용한 방법론을 보여준다.

Guirdham, Arthur, *The Great Heresy* (Jersey, Eng.: Neville Spearman, 1977).
카타르 파 사람이라고 알려진 중세 영지주의자들의 가르침에 대한 연구서. 1부는 아주 유익한 정보를 수록하고 있을 뿐 아니라 통찰력도 엿보이지만, 2부는 무형의 영적 존재들한테서 얻은 정보를 토대로 하고 있어 가치가 의심스럽다.

Hoeller, Stephan A., *Jung and the Lost Gospels* (Wheaton, IL: Theosophical Publishing House, Quest Books, 1989).
융의 심리학이 영지주의의 주요 신화 및 나그함마디의 4복음서와 어떤 관계가 있는지를 보여주는 연구서.

Jonas, Hans, *The Gnostic Religion* (Boston: Beacon, 1958, 2001).
영지주의 가르침을 분석하기 위해 실존주의적 원리를 적용한 고전.(저자는 하이데거의 제자였다.) 만다교와 마니교의 자료를 포함해 많은 귀중한 인용문을 수록하고 있다. 나그함마디 경전이 출판되기 전에 저술되었기에 나그함마디 경전에 대한 언급이 부족하다.

Lacarriere, Jacques, *The Gnostics* (New York: Dutton, 1977. Reprint, San Francisco: City Lights, 1989).
영지주의와 영지주의 가르침에 대한 시적인 명상. 저자의 반체제적이고 좌파적인 성향은 거르고 읽어야 하겠지만, 영지주의에 공감하는 유용한 정보를 수록하고 있다. 로렌스 더렐이 쓴 훌륭한 서문이 실려 있다.

Merkur, Dan, *Gnosis: An Esoteric Tradition of Mystical Visions and Unions* (Albany: State University of New York Press, 1993).
창조성과 통찰력이 놀라운 이 책은 영지주의를 C.G. 융의 "적극적 상상"(구체적인 이미지나 경험에 주목하면서 그와 관련된 상들을 떠올림으로써 심리적 문제에 더욱 가깝게 다가서는 것으로서, 깨어 있는 구체적인 상황에서 출발하여 무의식에 잠재되어 있는 이미지들을 의식의 세계로 끌어올리는 적극적인 행위— 옮긴이)과 그와 유사한 일종의 영적인 경험에서 기원한 것으로 여긴다. 기독교와 유대교, 이슬람교의 신비주의에서 온 동일한 성격의 자료를 수록하고 있다. 잘 정리된 읽을 만한 저서.

Oldenbourg, Zoe, *Massacre at Montségur: A History of the Albigensian Crusade* (New York: Minerva, 1968).
프랑스 랑그독에서 벌어진 중세 영지주의 종교(카타르 파)의 피의 전쟁과 박해에 대한 고전. 소름끼치는 이 박해를 폭로한 최초의 역사서. 저자는 유명한 중세 연구가이자 소설가이다.

O'Shea, Stephen, *The Perfect Heresy: The Revolutionary Life and Death of the Medieval Cathars* (New York: Walker, 2000).
카타르 파 사건과 알비 파 십자군에 대한 읽기 쉽고 대중적인 작품. 저자는 카타르 파 운동에 공감한다.

Perkins, Pheme, *The Gnostic Dialogue: The Early Church and the Crisis of Gnosticism* (New York: Paulist Press, 1980).
유익한 연구서이지만, 저자의 로마 가톨릭적 편견에 의해 그 의미가 반감된 책. 일레인 페이절스의 《영지주의 복음서》가 불러일으킬 효과를 반감시키려는 의도에서 쓴 책임이 분명하다.

Rudolph, Kurt, *Gnosis: The Nature and History of Gnosticism* (San Francisco: Harper & Row, 1983).
학자와 일반인이 함께 읽을 수 있도록 학문적이면서도 상세하게 쓴 해설서. 저자의 관점이 객관적이고 이단 연구자적 편견에 거의 물들지 않았으며, 개인적인 조사를 통해 저자가 수집한 만다교 자료 등 훌륭한 문서가 포함되어 있다.

Spierenburg, H.J., ed., *H.P. Blavatsky: On the Gnostics* (San Diego, Calif.: Point Loma Publications, 1994).
19세기 오컬트 부흥에 없어서는 안 될 역할을 담당한 인물이 남긴 다양한 영지주의 관련 글들을 모은 책. 이 책을 통해 영지주의에 관한 블라바츠키의 탁월한 통찰력과, 영지주의와 현대 신지학 사이의 밀접한 관련성을 알 수 있다.

심화된 읽을거리

Blackman, E.C., *Marcion and His Influence* (London: SPCK, 1948. Reprint, New York: Ames, 1978).
마르시온의 가르침과 함께, 성서 비평을 포함해 다양한 분야에 미친 마르시온의 영향을 다룬 고전적 연구서. 마르시온에 관한 가장 철저한 저서.

Culianu, Ioan P., *The Tree of Gnosis: Gnostic Mythology from Early Christianity to Modern Nihilism* (San Francisco: Harper, 1992).
상당히 창의적이긴 하나 역사적 사실을 지나치게 강조한, 영지주의 전통에 대한 다소 미완성의 연구서. 창조적이지만 과장된 측면이 있다.

Filoramo, Giovanni, *A History of Gnosticism* (Cambridge, Mass.: Blackwell, 1990).
영지주의 경전에 대한 통찰력 있는 주해를 포함한, 영지주의에 공감하는 탁월한 연구서. 이용 가능한 가장 학문적인 저서 중 하나.

Hedrick, Charles W., and Robert Hodgson, eds., *Nag Hammadi Gnosticism and Early Christianity* (Peabody, Mass.: Hendrickson, 1986).
이 분야의 저명한 학자 열네 명이, 영지주의 경전인 나그함마디 문서에 관해 주로 저술한 매우 유익한 연구 논문들.

King, C.W., *The Gnostics and Their Remains, Ancient and Medieval*, 1887, Reprint (San Diego, Calif..: Wizards Bookshelf, 1982).
영지주의 전통에 속하는 신비한 힘을 지닌 예술적인 것들을 묘사하고 설명한 19세기의 고전적 작품.

King, Karen L., ed., *Images of the Feminine in Gnosticism* (Philadelphia: Fortress, 1988).
1985년 캘리포니아 클레어몬트에 있는 '고대 및 기독교 연구소'에서 책의 제목과 동일한 주제 아래 열린 학회의 발표 논문집.

Klimkeit, Hans-Joachim, *Gnosis on the Silk Road: Gnostic Texts from Central Asia* (San Francisco: Harper, 1993).
마니교에 대한 짧고 유익한 머리글을 수록하였으며, 지난 20세기에 중앙아시아에서 발견된 자료들 가운데 아름다운 마니교 문서들을 방대하게 수록한 책.

Lieu, Samuel N.C., *Manichaeism in the Late Roman Empire and Medieval China*, 2nd rev. ed. (Tubingen: Mohr, 1992).
마니교에 대해 아주 자세히 다룬 논문으로, 이 주제로 쓴 현대 최고의 저서라 할 수 있다. 매우 종합적인 주해와, 현존하는 마니교 관련 주요 저술 목록을 모두 망라하여 수록하고 있다는 점에서 특별히 중요하다.

_____, *Manichaeism in Mesopotamia and the Roman East* (Leiden: Brill, 1994).
사실상 저자의 가장 전문화된 논문 모음으로, 위의 *Manichaeism in the Late Roman Empire and Medieval China*를 보완한 책이다.

_____, *Manichaeism in Central Asia and China* (Leiden: Brill, 1998).
앞서 저술한 책들을 다시 보완한 것으로, 대단히 전문화되고 심화된 저자의 논문 모음.

Lupieri, Edmondo, *The Mandaeans: The Last Gnostics* (Grand Rapids, Mich.: Eerdmans, 2002).
만다교에 관한 유익한 몇 안 되는 저서 중 하나. 잘 연구되어 읽기가 쉬우며, 만다교 경전의 다양한 번역문이 포함된, 적극 추천 도서.

Mead, G.R.S., *Simon Magus: An Essay* (London: Theosophical Publishing Society, 1892).

Pagels, Elaine. H., *The Johannine Gospel in Gnostic Exegesis: Heracleon's Commentary on John* (Nashville and New York: Abingdon, 1973).
세례자 요한에 관한 자료를 싣고 있으며, 발렌티누스 학파의 〈요한복음〉 해석을 다룬 유익한 해설서.

____, *The Gnostic Paul: Gnostic Exegesis of the Pauline Letters* (Philadelphia: Trinity Press International, 1975).
바울 연구에 새로운 관점을 제공한 책으로, 영지주의적 입장에서 바울 서신을 읽는 발렌티누스 학파를 다루고 있다.

____, *Adam, Eve, and the Serpent* (New York: Random House, 1988).
〈창세기〉의 처음 세 장이 기독교의 정치 사상에 미친 영향을 다룬 책. 3장은 영지주의 연구에 특히 중요하다.

Perkins, Pheme, *Gnosticism and the New Testament* (Minneapolis: Fortress, 1993).
신약 성서 시대 기독교와 영지주의 간의 상호 작용을 다룬 학문적 기록. 영지주의에 대한 성서적 관점에 관심이 있는 독자에게 특히 유익하다.

Petrement, Simone, *A Separate God: The Christian Origins of Gnosticism* (San Francisco: Harper, 1990).
영지주의를 순수한 기독교 현상으로 보는 중요한 연구서. 저자의 다소 불명료한 글쓰기 방식으로 인해 읽는 데 약간의 어려움이 있다.

Roukema, Reimer, *Gnosis and Faith in Early Christianity* (Harrisburg, Pa.: Trinity Press International, 1999).
영지주의와 초기 기독교의 관계를 다룬 개론서. 저자는 칼뱅주의 개신교의 입장을 대변하며 이단 연구가인 교부들의 자료에 크게 의존한다. 플라톤과 필로 등의 플라톤주의 철학자들과 영지주의 사이의 융합 문제를 밝힌 보기 드문 해설이 담겨 있다

Stoyanov, Yuri, *The Other God: Dualist Religions from Antiquity to the Cathar Heresy* (New Haven: Yale University Press, 2000).
영지주의의 기원을 밝히기 위해 이집트와 조로아스터 교의 근원까지 추적하고,

보고밀 파 및 카타르 파에 관해 남달리 예리한 통찰을 보여주는 탁월한 역사 연구서.

Welburn, Andrew, *Mani, the Angel and the Column of Glory* (Edinburgh: Floris, 1998).
탁월한 학자가 편집하고 주석까지 단 마니교 문서 선집. 잘 알려지지 않은 여러 문서가 담겨 있다. 저자의 관점은 루돌프 슈타이너로부터 큰 영향을 받았다.

영지주의 경전과 관련된 책

Foerster, Werner, ed., *Gnosis, A Selection of Gnostic Texts*, Vol. 2. Coptic and Manean Sources (Oxford: Clarendon, 1974).
이 책의 2부에는 이라크 만다교 문서에서 뽑은 소중한 자료들이 실려 있다. 이 전통에 관한 다른 저서들보다 구하기가 쉽다.

Gardner, Iain, *The Kephalaia of the Teacher: The Edited Coptic Manichaean Texts in Translation with Commentary* (Leiden: Brill, 1995).
"마니가 제자들에게 들려준 구두의 가르침"을 모아놓은 《케팔라이아》를 뛰어난 솜씨로 번역했다. 마니교에 관한 아주 상세한 개론적 논의들이 실려 있다.

The Gospel according to Thomas: With Complementary Texts (Santa Barbara, Calif.: Concord Grove, 1983).
현대 신지학적인 관점을 대변하는 유용한 머리글이 실려 있으며, 〈도마복음〉과 〈요한묵시〉, 〈진리복음〉, 그리고 〈진주의 찬미〉를 훌륭하게 번역해 놓았다.

Greenlees, Duncan, *The Gospel of the Gnostics* (Adyar, Madras: Theosophical Publishing House, 1958).
'세계 복음서 시리즈' 제13권으로, 나그함마디 경전 출토 이전에 출판되었으며, 그래서 나그함마디 경전이 빠져 있긴 하지만, 영지주의 자료에서 뽑은 최고의 본문들이 실려 있다. 경전들에 대한 포괄적인 주해와 함께 훌륭한 머리글도 볼 만하다. 그러나 아쉽게도 절판된 지 오래되어 구하기가 여간 어렵지 않다.

_____, *The Gospel of the Prophet Mani* (Adyar, Madras: Theosophical Publishing House, 1958).

'세계 복음서 시리즈' 제12권으로, 출판된 마니교 문서를 뽑아 엮은 책 중 가장 유용하다. 탁월한 머리글과 주해가 실려 있다. 역시 절판된 지 오래되어 구하기가 쉽지 않다.

Layton, Bentley, *The Gnostic Scriptures* (Garden City, N.Y.: Doubleday, & Co., 1987).

이단 연구가인 교부들이 남긴 영지주의 자료의 인용과 참조문이 방대할 뿐 아니라 나그함마디 경전의 몇몇 문서에 관한 주해를 더한 뛰어난 번역서. 영지주의 경전 연구에 있어 탁월한 학문적 개론서.

Mead, G.R.S., *Fragments of a Faith Forgotten: A Contribution to the Study of the Origins of Christianity*, 1900. Reprint (Kila, Mont.: Kessinger, 1991).

나그함마디 경전 발견 이전에 존재하던, 사실상 모든 영지주의 자료에 대한 미드의 탁월한 해설서.

_____, *The Hymn of Jesus*, 1907. Reprint (Wheaton, Ill.: Theosophical Publishing House, 1973).

_____, *Pistis Sophia: A Gnostic Miscellany*, 1896. Reprint (Blautvelt, N.Y.: Garber, 1973).

〈구원자의 서 *The Books of the Savior*〉 대부분을 아주 읽기 쉽게 번역한 책으로, 관련 문서의 인용과 귀중한 주해가 실려 있다. 발렌티누스 학파의 소피아학을 알 수 있는 중요한 자료.

Meyer, Marvin, *The Gospel of Thomas: The Hidden Sayings of Jesus* (San Francisco: Harper San Francisco, 1992).

대중적으로 가장 접근하기 쉬운 영지주의 문서들에 대한 가장 최근 번역서. 역자의 머리글과 헤럴드 블룸의 발문이 〈도마복음〉 연구와 일반 영지주의를 위한 유익한 입문서 역할을 한다.

_____, *The Secret Teachings of Jesus: Four Gnostic Gospels* (New York: Random House, 1984).

나그함마디 문서에서 선별한 4복음서, 즉 〈야고보복음The Gospel of James〉, 〈도마복음The Gospel of Thomas〉, 〈도마서The Book of Thomas〉, 〈요한의 비밀서The Secret Book of John〉에 대한 훌륭한 번역서. 유익한 머리글이 수록되어 있다.

Miller, Robert J., ed., *The Complete Gospels* (San Francisco: Harper, 1994).

현존하는 모든 '복음서'―주류 기독교와 영지주의, 그 밖의 비성서적 복음서―를 새롭게 번역해서 모아놓은 훌륭한 책. 서론과 주석이 아주 명확하고 유익하다.

Robinson, James M., ed., *The Nag Hammadi Library in English*, 3rd rev. ed. (San Francisco: Harper, 1988).

1945년에 발견된 나그함마디 문서 전체를 번역한 획기적인 책. 1988년 개정판에는 이전 번역서에 수록됐던 색인은 사라지고 엉뚱한 후기가 실려 있다.

Schmidt, Carl, ed., *Pistis Sophia* (Leiden: Brill, 1978).

미드가 번역한 책과 함께 읽을 만한 정확하고 학문적인 번역서.

_____, *The Books of Jeu and the Untitled Text in the Bruce Codex* (Leiden: Brill, 1978).

브루스 사본을 번역한 책으로 읽을 만한 유일한 책이다. 〈예우의 서〉는 영지주의 마술의 근원으로서 매우 중요하다. 아쉽게도 〈예우의 서〉에 삽입된 도해 언어에 대한 번역은 불충분하다.

그 밖의 현대 저서들

Berdyaev, Nikolay, *The Beginning and the End* (Gloucester, Mass.: P. Smith, 1970).

Blavatsky, Helena Petrovna, *Isis Unveiled: A Master-Key to the Mysteries of*

Ancient and Modern Science and Theology, 2 vols. 1877, Reprint (Wheaton, Ill.: Theosophical Publishing House, 1972).

_____, *The Secret Doctrine: The Synthesis of Science*, Religion, and Philosophy, 2 vols. 1888, Reprint in 3 vols. (Adyar, Madras, India: Theosophical Publishing House, 1978).

Bloom, Harold, "A Reading" in *The Gospel of Thomas: The Hidden Sayings of Jesus*, trans. Marvin Meyer (San Francisco: Harper San Francisco, 1992).

_____, *Omens of Millennium: The Gnosis of Angels, Dreams, and Resurrection* (New York: Riverhead Books, 1996).

Buber, Martin, *Eclipse of God: Studies in the Relation between Religion and Philosophy* (New York: Harper, 1952).

Cavendish, Richard, ed., *Man, Myth, and Magic: The Illustrated Encyclopedia of the Supernatural* (New York: Marshall Cavendish, 1970).

Drower, Ethel Stefana, Lady, *The Canonical Prayerbook of the Mandaeans* (Leiden: Brill, 1959).

_____, *The Mandaeans of Iraq and Iran: Their Cults, Customs, Magic, Legends, and Folklore* (Oxford: Clarendon, 1937).

Ehrenfeld, David W., *The Arrogance of Humanism* (New York: Oxford University Press, 1975).

Huxley, Aldous, *The Perennial Philosophy* (London: Chatto and Windus, 1937).

John Paul II, Pope, *Crossing the Threshold of Hope* (New York: Knopf, 1994).

Jung, Carl Gustav, *Memories, Dreams, Reflections* (New York: Random House, 1963).

Kerényi, Karl, and C.G. Jung, *Essays on a Science of Mythology: The Myth of the Divine Child ad the Mysteries of Eleusis* (New York: Pantheon, 1949).

Krishnamurti, Jiddu, *At the Feet of the Master*, 1910, Reprint as *At the Feet of the Master and Toward Discipleship* (Wheaton, Ill.: Theosophical Publishing House, Quest Books, 2001).

Magre, Maurice, *The Return of the Magi* (London: Allen, 1931).

Patai, Raphael, *The Hebrew Goddess* (New York: Ktav Publishing House, 1968).

Quispel, Gilles, *Gnosis als Weltreligion* (Zurich: Origo, 1951).

Runciman, Steven, Sir, *Medieval Manichee: A Study of the Christian Dualist Heresy* (Cambridge: University Press, 1947).

Taubes, Jacob, *Gnosis und Politik* (Munich: K?sel, 1959).

Voegelin, Eric, *New Science of Politics: An Introduction* (Chicago: University of Chicago Press, 1960).

_____, *Order and History* (Baton Rouge: Louisiana State University Press, 1974).

_____, *Science, Politics, and Gnosticism: Two Essays* (Chicago: Regnery,

1968).

Waugh, Evelyn, *The Diaries of Evelyn Waugh, Ed. Michael Davie* (London: Weidenfeld and Nicholson, 1975).

Weber, Max, *The Protestant Ethic and the Spirit of Capitalism* (London: Allen and Unwin, 1930).

Williams, Michael Allen, *Rethinking 'Gnosticism' : An Argument for Dismantling a Dubious Category* (Princeton, N.J.: Princeton University Press, 1996).

부록 2
영지주의 용어에 대한 간략한 소개

영지주의 경전에 등장하는 신화적 존재의 이름과 영지주의적 개념들에 대한 간략한 소개이다. 종합적인 목록은 아니지만, 영지주의 문서를 읽고 이해하는 데 기초적인 도움은 될 것이다.

그노시스 **Gnosis** (그리스 어) 우주 밖에서 온 신성한 사자들이 인간에게 전해준 가르침 및 신비 의식을 포함한, 다양한 자극에 의해 도움을 받긴 하지만 직관적으로 도달하는 구원의 지식.

데미우르고스 **Demiurgos** (그리스 어) 드러난 저급한 세계의 조물주. 아르콘들의 우두머리이며 제한된 지혜를 가진 불완전한 존재이다.

로고스 **Logos** (그리스 어) 지고의 하느님의 말씀. 영지주의 경전에서는 예수의 칭호이기도 하다.

만다 **Manda** (그리스 어) 그노시스. 이 단어에서 만다교인이라는 이름이 유래했다. 만다교인들은 고대 영지주의자들의 유일한, 직접적인 후손들이며, 지금도 중동 지역에 거주하고 있다.

바르벨로 **Barbelo** (히브리 어) 신성한 존재의 여성적 모습에 붙여진 이름. 때때로 어머니 하느님으로 여겨진다.

방출 **Emanation** (라틴 어) 근원적인 관점에서 창조를 상상한 영지주의의 방식. 모든 만물과 존재는 근원적으로 신성한 존재로부터 방출되고, 오직 그 후에 데미우르고스에 의해 우주적 체계를 따라 만들어진다.

복음 Gospel (고대 영어. 그리스 어 evangelion과 라틴 어 evangelium에서 번역된 godspell, 즉 '좋은 소식') 영지주의적 의미에서는 인간의 깨달음, 곧 그노시스를 촉진시키도록 마련된 경전을 뜻한다.

사클라스 Saclas (아람 어) 어리석은 자. 눈먼 바보. 데미우르고스의 이름 중 하나.

소테르 Soter (그리스 어) 구원자, 구속자. 그리스도에 대한 칭호로 가장 자주 쓰인다.

소피아 Sophia (그리스 어) 지혜를 의미하는 히브리 어 호크마에서 유래한 말. 일부 기독교 자료에서처럼 영지주의에서 소피아는 지고의 하느님으로부터 나온 초월적 존재의 고유한 이름이다. 영지주의 자료는 그녀가 충만에서 하강하여(타락하여) 혼돈스러운 저급한 세계에서의 여행을 괴로워하다가 자신의 근원으로 복귀했다고 묘사한다.

아르콘 Archon (그리스 어) 통치자. 피조물을 통치하고 그들에게 한계를 가하는 열등한 우주적 존재.

아브락사스 ABRAXAS (이언異言) 영지주의자들이 붙인, 일곱 번째 하늘의 통치자 자리를 차지하기 위해 온 소피아의 아들, 곧 구원받은 아르콘을 부르는 이름. 수탉의 머리와 사람의 몸, 뱀의 모양을 한 다리를 가진 존재로 묘사된다. 아브락사스는 알렉산드리아와 시리아의 영지주의 운동 발생 이후 발견된 많은 영지주의 부적에 새겨져 있다.

아카모트 Achamoth (히브리 어) 지혜를 의미하는 호크마Chokmah의 철자를 바꿔 만든 단어. 일반적으로 소피아의 낮은 측면과 관계된다.

안트로포스 Anthropos (그리스 어) 인간. 궁극적 실재에서 방출되. 천상에 있는 인류의 원형.

얄다바오트 IALDABAOTH (이언) '유치한 신'을 의미하는 데미우르고스의 이름 중 하나.

에온 Aeon (그리스 어) 신성한 실재의 방출된 모습aspect. 에온들은 자주 상대와 결합하여 조화를 이루는 쌍(남성과 여성)으로 제시된다.(에온은 영원한 영역을 의미할 뿐 아니라 플레로마에 있는 권능자들을 뜻하기도 한다. 때론 데미우르고스 아래 있는 영역을 에온이라고 말하기도 하는데, 그것은 영원한 영역을 어설프게 모방한 것일 뿐이다.—옮긴이)

우주 Cosmos (그리스 어) 체계. 지성과 자비심에 한계가 있는 창조 행위자들에 의해 만들어진 실재의 조직화된 외형.

이언異言 Barbarous words 대개 모음으로 이루어져 있으며 영지주의 경전과 의식에서 종종 주문으로 사용된다. 그 언어적 기원이 알려져 있지 않다.

크리스토스 Christos (그리스 어) 기름부음 받은 자. 영지주의적 의미에서 크리스토스는 역사 속에서 한 번은 예수와 연합한 천상의 에온을 가리킨다.

프뉴마 Pneuma (그리스 어) 영. 인간 속에 내재하는 최고의 본성. 프뉴마, 프시케 psyche, 힐레hyle가 인간의 세 가지 구성 요소인 영, 혼, 몸을 이룬다.

플레로마 Pleroma (그리스 어) 충만. 충만한 공간, 곧 신성한 실재의 초월적 영역을 의미한다. 방출을 통해 이곳으로부터 모든 현실적인 존재가 나오며, 현실적인 존재는 또한 그리로 돌아가도록 운명지어졌다.

피스티스 Pistis (그리스 어) 믿음. 주로 자신의 그노시스, 곧 직관적 지식에 대한 영적인 신뢰의 자질. 빛에 대한 변함없는 신뢰를 가진 피스티스 소피아가 이 자질의 좋은 본보기이다.

옮긴이의 말

일반적으로 영지주의는 극단적 이원론을 바탕으로 한 교리를 갖고 있으며, 물질적인 요소를 부정하고 오직 영적인 요소만을 강조한 초대 기독교의 이단 정도로 알려져 있다. 이런 편견에 의하면, 영지주의자들은 이 세상을 악한 장소로 여기고 물질적인 이 세상으로부터 벗어나는 것을 삶의 목표로 한 자들이다.

옮긴이도 직접 일차적인 자료인(하지만 오랫동안 무시되고 감추어져 왔던) 영지주의 경전을 탐독하고 거대한 영지주의 세계를 탐구하기 전까지는 주류 기독교에서 가르치는 대로 영지주의를 이해했다. 하지만 영지주의를 넓고 깊게 공부하면서, 이와 같은 통념은 이단 연구가(때론 이단 사냥꾼)라고 불리는 초대 주류 기독교 교부들의 저술에 의지하여 영지주의를 그저 피상적으로 이해한 데서 기인했음을 알게 되었다.

사실, 영지주의는 육을 부정하고 영을 중시한다. 영지주의자는 물질 세계 너머에 있는(또는/그리고 그 안에 감추어져 있는) 영의 세계를 열망한다. 영지주의자는 모든 인간이 궁극적 하느님의 불꽃 또는 파편이라고 확신한다. 그런데 신비주의 전통을 따르는 가르침치고 그렇지 않은 것이 있는가?

영지주의는 초대 기독교의 신비주의 영성 전통에 속한다. 1945년 북부 이집트 나그함마디 부근에서 발견된 영지주의 경전들(그래서 나그함마디 문서라고 이름 붙여진)이 최초의 기독교 수도 공동체인 파코미우스 수도원의 수도사들이 땅에 묻은 것으로 보인다는 점이 이 사실을 뒷받침한다. 나그함마디 경전들은 파코미우스 수도원의 도서관에 소장되어 그곳 수도사들에게 애독되다가, 4세기 후반 이단적인 문서를 파기하라는 알렉산드리아의 한 감독의 명령을 받고 차마 그것들을 소각하지 못한 수도사들에 의해 잘 봉인되어 땅에 묻힌 것으로 추정되기 때문이다. 수도사들뿐 아니라 그 당시 점점 제도화·형식화되어 가는 주류 기독교 운동에 싫증을 느낀 초대 기독교인들도 영지주의 운동에서 영성의 목마름을 달랬을 것이다. 이는, 최근 연구 결과, 상당수의 초대 기독교인들이 영지주의 경전을 즐겨 읽은 것으로 밝혀지는 데서도 드러난다.

이런 연구 결과는 그다지 놀라운 것이 아니다. 사실 2~3세기까지만 해도 영지주의는 기독교 운동의 한 흐름이었지 공식적인(?) 이단이 아니었다. 이 책에서 밝히고 있듯이, 로마 주교직의 후보까지 올랐으나 근소한 차이로 떨어진 영지주의자 발렌티누스는 교회에서 인정받는 지도자였다. 그는 기독교 지도자로 활동하는 동안 영지주의자라는 이유로 정죄받지 않았다. 그는 기독교 내에서 활동하는, 인정받는 기독교인이요 동시에 영지주의자였다.

잠시 곁길로 가자면, 영지주의와 같은 소수의 기독교 종파들이 기독교에서 공식적으로 그리고 완전히 정죄를 받아 추방당하게 된 것은 로마의 기독교 공인 이후의 일이다. 로마 황제의 후원으로 점점 더 제도화·조직화·거대화되어 간 주류 기독교는 국가에 봉사하는 기관으로 방향을 바꾸고, 박해받는 종교에서 박해하는 종교로 자리를 옮겼다. 사랑과 화해를 외치는 기독교가 이단과 이교(자신들이 입장에서 볼 때)를 박해하고 박멸하는 데서는 잔인한 폭력성과 파괴성을 여지없이 드러냈다. 예수의 사랑을 실천하고 전하기 위해, 기독교만큼 많은 피를 흘린 종교는 없으리라.

다시 본론으로 돌아와, 영지주의는 기독교의 선불교라 할 만하다. 경전을 읽고 해석하는 데 그치지 않고 기독교의 깨달음이라 여길 만한 자기만의 그노시스를 얻기까지 정진하는 영지주의자는 선불교의 구도자와 비슷한 데가 많다. 조사를 만나면 조사를 죽이고, 부처를 만나면 부처를 죽이라는 선불교의 화두처럼, 진정한 영지주의자들은 남들의 예수, 타인의 신앙 고백으로 만족하지 않았다. 이단 연구가 이레네우스가 "그들은 매일같이 창조에 관한 새로운 것(깨달음)을 만들어낸다"고 비판했듯이, 영지주의자들은 자신의 통찰을 얻고 그것을 자기 방식대로 풀어내려고 애쓴 구도자들이었다. 따라서 기독교의 대표적인 신비주의자인 영지주의자들은, 다수의 주류 기독교인들에 의해 그들이 알지 못하고 체험하지 못한 그노시스를 소유했다는 이유로 정죄받은 참된 기독교인이라고 말할 수 있을 것이다.

또한 옮긴이가 보기에, 주류 기독교와 영지주의 기독교의 관계는 성격상 불교의 교종敎宗과 선종禪宗의 관계와 비슷한 듯하다. 교종은 부처의 말씀에, 선종은 부처의 마음에 중심을 두었듯이, 주류 기독교는 교회가 정한 정경에, 영지주의는 예수의 숨겨진 비밀 가르침에 무게를 두었다. 선禪과 교敎를 단순히 비교할 수는 없지만, 편의상 시도해 보자면, 선이란 중생에게 전한 부처의 설법에 비해 직접적이고 직선적인 깨달음 혹은 가르침이라 할 수 있다. 성서에 포함된 정경과 영지주의 경전도 이와 비슷한 특징을 지닌다. 정경이 예수가 평범한 민중들에게 전한 보통의 말씀이라면, 영지주의 경전은 즉각적인 깨달음을 불러일으키기 위해 던진 화두와 같다. 자신의 본성, 곧 불성을 발견하는 것이 선의 목적이듯이, 영지주의 목적도 '자신이 누구인지'를, 곧 '참나'(眞我)를 바로 아는 것이다.

영지주의 경전을 직접 읽기 전, 선불교를 공부하면서 옮긴이는 "기독교에는 왜 이와 같이 깊은 영성 전통이 존재하지 않는 것일까?" 하고 아쉬워한 적이 있다. 하지만 〈도마복음〉, 〈빌립복음〉, 〈진리복음〉, 〈마리아복음〉, 〈요한외경〉 등의 영지주의 경전을 읽고 난 후 그런 아쉬움은 완전히 사라졌다. 영지주의 경전들을 읽고 있노라면 《도덕경》이나 《장자》 또는 불경을 읽고 있는 착각에 빠질 정도이니 말이다. 따라서 19세기 말부터 발견되기 시작한 영지주의 경전들은 기독교의 선禪을 맛보고자 하는 이들을 위해 1,500년 동안 땅속에서 숙성된, 예수의 비밀 말씀이라 할 만하다.

이 책은 영지주의나 기독교 역사에 대한 배경 지식 없이도 누구나 쉽고 재미있게 읽을 수 있는 영지주의 입문서이다. 저자가 오늘날 새롭게 부활한 영지주의 교회의 사제라는 점에서 볼 때 이 책은 더욱 의미가 깊다. 이단으로서의 영지주의를 연구한 정통 기독교인이나 학문적으로 영지주의를 연구한 학자가 아니라, 영지주의 신앙을 가진 부활한 영지주의자요 영지주의 교회를 섬기는 영지주의 사제야말로 영지주의를 제대로 이야기할 수 있는 전문가라고 옮긴이는 보기 때문이다.

 영지주의를 공부함에 있어 텍스트와도 같은 나그함마디 문서가 아직도 우리 말로 번역되지 못하고 있음은 유감이다. 하지만 일레인 페이절스의 《성서 밖의 복음서》(정신세계사 간. 최근 루비박스에서 《숨겨진 복음서 영지주의》라는 제목으로 재출간됨)에 이어 스티븐 횔러의 이 책이, 영지주의 연구가 척박하기 그지없는 국내에 번역 소개된 것은 참으로 기쁜 일이다. 이 일에 옮긴이가 조금이나마 기여했음을 기특하게 생각한다.

 끝으로 이 책을 읽고 번역할 수 있는 기회를 허락해 준 샨티 출판사 식구들, 미국에 있는 동생을 여러 방면으로 후원해 주는 한국의 가족들, 그리고 부족한 남편을 언제나 격려하며 사랑해 주는 아내에게 깊이 감사드린다. 독자 여러분도 이 책을 통해 색다른 예수와 또 다른 기독교를 만나게 되길 바란다.

2006년 초겨울
이재길

찾아보기

〔ㄱ〕

《계시된 이시스Isis Unveiled》 132
공자孔子 42
괴테, 요한 볼프강 폰Johann Wolfgang von Goethe 210
구르지예프, 게오르기Georgei I. Gurdjieff 38, 249
굴리아나, 요안Ioan Culianu 230
귀에농, 르네René Guénon 234

〔ㄴ〕

나그함마디 문서Nag Hammadi Library 28, 49, 51, 53, 84, 113, 115, 123, 222, 236, 247, 249, 250, 251
나아세네Naasene 학파 97
노레아Norea 52, 127
〈노레아의 숙고Thought of Norea〉 53
노아Noah 52
니체, 프리드리히 빌헬름Friedrich Wilhelm Nietzsche 27

니케타스Niketas 190

〔ㄷ〕

데미우르고스Demiurgos 63, 64, 130, 135, 261
〈도마복음Gospel of Thomas〉 42, 84, 97, 146, 252, 255
〈도마행전Acts of Thomas〉 133, 134, 146, 245
도즈, E.R. E.R. Dodds 19
드로워, E.S. E.S. Drower 176
드 몰레이, 자크Jacques de Molay 208, 209
드 카스트르, 기야베어Guilhabert de Castres 193, 197
드 파이앙, 위고Huges de Payens 207
드 포아, 에스클레러몬드 Esclaremonde de Foix 197

〔ㄹ〕

런치만 경, 스티븐Sir Steven

Runciman 188
레나우, 니콜라우스Nikolaus Lenau 214
레비, 엘리파스Eliphas Levi 214
로빈슨, 제임스James Robinson 251
로빈슨, 헨리 크랩Henry Crabb Robinson 210
로젠크로이츠, 크리스티안Christian Rosenkreutz 77, 198, 203, 205
루돌프, 쿠르트Kurt Rudolph 172, 176, 231
루터, 마르틴Martin Luther 202
리츠바르스키, 마르크Mark Lidzbarski 175

〔ㅁ〕

마그르, 모리스Maurice Magre 205
마니Mani 39, 90, 143, 177
마르시온Marcion 90
마르쿠스Marcus 171
마르크스, 칼Karl Marx 274
마리아, 막달라Magdalena Maria 248
〈마리아복음Gospel of Mary〉 248
말로, 크리스토퍼Christopher Marlowe 210
맥라클란, 로버트Robert McLachlan 231
머커, 댄Dan Merkur 25
메난드로스Menandros 134, 135
멜빌, 허먼Herman Melville 212

모노이무스Monoimus 136
《모든 이단에 대한 논박Refutation of All Heresies》 158, 160
무함마드Muhammad 201
미드, 조지 로버트 스토우George Robert Stowe Mead 124, 133, 141, 150, 217, 218, 238, 244, 247, 250, 257

〔ㅂ〕

바르다이산Bardaisan 143
바실리데스Basilides 107, 160, 220
바울Paul 24, 55, 82, 103, 109, 149, 150, 167, 180
발렌티누스Valentinus 44, 74, 76, 115, 118, 149, 177, 220, 224, 225, 236, 251
버클리, 요런 야콥슨Jorunn Jacobsen Buckley 176
〈베드로묵시Apocalypse of Peter〉 254
〈베드로행전Acts of Peter〉 131, 133, 249
베르자예프, 니콜라이Nikolay Berdyaev 109
베르펠, 프란츠Franz Werfel 168
베버, 막스Max Weber 148, 240
벨, 피에르Pierre Bayle 212
보고밀Bogomil 189
보에글린, 에릭Eric Voegelin 232

〈보이지 않는 하느님의 그노시스
　　Gnosis of the Invisible God〉
　　122, 247
볼테르Voltaire 18, 209, 235
뵈메, 야콥Jacob Boehme 77, 202
부버, 마르틴Martin Buber 221
붓다Buddha 39, 43, 180, 255
브로트, 막스Max Brod 168
브루스 사본Bruce Codex 247
브루스, 제임스James Bruce 122, 247
브리코, 장Jean Bricaud 226
블라바츠키, 헬레나 페트로브나
　　Helena Petrovna Blavatsky
　　131, 161, 214, 215, 247
블레이크, 윌리엄William Blake 18,
　　48, 210
블룸, 헤럴드Harold Bloom 23, 223
《비교Secret Doctrine》 216
비산트, 애니Annie Besant 182
〈빌립복음Gospel of Philip〉 94, 115,
　　120, 122, 153, 157, 252, 267
〈빌립행전Acts of Philip〉 133

〔ㅅ〕

사카스, 암모니우스Ammonius
　　Saccas 215
사투르니누스Saturninus 135
생-마르탱Saint-Martin 203
성 도미니크St. Dominic 193
성 마르틴, 투르의St. Martin of Tours
　　201
성 베르나르St. Bernard 76, 208, 266
성 테레사, 아빌라의 St. Theresa of
　　Avila 44
〈세상의 기원에 관하여On the Origin
　　of the World〉 50
세트Seth 52, 53, 127, 180
소피아Sophia 23, 130, 252
〈솔로몬 찬가Odes of Solomon〉 74
솔로비예프, 블라디미르Vladimir S.
　　Soloviev 78
숄렘, 게르숌Gershom Scholem 19,
　　22, 76
수흐라와르디Suhrawardi 202
쉔케Schenke 117
슈미트, 칼Carl Schmidt 248
슈타이너, 루돌프Rudolf Steiner 218,
　　249
스미스, 리처드Richard Smith 234
스미스, 조셉Joseph Smith 148
시걸, 로버트Robert Segal 221
시몬 마구스Simon Magus 73, 128,
　　134, 153, 210
실레시우스, 안젤루스Angelus
　　Silesius 95
〈실바누스의 가르침Teachings of
　　Silvanus〉 255

〔ㅇ〕

아담Adam 127

〈아담의 계시Apocalypse of Adam〉 53
아들러, 파울Paul Adler 168
〈아르콘들의 본질Hypostasis of the Archons〉 51, 53, 55
아브락사스Abraxas 54
아퀴나스, 토마스Thomas Aquinas 77, 101
아크밈 사본Akhmim Codex 248
아펠레스Apelles 171
〈안드레행전Acts of Andrew〉 133
알렉산드라Alexandra 138
알타이저Althizer 27
애스큐 사본Askew Codex 246
에피파니우스Epiphanius 138, 144, 244
엔노이아Ennoia 129
엘리아데, 미르치아Mircea Eliade 19, 32
〈여덟 번째 세계가 아홉 번째 세계를 드러내다The Eighth Reveals the Ninth〉 252
《역사적이며 비평적인 사전The Historical and Critical Dictionary》 212
《영지주의 복음The Gnostic Gospels》 19
《영지주의: 신비적 환상과 합일의 밀교 전통Gnosis: An Esoteric Tradition of Mystical Vision and Unions》 25

〈예수 그리스도의 지혜Wisdom of Jesus Christ〉 249
〈예수의 송가Hymn of Jesus〉 124, 125, 126, 134, 246
〈예우의 서Books of Jeu〉 122
예이츠, W.B. W.B. Yeats 18
오리게네스Origenes 245
올덴버그, 조이Zoe Oldenbourg 209
요나스, 한스Hans Jonas 236, 237, 264
〈요한외경Apocryphon of John〉 49, 53
〈요한복음Gospel of John〉 82
〈요한행전Acts of John〉 133, 245, 246, 254
우스펜스키, P.D. P.D. Ouspensky 249
융, 칼C.G. Jung 7, 18, 19, 22, 27, 32, 58, 121, 142, 150, 160, 164, 218, 235, 250, 277
《이단 반박Against Heresies》 20, 129, 154, 157
이레네우스Irenaeus 19, 65, 129, 135, 138, 140, 143, 154, 161, 220, 224, 244
〈이집트인 복음Gospel of Egyptians〉 252

〔ㅈ〕

장미십자단Rosicrucian Order 203

《장미십자단의 고백Confession of the
　　Rosicrucian Fraternity》 204
제임스, 윌리엄William James 23
조로아스터Zoroaster 39
〈조스트리아노스Zostrianos〉 252
《죽은 자를 위한 일곱 가지 설교
　　Septem Sermones ad Mortuos》
　　8, 160, 164, 220
쥘-베누와 두아넬 뒤 발 미셸Jules-
　　Benoit Doinel Du Val Michel
　　224
〈진리복음Gospel of Truth〉 155,
　　251, 252
〈진리의 증언Testimony of Truth〉 51
짐머, 하인리히Heinrich Zimmer 8

〔ㅊ〕

차라투스트라Zarathustra 180
차리누스, 레우시우스Leucius
　　Charinus 133, 245
〈창세기Genesis〉 47
《천국과 지옥의 결혼The Marriage of
　　Heaven and Hell》 211
《천년의 징조Omens of Millennium》
　　23

〔ㅋ〕

카르포크라테스Carpocrates 138, 211
카발라Kabbalah 202

카스토르, 아그리파Agrippa Castor
　　161
카타르 파Cathar 266
카프카, 프란츠Franz Kafka 168
《캉디드Candide》 209
캠벨, 조셉Joseph Campbell 8, 12,
　　19, 32
케레니, 칼Karl Kerényi 8, 19, 243
코른필트, 파울Paul Kornfield 168
콘즈, 에드워드Edward Conze 228
콜롬브, 찰스Charles Coulombe 231
퀴스펠, 힐레스Gilles Quispel 19,
　　113, 150, 231, 236, 251
크리슈나무르티J. Krishnamurti 41
《크리스티안 로젠크로이츠의 화학적
　　결혼The Chemical Marriage of
　　Christian Rosenkreutz》 205
클레멘트Clement, 알렉산드리아의
　　141, 161, 245

〔ㅌ〕

테르툴리아누스Tertullianus 48, 138,
　　150
테오도레트Theodoret 136
테오도투스Theodotus 29
테우다스Theudas 149
템플 기사단Temple Knights 206
틸리히, 폴Paul Tillich 56

〔ㅍ〕

《파마 프라테르니타티스*Fama Fraternitatis*》 203
《파우스트*Faust*》 210
파푸스Papus 225
페라태Peratae 97
페이절스, 일레인Elaine H. Pagels 19, 47, 93
포르피리우스Porphyrius 144
폭스, 조지George Fox 203
〈표제 없는 묵시Untitled Apocalypse〉 247, 248
프로이트, 지그문트Sigmund Freud 219, 276
프리메이슨Freemason 224
프리스킬리안Priscillian 189, 201
플라톤Platon 56, 138
플로티누스Plotinus 56
《피스티스 소피아*Pistis Sophia*》 68, 69, 74, 123, 140, 247, 249
필로Philo 56, 57, 72
필로라모, G. G. Filoramo 121, 221, 231, 236

〔ㅎ〕

하르낙, 아돌프 폰Adolf von Harnack 168
해밀턴Hamilton 27
헉슬리, 올더스Aldous Huxley 234
헤라클레온Heracleon 171
헤르메스주의Hermeticism 21, 104, 202
히폴리투스Hippolytus 21, 63, 97, 136, 158, 160, 161, 244

샨티의 뿌리회원이 되어
'몸과 마음과 영혼의 평화를 위한 책'을 만들고 나누는 데
함께해 주신 분들께 깊이 감사드립니다.

뿌리회원(개인)

이슬, 이원태, 최은숙, 노을이, 김인식, 은비, 여랑, 윤석희, 하성주, 김명중, 산나무, 일부, 박은미, 정진용, 최미희, 최종규, 박태웅, 송숙희, 황안나, 최경실, 유재원, 홍윤경, 서화범, 이주영, 오수익, 문경보, 여희숙, 조성환, 김영란, 풀꽃, 백수영, 황지숙, 박재신, 염진섭, 이현주, 이재길, 이춘복, 장완, 한명숙, 이세훈, 이종기, 현재연, 문소영, 유귀자, 윤홍용, 김종휘, 보리, 문수경, 전장호, 이진, 최애영, 김진희, 백예인, 이강선, 박진규, 이욱현, 최훈동, 이상운, 이산옥, 김진선, 심재한, 안필현, 육성철, 신용우, 곽지희, 전수영, 기숙희, 김명철, 장미경, 정정희, 변승식, 주중식, 이삼기, 홍성관, 이동현, 김혜영, 김진이, 추경희, 해다운, 서곤, 강서진, 이조완, 조영희, 이다겸, 이미경, 김우, 조금자, 김승한, 주승동, 김옥남, 다사, 이영희, 이기주, 오선희, 김아름, 명혜진, 장애리, 한동철, 신우정, 제갈윤혜, 최정순, 문선희

뿌리회원(단체/기업)

주)김정문알로에 KIM JEONG MOON ALOE CO. LTD.
한경재단
design Vita
PN풍년
(사)법인 한국가족상담협회·한국가족상담센터
생각과느낌 소아청소년 성인 몸 마음 클리닉
경일신경과 | 내과의원
순수피부과 Soonsoo Skin Clinic
월간 풍경소리
FUERZA

회원이 아니더라도 이름과 전화번호, 주소를 보내주시면 독자회원으로 등록되어 신간과 각종 행사 안내를 이메일로 받아보실 수 있습니다.

이메일 : shantibooks@naver.com
전화 : 02-3143-6360   팩스 : 02-6455-6367